教育部人文社会科学研究青年基金项目
（批准号：20YJC790136）研究成果

论人工智能时代的劳动关系治理

王 俊 著

中国财经出版传媒集团
中国财政经济出版社

图书在版编目（CIP）数据

论人工智能时代的劳动关系治理／王俊著．--北京：中国财政经济出版社，2023.5

ISBN 978-7-5223-2145-5

Ⅰ.①论… Ⅱ.①王… Ⅲ.①劳动关系-管理-研究-中国 Ⅳ.①F249.26

中国国家版本馆CIP数据核字（2023）第059778号

责任编辑：王　芳　　　　责任校对：徐艳丽

封面设计：思梵星尚　　　　责任印制：张　健

论人工智能时代的劳动关系治理

LUN RENGONG ZHINENG SHIDAI DE LAODONG GUANXI ZHILI

中国财政经济出版社 出版

URL：http：//www.cfeph.cn

E-mail：cfeph@cfeph.cn

社址：北京市海淀区阜成路甲28号　邮政编码：100142

营销中心电话：010-88191522

天猫网店：中国财政经济出版社旗舰店

网址：https：//zgczjjcbs.tmall.com

北京财经印刷厂印刷　各地新华书店经销

成品尺寸：170mm×240mm　16开　16印张245 000字

2023年6月第1版　2023年6月北京第1次印刷

定价：68.00元

ISBN 978-7-5223-2145-5

（图书出现印装问题，本社负责调换，电话：010-88190548）

本社质量投诉电话：010-88190744

打击盗版举报热线：010-88191661　QQ：2242791300

本书是教育部人文社会科学研究青年基金项目
《人工智能与实体经济融合进程中构建和谐劳动关系的政治经济学研究》
（项目批准号20YJC790136）的研究成果。

前　言

19 世纪英国作家狄更斯在他的小说《双城记》中写道："这是最好的时代，也是最坏的时代。"狄更斯的这句话，是对英国工业革命时期资产阶级和无产阶级的不同境遇恰如其分的描述。对于当时英国迅速崛起的资产阶级来说，工业革命让他们踌躇满志；但对于英国的无产阶级来说，危机、失业和贫困的重重打击让他们面对生活时常常垂头丧气。科技进步总是容易引起人们的乐观情绪，仿佛科技进步能够自动地解决人类社会中的一切矛盾和问题。历史却一再告诉我们，科技进步虽能带来物质财富创造能力的极大增长，但科技进步所推动的社会变革过程也可能会让人类社会付出一些代价。在一定条件下，这些代价极有可能由社会中的某些群体过多地承担，从而引发对社会公平问题的广泛讨论。究竟如何在全社会分担这些代价才能在社会变革中实现效率与公平之间的平衡，并不是自然科学家的研究焦点。自然科学的任务是研究如何让科技进步变成现实，社会科学的任务则是分析如何在科技进步推动的社会变革过程中实现效率与公平的合理取舍。不同的社会科学在理解效率与公平的取舍问题时，有着迥然不同的分析视角和研究方法。作为社会科学分支领域的马克思主义政治经济学，则坚持从唯物辩证法和唯物史观的视角与方法，对社会生产方式变革过程中的效率与公平问题展开分析。生产力与生产关系、经济基础与上层建筑之间的矛盾运动，是马克思主义政治经济学理解和分析社会生产方式变革过程中效率与公平取舍问题的切入点。

在 21 世纪的第二个十年中，以人工智能为代表的新一代数字技术取得重大突破。人工智能正在加速走出实验室，来到我们日常的工作与生活之中。人工智能与实体经济的深度融合，将在 21 世纪中极大改变人类社会的面貌。笔者所相信的是，人工智能与实体经济的融合进程本质上仍是科技进步所推动的社会变革过程。在特定制度条件下，这一融合进程也极有可能让人类社会付出巨大代价。如何在促进人工智能与实体经济融合的前提下由社会中的各个群体公平合理地分担这些代价，是社会科学亟须研究的新问题。这一问题是我们这个时代不可回避的重要社会经济问题。在对这一问题的研究热潮中，马克思主义政治经济学不应当缺席。在人工智能与实体经济融合进程所推动的社会生产方式变革中，劳动关系的演化会显著改变资方和劳方的力量对比，进而使得其中一方可能会更多地承担变革的代价。这一担忧并不是杞人忧天。“机器代替人力”的现象早在19世纪英国工业革命时期就已经大规模出现。科技进步所引发的社会生产方式变革却以劳动者阶级承担了产业变迁的多数代价为结果。在人工智能与实体经济融合的进程中，“机器代替人力”的范围还将继续扩大。OpenAI公司推出的ChatGPT聊天或撰稿机器人甚至已经可以撰写学术论文。这就意味着人工智能不仅将在制造业领域加速替代人力，甚至还将在服务业领域开启替代人力的新浪潮。由此产生的问题是：人工智能的运用可以极大提升社会生产力，但那些工作岗位被人工智能取代的劳动者将何去何从？

对于任何一个国家来说，维持劳动关系的和谐稳定是国家治理的目标之一。各个国家根据本国国情不同可以形成各具特色的劳动关系治理模式。从马克思主义政治经济学的视角来看，各国劳动关系治理模式是各国社会经济形态中上层建筑的组成部分，必然也由本国的经济基础所制约。人工智能与实体经济融合进程是世界范围内各个国家和地区都必然要经历的社会生产变革过程。面对人工智能与实体经济融合进程对各国劳动关系带来的冲击，各国劳动关系治理模式的应对方式也不同。在人类工业化进程中占得先机的西方资本主义国家，也是当前世界范围内人工智能与实体经济融合程度较高的国家。这些国家无一例外地在劳动关系治理中面临着由科技进步和产业转型带来的新问题。作为世界上最大的发展中国家和社会主义国家，我国同样也要面对人工智能与实体经济融合进程中的劳动关系治理问题。我们有必要从他国人工智能与实体经济融合进程中劳动关系治理问题的应对方式中汲取构建和谐劳动关系治理模式的经验与教训。但这并不是说我们只能照搬、照抄西方资本主义国家的劳动关系治理模式。我国与西方资本主义国家在社会性质与经济制度上的本质差异，决定了我国只能根据本国国情和发展需要构建中国特色社会主义劳动关系治理模式。

基于此，本书分为三篇。第一篇主要从理论层面讨论人工智能与实体经济融合进程中生产力、生产关系和劳动关系之间的逻辑关联。首先将从劳动者、劳动工具、劳动对象、劳动组织和科技劳动几个方面分析人工智能与实体经济融合进程中的先进生产力演进方向。然后从生产资料所有制、生产中的人际关系和产品分配形式三个方面分别探讨人工智能与实体经济融合对资本主义和社会主义两种生产关系的演化效应。最后从理论上分别探讨资本主义条件下和社会主义条件下的人工智能与实体经济融合进程中劳动关系演化的内生动力和外在表现。第二篇主要对主要资本主义国家人工智能与实体经济融合进程中劳动关系治理模式的演变进行国际比较。在建立劳动关系治理模式的比较制度分析框架的基础上，分别讨论美国经理资本主义、欧洲福利资本主义和东亚家族资本主义三种劳动关系治理模式的基本特征，考察北美、欧洲和东亚主要资本主义国家人工智能与实体经济融合进程的最新进展，分析人工智能与实体经济融合进程对三种劳动关系治理模式的冲击和影响。第三篇则将研究焦点由国际转向国内，讨论我国如何在人工智能与实体经济融合进程中构建和谐劳动关系治理模式。首先考察我国人工智能与实体经济融合的时代背景、发展态势和现实挑战。我国的社会主义基本经济制度既与西方资本主义国家有本质不同，又体现我国正处于社会主义初级阶段的特殊国情。为此，需要对我国劳动关系的演化历程和基本特征加以总结概括，并分析中国式现代化的本质要求与我国劳动关系演化的内在联系，在此基础上更清晰认识人工智能与实体经济融合进程对我国劳动关系演化的影响。通过梳理我国劳动关系治理的基本特征以及对人工智能与实体经济融合进程中我国劳动关系治理的机遇和挑战，提出在人工智能与实体经济融合进程中优化我国劳动关系治理的对策建议。

本书写作期间恰逢中国共产党第二十次全国代表大会召开。党的二十大报告明确指出要“加快发展数字经济，促进数字经济和实体经济深度融合，打造具有国际竞争力的数字产业集群”。党和国家对数字经济发展的高度重视以及对加快数字经济与实体经济深度融合的坚定决心，让笔者深受鼓舞。人工智能与实体经济融合，是当今时代科技进步的必然趋势，也是先进生产力的发展方向。在人工智能与实体经济的融合进程中，我们既要代表先进生产力的发展方向，也要代表最广大人民的根本利益。在这一伟大的变革之中，要确保这个时代对于每一个国人来说都是最好的时代，我们仍有很多工作要做。

最后，感谢我的家人、师长和朋友们在本书写作过程中给予我的精神支持。

2023 年 2 月 2 日于家中

目　录

第一篇　人工智能与实体经济融合进程中的生产力、生产关系和劳动关系

第二篇　人工智能与实体经济融合进程中劳动关系治理模式的国际比较

第三篇　我国在人工智能与实体经济融合进程中构建和谐劳动关系的政策选择

第一篇
人工智能与实体经济融合进程中的生产力、生产关系和劳动关系

第一章　人工智能与实体经济融合进程中的生产力演进效应

第一节　人工智能与实体经济融合的概念与方式

一、人工智能以及人工智能与实体经济的融合

人工智能（Artitifial Intelligence，简称 AI），是研究与开发那些关于模拟、延伸和拓展人的智能的理论创新、技术发明和产业应用的各种科学技术的总和。人工智能并不是发明一种完全独立于人类意识的科学技术，它应当被视作人类意识的延伸。从人工智能与人类意识之间关系的角度来看，人工智能是一门研究如何通过学习和模拟人类意识活动过程，将一部分原先必须由人类意识驱动才能完成的劳动过程加以程序化，进而用人工智能驱动各种机器来替代这些劳动过程的科学技术。因此，人工智能仍是人类意识反作用于物质世界的产物，是人类意识通过劳动而对象化到自然之上的一种具体形式，因而并不是独立于人类意识的客观实在。人类意识一方面在从物质世界汲取改造物质世界所需的一切物质材料，另一方面又在对物质世界的改造过程中，使人类可以作为一种有意识的类存在物而区别于自然①。人工智能技术的发明和应用，增强了作为一种类存在物的人类将自我意识对象化到物质世界的能力，使得经过人类意识改造过的人化

① 马克思，恩格斯．马克思恩格斯文集（第1卷）［M］．中共中央马克思恩格斯列宁斯大林著作编译局编译，北京：人民出版社，2009：163.

自然得以在范围上扩大、在程度上加深。这就意味着，人工智能只能存在于人化自然的范围之内，而不能存在于自在自然之中。人工智能技术的发明和应用，是自在自然向人化自然转化的过程发展到一定阶段的必然产物，也将随着自在自然在更大范围内继续转化为人化自然而得到进一步发展。由此可见，人工智能与人类意识之间并不存在天然的对立关系，相反却存在一种相互促进、协同发展的潜能和趋向。

人类社会的物质资料生产活动可以被视作劳动者的劳动与劳动资料结合的过程。生产技术则可以定义为在一定历史时期内劳动者的劳动与劳动资料相结合的具体方式，即物质资料生产过程中能动要素和非能动要素的组合方式。根据劳动者的劳动与劳动资料结合的方式不同，人类进行物质资料生产所采用的生产技术可以分为劳动时间节约型技术和劳动资料节约型技术。劳动时间节约型技术倾向于在物质资料生产中将一定量的劳动时间对象化在越来越多的劳动资料之上。这就使得一单位劳动资料上所对象化的劳动时间有不断减少的倾向，单位劳动产品所承载的社会劳动量也趋于减少。劳动资料节约型技术则倾向于在物质资料生产中的劳动资料量不变的情况下，将越来越多的劳动时间对象化到这一定量的劳动资料上，从而使得一定量的劳动资料上所对象化的劳动时间也持续增加，单位劳动产品所承载的社会劳动量趋于增加。

值得指出的是，劳动时间节约型技术和劳动资料节约型技术的概念是相对的。单独只看某一种技术，无法判断这种技术是属于劳动时间节约型技术还是属于劳动资料节约型技术。只有将不同技术放在一起比较时，这种概念区分才有意义。如图 1－1 所示，与 B 产出扩展线所代表的生产技术相比，A 产出扩展线所代表的生产技术偏向于劳动资料节约型技术，B 产出扩展线所代表的技术则偏向于劳动时间节约型技术。不同类型的生产技术在人类社会物质资料生产的不同环节和不同领域各有优势，生产技术本身并无绝对的优劣之分。劳动时间节约型技术并非绝对优于劳动资料节约型技术。在具体的物质资料生产过程中，究竟应当选择什么样的生产技术，归根结底应当取决于物质资料生产的具体条件和最终目的。比如，如果仅仅是追求物质资料数量上的扩张，在劳动者数量和质量一定的条件下选择劳动时间节约型技术更容易达到既定的目的。但在诸如金银装饰器之类的艺术品生产中，劳动时间节约型技术所带来的产品数量扩张就无法满足生产的目的。此时有必要选择劳动资料节约型技术，将更多包含了人类脑力和体力耗费的劳动对象化到有限的劳动资料上。

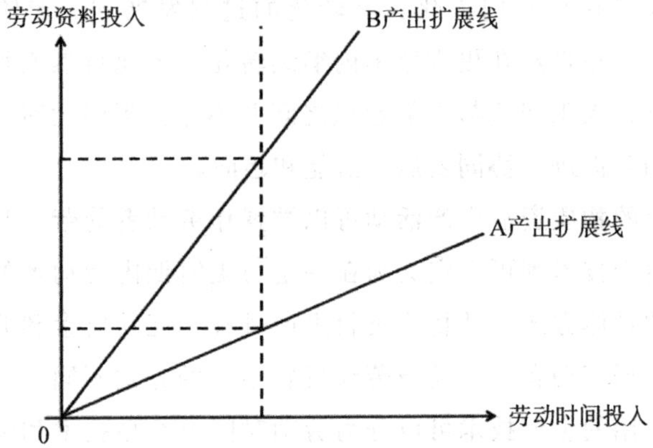

图 1-1　劳动时间节约型技术和劳动资料节约型技术的产出扩展线

从节约劳动时间的效果来看，人工智能技术更偏向于是一种劳动时间节约型技术，而非一种劳动资料节约型技术。人工智能技术的应用，可以将原先需要耗费大量脑力和体力才能完成的重复性生产劳动过程，转化为在智能化机器的辅助下只需要耗费较少（甚至可以无限趋近于零）的脑力和体力就可以完成的生产劳动过程。可见，人工智能技术是一种典型的劳动节约型技术，人工智能技术的应用可以节约劳动者在生产一定量劳动产品时的脑力和体力耗费，将劳动者从繁重的重复性劳动过程中解放出来。与其他劳动时间节约型技术相同的是，人工智能技术的应用由于可以大幅减少物质产品生产中的劳动力耗费，则既可以在劳动产品产量既定条件下大幅缩短必要劳动时间，也可以在必要劳动时间既定条件下大幅增加剩余产品数量。在自由劳动时间和剩余产品数量增长的条件下，劳动者实现个人自由全面发展的物质基础也将得到夯实。通过对人工智能技术属性的分析，人工智能技术天然具备能够促进人类社会中的每个个体更好地实现自由全面发展的技术潜力，在技术可行性层面上与人实现个人全面自由发展的目标并无冲突。

人工智能与实体经济融合，指的是人工智能通过新技术的产业化，转化为现实社会生产力的过程。人工智能与实体经济融合既可以在商品生产领域发生，也可以在商品流通领域发生；既可以在制造业部门进行，也可以在非制造业部门进行。总的来说，人工智能的产业化可以分为人工智能技术本身的产业化和人工智能赋能两方面①。人工智能赋能则是人工智能向各个实体产业部门渗透的过程②。狭义的人工智能与实体经济融合，应当与人工智能赋能同义，即人工智能技术改造各个实体产业部门，最终使实体经济智能化的过程。但人工智能技术本身的产业化是人工智能赋能的技术前提。在人工智能技术产业化过程中，不仅会使实体经济中原有的各个产业部门被渗透和改造，也会由于人工智能技术产业化而创造出新的实体经济产业部门。广义的人工智能与实体经济融合，应当包括人工智能技术产业化和人工智能赋能两方面。本书所讨论的对象，是广义的人工智能与实体经济融合进程。

人工智能与实体经济融合的结果是社会生产智能化。在社会生产体系还没有完全实现智能化之前，人工智能与实体经济融合进程就不会结束，这个进程中所蕴含的社会生产力发展潜力也不会得到充分释放。本书中认为人工智能与实体经济融合进程与社会生产智能化进程是同一历史过程。从人类工业文明发展史来看，通用技术的重大创新和产业应用都会带来社会生产体系的全面变革。在第一次工业革命中，蒸汽机的改良和普及曾推动了社会生产机械化进程，人类社会由此开始进入蒸汽文明时代。在第二次工业革命过程中，内燃机和电力的发明和运用引发了社会生产电气化进程，人类社会由此进入电气文明时代。在第三次科技革命中，计算机、原子能等先进技术的发展则带动了社会生产自动化，人类社会的生产生活方式由此发生深刻变革。可以预见的是，人工智能与实体经济融合进程必然引发社会生产智能化浪潮，社会生产智能化进程将是未来较长一段历史时期内人类社会生产生活方式的重要变革方向。

二、人工智能与实体经济融合的路径

如前文所述，广义的人工智能与实体经济融合包括人工智能技术产业化和人工智能赋能两个方面。由人工智能与实体经济融合的两个方面相应衍生出人工智能与实体经济融合的两条路径。人工智能与实体经济融合的

① 李晓华．人工智能赋能实体经济存在的问题与应对［J］．人民论坛，2020（28）：94—97.

② 王方方．人工智能与实体经济的深度融合［J］．群言，2020（04）：24—26.

两条融合路径之间，还存在着值得专门讨论的协同性特征。

（一）人工智能创造实体经济增量的融合路径

人工智能创造实体经济增量的融合路径，指在人工智能与实体经济融合进程中，由于人工智能技术产业化和人工智能赋能两方面生产实践，创造出原先实体经济中并不存在的社会生产活动和新兴产业部门，从而使实体经济所涵盖的经济活动范围拓展的过程。在这一条融合路径上，由于这些新的社会生产活动和产业部门在传统的实体经济中并不存在，因此可以将这些社会生产活动和产业部门理解为是人工智能在与实体经济融合过程中给实体经济带来的增量。实体经济增量的出现，意味着在人类社会的生产活动中出现了物质产品或服务产品的种类增加，由此可以丰富消费品的种类选择，增加消费者的经济福利。根据人工智能所创造的实体经济增量的产品形态的不同，又可以将人工智能创造实体经济增量的融合路径细分为人工智能创造新物质产品的融合路径和人工智能创造新服务产品的融合路径。

一是人工智能创造新物质产品的融合路径。人工智能技术的技术特点决定了人工智能技术可以模拟一部分人类意识活动过程，从而按照既定的程序在较为复杂和较为恶劣的工作环境下智能地作出必要的行动反馈，完成相应的工作任务。而这些复杂或恶劣的工作环境，往往是人类因生理结构限制而无法或较难进行长时间人工作业的环境。人工智能技术在这些特殊工作环境下的技术产业化和人工智能赋能，使得原先纯粹依靠人力无法进行的对自然界的利用和改造活动得以顺利进行，从而在这种利用和改造自然界的活动中创造出新物质产品，形成人工智能创造新物质产品的融合路径。能够最直观反映这条融合路径发展状况的，就是工业机器人的发明和应用。比如，月球丰富的氦－3 矿石的开采，如果单纯由人工来完成，是可预见的未来较长时期内都无法实现的事情。但是如果这一工作交由工业机器人来完成，那么月球氦－3 矿石的大规模开采就将更加容易实现。尽管目前应用于月球采矿的人工智能技术尚不发达，但工业机器人已经在地球上的众多社会生产活动中发挥起越来越重要的作用。从表 1－1 可见，2009 年全球工业机器人安装量为 60 千套，但到 2018 年全球工业机器人安装量就已经增加到了 422 千套。在工业机器人迅速发展的浪潮中，制造业集聚的亚洲地区更是一骑绝尘。仅在 2019 年，亚洲地区工业机器人安装量就占全球工业机器人安装量的2/3。除工业机器人以外，近年来3D打印增量加工、工业互联网等作为人工智能技术产业化重要组成部分的一大批新技术，已经给人类社会带来了众多全新的加工工业和物质产品。

二是人工智能创造新服务产品的融合路径。人工智能技术的发展是以大数据、云计算等技术为基础和支撑的，但人工智能技术的发展反过来也为大数据、云计算等技术创造了更为广阔的技术应用场景。单纯的大数据和云计算技术，仅仅是极大增强了机器的运算能力，但这些运算能力只有跟人工智能相结合，服务于具体的生产生活活动，才具有现实的经济意义。这在人工智能创造新服务产品的融合路径上有极其充分的体现。在服务产品的提供过程中，需要服务提供者基于被服务者的个性特点及行为特征，有针对性地提供服务项目。标准化的服务产品往往难以满足个性化的消费需求，但个性化的服务产品又受到技术发展水平的限制。传统生产中，由劳动者直接完成的服务产品提供过程受限于劳动者本身的知识获取与知识处理能力，劳动者只能为极少数的服务对象提供有限及个性化的服务产品。但随着大数据、云计算和人工智能技术的协同发展，大数据技术可以以极低的时间成本完成消费者行为特征的数据搜集和处理，云计算和人工智能技术则可以根据特定的算法迅速设计出极具个性化的服务产品，专门满足特定消费者的服务产品需求。以手机短视频APP——抖音为例，它凭借独特的人工智能算法，可以根据用户的浏览历史迅速分析出用户对视频内容的偏好，从而可以据此向用户推荐符合其偏好的视频内容。抖音的算法使得用户在极短时间内形成了对该款APP的用户黏性，使得抖音及其国际版（TikTok）在很短时间内就在全球范围内获得了庞大的用户群体。抖音于2016年9月上线，到2020年，抖音日活跃用户数已经突破6亿。基于算法的手机短视频推送服务正是一种在人工智能技术诞生前不敢想象的全新服务产品。

（二）人工智能改造实体经济存量的融合路径

人工智能改造实体经济存量的融合路径，指在人工智能与实体经济融合进程中，由于人工智能赋能的不断拓展，使得原先实体经济中的社会生产活动和传统产业部门纷纷应用人工智能技术，从而使实体经济内的各种经济活动朝着数量增长、质量改善的方向发展。从技术专用性程度的角度来看，人工智能技术属于通用技术。而人工智能技术在改造实体经济存量

表 1 -1　　2009—2019 年全球工业机器人安装量　　(单位：千套)

年份＼区域	全球	亚洲*	欧洲	美洲
2009	60	—	—	—
2010	121	70	31	17
2011	166	89	44	26
2012	159	85	41	28
2013	178	99	43	30
2014	221	134	46	33
2015	254	161	50	38
2016	304	200	56	41
2017	400	280	67	46
2018	422	283	76	55
2019	381	254	72	48

注：①国际机器人联合会统计的亚洲工业机器人安装量中，包括澳大利亚和新西兰的工业机器人安装量。

②2009 年工业机器人安装量仅有全球数据，亚洲、欧洲和美洲的分地区数据暂缺。

资料来源：国际机器人联合会（International Federation of Robotics，https：//ifr. org/）。

过程中与各个传统产业部门生产活动的融合，会形成一系列专用技术①。从人工智能技术体系的角度来看，广义的人工智能技术可以分为基础层、技术层和应用层，其中智能机器人、智能家居等产品应用则属于人工智能技术的应用层②。而人工智能的应用层则是在人工智能改造实体经济存量的融合路径中才可能创造出来。根据人工智能改造实体经济存量的方式不同，可以细分出人工智能对实体经济存量进行技术升级的融合路径和人工智能对实体经济存量进行技术替代的融合路径。

一是人工智能对实体经济存量进行技术升级的融合路径。人工智能对实体经济存量进行技术升级，指人工智能在改造实体经济存量部门过程中，并不会导致实体经济中原有的社会生产活动和产业经济部门彻底消

① 刘刚，王涛．人工智能与传统产业融合发展机制研究——基于 50 家非初始人工智能上市公司价值网络分析［J］．理论与现代化，2020（1）：38—55.

② 张光宇，欧春尧，刘贻新，刘安蓉．人工智能企业何以实现颠覆性创新——基于扎根理论的探索［J］．科学学研究，2020（9）：738—748.

失，而是通过人工智能技术的融入提高这些社会生产活动和产业经济部门的劳动生产率，既促进这些实体经济部门中产品数量的增长，又促进这些实体经济部门中产品质量的提升。在很多使用工业机器人的制造业部门中，人工智能技术的融入并没有使这些实体经济部门消失，反而这些部门的劳动生产率大幅度提高。比如，在富士康深圳龙华工厂中运营的具有机器学习功能的自动引导车，成功地将工厂库房库存减少15%，并提高13%的生产效率①。又以超声波增材加工技术为例，这种与数控系统相结合的自动化加工技术所消耗的能源仅相当于传统成形工艺的5%，并且成形后的材料具有较好的结构稳定性②。如果从产量和产值规模来看，在人工智能对实体经济存量部门进行技术升级的融合路径中，会直接增加被改造的实体经济部门的产量和产值，使得实体经济存量部门的产值规模继续趋于扩张。在这一融合路径下，人工智能对实体经济存量部门的改造越彻底，被改造的实体经济存量部门的技术升级幅度越大，则实体经济存量部门产量增长和产值增长的空间就越大，人工智能技术应用所带来的经济效益增进潜力也越多。

二是人工智能对实体经济存量进行技术替代的融合路径。人工智能对实体经济存量进行技术替代，是人工智能技术为实体经济存量部门提供新的技术解决方案，使得传统的技术解决方案不再具有技术优越性和经济可行性，从而使得与传统技术解决方案相关的社会生产活动和产业经济部门因逐渐被替代而走向消亡。在这一融合路径上，会导致实体经济存量部门中的一部分社会生产活动和产业经济部门消失。取而代之的新社会生产活动和产业经济部门是否可以弥补由这种技术替代所导致的产量和产值损失，存在一定的不确定性。以ATM机产业为例，2015年我国ATM机保有量为86.67万台，当年新增25.18万台③；但随着近年来移动支付和智能客服的普及，积极推进网点智能化的商业银行不仅减少了银行网点工作人员设置，还减少了对于ATM机的需求，仅在2020年2季度全国ATM机保

① Karel Eloot. 全面释放工业机器人的潜能［J］. 机器人产业，2019（5）：62—66.

② 李鹏，焦飞飞，刘郢，刘晓兵，果春焕，姜风春．金属超声波增材制造技术的发展［J］．航空制造技术，2016（12）：49—55.

③ 肖望．ATM机最后的挣扎［J］．中国中小企业，2020（10）：39—41.

有量就减少 3.09 万台[①]。这一变化甚至在一定范围内引起了社会关于"'机器换人'增加就业压力"的忧虑。可见，人工智能对实体经济存量进行技术替代，虽从技术角度上可以因新技术的应用提高生产效率，但会对这些实体经济存量部门内部原有的利益分配格局产生严重冲击，甚至导致旧的利益分配格局被彻底打破。

（三）人工智能与实体经济融合的不同路径的协同性

人工智能与实体经济融合进程的进展是否顺利，在较大程度上取决于人工智能与实体经济融合的不同路径的协同性。这也是在人工智能与实体经济融合进程中需要特别注意和妥善解决的问题。

首先，人工智能创造实体经济增量的路径和人工智能改造实体经济存量的路径是相辅相成的。对于人工智能与实体经济的融合来说，通过发展人工智能在实体经济中创造出增量和对实体经济存量进行改造是同等重要的。一方面，人工智能对实体经济存量的改造，归根结底还是要以实体经济中新创造出来的包含人工智能技术的物质产品和服务产品为物质基础和技术条件。如果人工智能创造实体经济增量的路径发展不顺，则意味着人工智能的产业化和技术赋能发展不足，实体经济中不能创造出足够多的包含人工智能技术的物质产品和服务产品。那么在人工智能改造实体经济存量的路径上，也会因为包含人工智能技术的物质产品和服务产品的供给不足，使得改造实体经济存量缺乏物质基础和技术条件。另一方面，人工智能创造出来的实体经济增量也必须在实体经济中得到广泛运用，才能转化为社会劳动的一部分。新增的包含人工智能技术的物质产品和服务产品，只有通过向实体经济中存量部分提供更优质的使用价值，才能在交换中由私人劳动转化为社会劳动，进而实现其价值。人工智能改造实体经济的路径如果发展不顺，那么新创造出来的实体经济增量即便有使用价值，也无法转化为社会劳动的一部分，只能成为过剩产能而浪费各种经济资源。因此，在人工智能与实体经济融合的进程中，既要重视推进人工智能创造实体经济增量的融合路径，也要重视发展人工智能改造实体经济存量的融合路径。

其次，在人工智能与实体经济融合进程的不同阶段，对于人工智能与

---

① 蔡晓辉．当萎缩成为 ATM 机不可避免的命运［N］．河北日报，2020－10－15.

实体经济融合的具体路径也应当有选择上的适当侧重。在人工智能与实体经济融合的早期阶段，由于新兴的人工智能技术在技术成熟度和生产规模上尚无法与传统技术竞争，导致包含人工智能技术的物质产品和服务产品往往在一段时期内生产成本可能比基于传统技术生产的同类产品更高。这就使得包含人工智能技术的物质产品和服务产品通常在初期并不具备价格竞争力，人工智能企业必须以积极改进技术和迅速扩大生产规模来提升产品竞争力。在这一阶段，应当适当侧重于人工智能创造实体经济增量的融合路径，通过财政补贴、风险投资等手段，尽快扩大人工智能企业的生产规模，在持续生产过程中改进人工智能技术，稳步提升产品的竞争力。但在人工智能与实体经济融合的中后期阶段，由于人工智能技术迅速成熟，生产规模也迅速扩大，此时包含人工智能技术的产品生产成本迅速降低，人工智能技术产品的竞争力已经大大超过传统技术产品。此时，人工智能与实体经济融合的侧重点就应当转向人工智能改造实体经济增量，通过各种手段加速传统技术的淘汰和改造，迅速去除传统技术领域的“僵尸”企业和落后产能。因此，适当偏重融合路径选择，也是人工智能与实体经济融合的不同路径协同性的体现。

在人工智能与实体经济融合的生产实践中，人工智能创造实体经济增量和人工智能改造实体经济存量的路径是同步进行的，人工智能与实体经济融合的不同路径天然具有协同性特征。这既是人工智能技术作为一种通用技术的技术性质的体现，也是人工智能与实体经济的融合过程本质上就是社会生产智能化的体现。

第二节　人工智能与实体经济融合进程中生产力演进的表现形式

人工智能与实体经济融合的直接结果和最终目的，就是实现社会生产的智能化。与历次工业和科技革命中相继实现的社会生产机械化、电气化和自动化相比，人工智能与实体经济融合带来的社会生产智能化浪潮，将推动社会生产力实现跨越式发展。劳动关系属于生产关系范畴。这就决定了要分析人工智能与实体经济融合进程中劳动关系的演化，就必须结合生产力发展状况和发展趋势来展开。具体来看，在人工智能与实体经济融合进程中，生产力演进的表现形式主要有以下五个方面。

一、劳动者方面

劳动者是生产力三要素中唯一能动的要素。人工智能与实体经济融合进程中的生产力演进，首先表现在劳动者方面的变化。具体表现在以下两个方面。

（一）劳动力数量要求持续下降

随着人工智能与实体经济的不断融合，社会生产对劳动者所能提供的劳动力数量以及单位劳动时间内的劳动者劳动强度等方面的要求，呈现出持续下降的趋势。由于社会生产体系的智能化不断推进，在越来越多的劳动过程中，智能化机器设备将直接取代劳动者的劳动力而发挥作用。以智能电话客服技术的持续改进为例（见图1-2），在智能电话客服技术发明和运用之前，希望提供优质售后服务的企业须雇用众多电话客服工作人员接听形形色色的客户反馈。但对企业来说，客户的反馈往往是针对产品的特定方面性能提出的。人工智能技术可以通过分析客户反馈大数据，针对客户反馈较为集中的问题设置“应答话术”，并与相关“触发词汇”一起程序化。智能电话客服技术投入使用后，企业的人工智能服务器可以在客户通话中寻找“触发词汇”，根据算法匹配“应答话术”并加以回应。如果未能在客户通话中找到“触发词汇”，人工智能则可以将客户电话切换至人工客服。在完成客户问题解答之后，人工智能可以通过分析人工客服的电话录音，寻找到新的“触发词汇”与“应答话术”组合，反过来又进一步优化智能电话客服技术的算法。通过运用人工智能技术，即便人工客服数量减少，也可以满足不断增加的客户售后服务需求。有限的人工客服可以将有限的精力用于解决较为疑难的售后问题，而智能化算法的持续改进也可以将服务器暂时无法自动解决的复杂问题迅速转化为服务器可以处理的程序化应答。这就既可以在未来的服务过程中持续减少对人工客服的数量要求，也可以使人工客服不用再重复应对相同的客户投诉，从而降低了人工客服重复性劳动的劳动强度。

人工智能的技术赋能过程，同时也是人工智能驱动的机器设备不断在

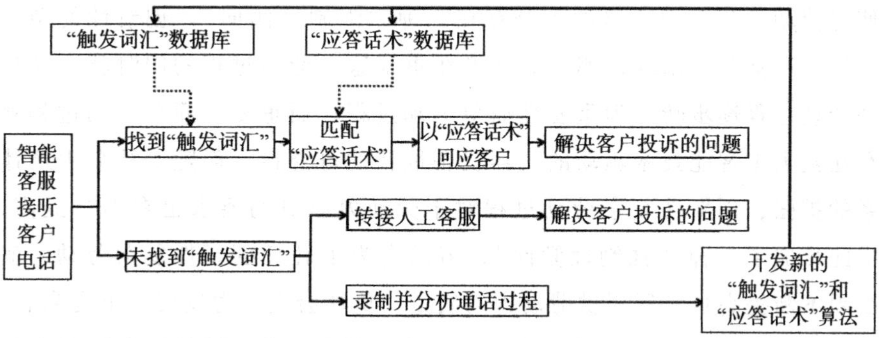

图 1-2　智能电话客户技术的持续改进流程示意图

那些单纯重复消耗体力的劳动过程中取代劳动力的过程。这就使得社会生产的各个劳动过程中对劳动力数量以及劳动者劳动强度的要求不断降低。不仅如此，人工智能技术具有持续演进优化的特点。一旦走上了社会生产智能化的道路，技术变迁的路径依赖就会不断强化其减少劳动力耗费、减轻劳动强度的发展趋向。

（二）劳动力质量要求持续提升

随着人工智能与实体经济的不断融合，社会生产要求劳动者具备越来越高的智力、知识、技能、创造力和想象力等综合素质，即要求劳动者提供质量更优的劳动力。人工智能与实体经济的不断融合，将使得越来越多的重复性简单劳动过程不再需要劳动者的简单劳动力，取而代之的是智能化机器设备。劳动者要避免与智能化机器设备的直接竞争，就只能将自己的劳动力投入到智能化技术暂时无法取而代之的创新性复杂劳动过程中去。劳动者要从事创新性复杂劳动，单靠劳动者简单延长劳动时间或提高劳动强度是不行的，劳动者必须具备越来越高的智力、知识、技能、创造力和想象力等综合素质。劳动者的劳动力质量提升和社会生产体系的智能化之间存在相互促进的循环因果关系。

一方面，劳动者劳动力质量提升是社会生产加速智能化的物质基础和技术条件。人工智能与实体经济的融合并不会自动地实现，需要能够提供高素质劳动力的劳动者在具体劳动过程中不断发现和开发可以程序化、算法化的劳动环节，并设计相应的智能化机器设备来取代这些劳动环节中的劳动力消耗。如果没有能够提供高素质劳动力的劳动者，则人工智能与实体经济的融合进程将面临阻碍。另一方面，社会生产体系的加速智能化也使得劳动者劳动力质量的提升存在一种“强制性倾向”。创新性复杂劳动过程一旦首次出现，那么劳动者在重复这一劳动过程的同时就会使这种劳动过程逐步转变为重复性简单劳动过程，而重复性简单劳动过程就存在被人工智能技术驱动的机器设备取代的可能性。而随着社会生产体系的扩张，创新性复杂劳动过程对于劳动力质量的要求也在不断提高。由此形成了一种“强制性倾向”，劳动者为了胜任创新性复杂劳动，就必须不断提高自己所提供劳动力的质量。从社会生产力发展的角度来看，劳动者必须不断提升劳动力质量的“强制性倾向”，既是社会生产力发展的结果，又是社会生产力进一步发展的前提。但在劳动本身成为生活的第一需要之前，这种“强制性倾向”就有可能成为劳动异化加深的技术条件。

二、劳动工具方面

劳动工具也是生产力的重要组成部分。人工智能与实体经济融合进程对劳动工具要素的影响非常显著。具体来说主要体现在以下两个方面。

（一）劳动工具的种类与数量增加

劳动工具的所有物质成分均来自于自然界，但劳动工具本身也是人类有意识地将自己的劳动对象化到自然界的产物①。人类通过劳动生产劳动工具的目的，是为了在未来的劳动过程中能够更好地利用和改造自然界。这就决定了作为人类意识产物的劳动工具，其种类、数量以及功能都要服从于人类更好地利用和改造自然界的需要。人类利用和改造自然界的范围越大、程度越深，那么人类就越不可能只依靠自己的身体技能去实现这些劳动过程。在日益扩大的劳动过程中，人类将越来越依靠种类和数量越来越多的劳动工具去进行物质资料的生产。比如，在旧石器时代人们所使用的简单石制工具，从外观上来看与普通的岩石并没有太大的差别。这些石制工具以打制石器为主，制作较为粗糙。但到新石器时代，石制工具以磨制石器为主，还出现了陶器、玉器等工具，并且开始进行农业生产活动。新石器时代石制工具种类和数量的增加，反映出社会生产力进步的趋势，

① 马克思，恩格斯．马克思恩格斯文集（第1卷）[M]．中共中央马克思恩格斯列宁斯大林著作编译局，编译．北京：人民出版社，2009：158.

表明人类对自然界的利用和改造更加深入。

只要人类作为一种类存在物而与自然界相对立的客观存在没有改变，那么人类就会有意识地扩大其利用和改造自然界的范围和程度。随着人化自然的扩大，作为人类意识产物的劳动工具必然在数量和种类上继续增加。人工智能与实体经济的融合进程也必然遵循社会生产力发展的一般规律。社会生产智能化的目的，依旧是服务于人类利用和改造自然界的需要。人类要在社会生产智能化过程中继续扩大利用和改造自然界的范围和程度，就必然需要数量更多、种类更丰富的劳动工具来帮助人类扩大劳动对象化的范围。因此，人工智能在与实体经济融合进程中劳动工具种类和数量的增加，是人类社会生产力发展规律作用的必然结果，也是人类社会生产力发展进程中劳动工具改进一般规律持续作用的结果。即便生产智能化在未来社会彻底实现，即人工智能技术促进社会生产力发展的潜能在人工智能与实体经济的高度融合状态下得到充分释放，劳动工具种类和数量增加的趋势还将会随着社会生产力的进一步发展而持续下去。

（二）劳动工具的智能化程度提升

如果说劳动工具种类和数量增加反映了社会生产智能化符合社会生产力发展进程中劳动工具改进的一般规律，那么劳动工具智能化程度的明显提升就明显体现了人工智能在与实体经济融合进程中劳动工具改进的阶段性特征。诚然，一切劳动工具的发明和使用都是为了在劳动过程中以自然力替代人力，从而使得从重复性劳动过程中节约下来的劳动时间可以用于拓宽人类劳动对象化的范围。

在人工智能技术转化为现实生产力之前，各种劳动工具的发明和使用主要用于节约劳动者在劳动过程中耗费的体力。属于复杂劳动的脑力劳动，则较难通过劳动工具的发明和使用加以节约。无论是蒸汽机还是内燃机，抑或是电机，都是通过对自然力的更有效的利用，使之可以在较大程度上节约劳动过程中的体力耗费，并有助于劳动强度的降低。但是这些劳动工具的发明和使用，对劳动过程中脑力耗费的减少就相对有限。随着第三次科技革命的爆发，计算机的发明和使用大大提升了劳动工具在节约脑力耗费中的作用。但是由于计算机等自动化工具不能模仿人类的思维过程，不能对劳动过程中的众多不确定性作出合理的判断和反应，因而只能替代一些不需要思维分析和情感判断的简单脑力劳动。从劳动工具的智能化角度来看，人工智能技术成熟之前的劳动工具在智能化程度上都处于较低水平。

随着人工智能技术的逐渐成熟，智能化劳动工具不仅可以更好地在劳动过程中节约劳动者的体力劳动，还可以在越来越大的范围内节省劳动者的脑力劳动时间，从而使劳动者可以将更多的劳动时间用于具有创造性和复杂性的劳动过程。以机器学习为例，这一项融合了统计学、复杂算法等学科知识，能够模拟人类学习方式的新兴人工智能技术正在被广泛地运用在诸如识别恶意软件①、进行社会预测②等过去完全无法由机器来自动操作的创造性劳动过程中。可见，劳动工具智能化程度的明显提高，是人工智能与实体经济融合的必然趋势和必要结果，也是区分社会生产智能化与之前几次社会生产体系变革的根本标志。

三、劳动对象方面

人工智能与实体经济融合进程中的生产力演进，还表现在劳动对象加工方式的变化上。具体体现在两个方面。

（一）劳动对象加工方式的精细化

社会生产力越是发展，劳动对象加工方式就越趋于精细化。科幻作家总是在其作品中设想未来社会中人工智能拥有自我意识，从而与人类展开对抗。但从社会生产力发展视角来看，人工智能与实体经济融合的生产力效应，是对人的劳动能力的延伸。故人工智能本质上仍是一种工具，与人类历史上发明的所有工具没有什么不同。就如同人类学会了利用火，就可以制作熟食、开拓荒原，从而使人类加工劳动对象的方式更加精细。人工智能的运用，也会使得人类社会对劳动对象的加工方式在现有的基础上变得更加精细化。这表现在劳动对象加工范围的扩大和劳动对象加工精度的提高。

一方面，人工智能与实体经济的融合使得原先技术条件下无法被加工

① 陈镭，杨章静，黄璞．基于机器学习的 Android 恶意软件检测实验［J］．实验技术与管理，2020（12）：94—97.

② 陈云松，吴晓刚，胡安宁，贺光烨，句国栋．社会预测：基于机器学习的研究新范式［J］．社会学研究，2020（3）：94—117.

的自然物正式成为人类的劳动对象。以无人月球车为例，由于载人登月的技术难度大、成本高，使用本质上就是人工智能机器人的无人月球车进行月球探测，可以极大地降低月球探测和开发的成本。随着人类对月球了解的深入，可以肯定无人月球车将在月球采矿等领域发挥更大作用，从而使月球的自然资源变成人类的劳动对象。不仅如此，越来越成熟的外太空探测机器人还将帮助人类将地月系以外的天体变为人类的劳动对象，从而进一步扩大人类劳动对象的范围。这就如同手执火把的原始人类终于可以向更广袤的原始森林进军一样。劳动对象加工范围的持续扩大，决定了人工智能与实体经济融合进程中仍有生产手段积累的必要，扩大再生产仍是人工智能与实体经济融合进程中社会再生产的主要特征。

另一方面，人工智能与实体经济的融合也将使人类社会生产中原有的劳动对象能够以更高的精度得到加工。比如人工智能技术与增材制造技术的结合，使得工业用 3D 打印机可以在大幅减少原材料浪费的同时，极大地增加材料加工精度，也使得产品中的零部件数量相较于传统锻造技术明显减少，并且加工制造中良品率也能得到极大提升。SPACE X 公司将 3D 打印技术运用到 Terran 1 火箭制造中，使得零件数量减少 100 倍，生产时间也较传统工艺加快 10 倍①。劳动对象加工精度的提高，可以极大地提高自然资源的利用效率，从而在有限资源情况下获得更多的产出，促进劳动生产率的提高。人工智能与实体经济融合进程中劳动对象加工精度的提高，表明这一进程中扩大再生产并不是粗放式的，将具有资源节约、环境友好等内涵式扩大再生产的特征。

（二）劳动对象加工方式的社会化

劳动对象加工方式的社会化，指在生产过程中劳动对象的加工并不是由单个劳动者来完成，而是需要通过分工与协作来完成。劳动对象加工方式的社会化程度越高，不仅越来越多的劳动对象将通过劳动者分工协作来完成加工，而且在劳动对象加工过程中劳动者之间的分工协作关系也越复杂。随着社会生产力和社会化大生产的发展，劳动对象加工方式的社会化程度也随之提高，以中间投入品形式存在的劳动对象在种类和数量上也随之持续增加。这是社会生产力发展过程中生产手段积累的必然结果和重要

---

① 张丽娇．增材制造产业市场及研发初探［J］．新材料产业．2020（5）：57—60.

形式，也是社会化大生产得到发展的重要表现。在工业革命之前，由于社会生产力水平较低，劳动对象加工方式的社会化程度也长期处于较低水平且发展极不平衡。在农业生产中，由于土地是主要劳动对象且家庭是主要的生产单位，农业劳动的分工协作极其简单，劳动对象加工方式的社会化程度极低。在城市手工业部门中，由于劳动对象的多样性和社会分工的发展，劳动对象加工方式的社会化程度高于农业部门。工业革命以后，资本主义分工协作的发展极大地促进了社会化大生产的发展，也使得劳动对象加工方式的社会化程度迅速提高。以中间投入品种类数量增加为表现形式的劳动对象积累成为生产手段积累的重要内容。

人工智能与实体经济的融合在推动社会生产智能化的过程中，必然使得社会生产中的分工与协作关系更加精细、更加复杂。与之相适应的，就是劳动对象加工方式的社会化程度进一步提高。以智能手机为例（见图1-3），没有任何一家品牌手机厂商可以独立完成手机产品的生产。手机厂商通常只是负责设计智能手机。智能手机的屏幕、天线、芯片、摄像头等元器件和传感器来自于成百上千的零部件供应商，而这些零部件供应商用来生产的零部件的材料则来自于数量更多的厂商。这些零部件的组装甚至都不是由设计手机的手机厂商来完成的，而是由诸如富士康之类的手机代工企业。随着智能手机的智能化程度提高，手机厂商就必须在手机产品中集成更多的传感器和元器件，这就使得手机厂商需要与更多的零部件供应商和手机代工企业之间结成更加复杂的分工与协作关系。随着物联网、工业互联网等智能化技术的发展，劳动对象加工方式的社会化也会表现为劳动对象加工的网络化和智能化。从而使得劳动者以及各个生产企业对劳动对象加工网络的依赖与日俱增。一旦脱离劳动对象加工网络，则劳动者个人和单个生产企业的生产力就将有完全丧失的风险。

四、劳动组织方面

虽然劳动组织并不直接属于社会生产力三要素的范畴，但组织管理在一定条件下也可以对社会生产力的发展产生深刻影响。人工智能与实体经济的融合不仅会在劳动者、劳动工具和劳动对象方面产生影响，还会在劳动组织方面带来一系列变化，从而使社会生产力的发展潜力进一步得到释放。

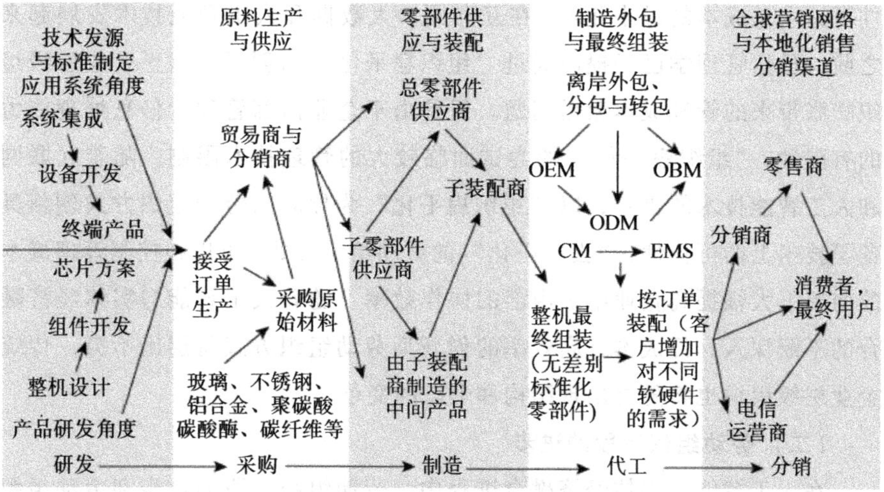

图1-3　智能手机一般性供应链示意图

资料来源：转引自刘清，杨永春，蒋小荣．全球价值生产的空间组织：以苹果手机供应链为例［J］．地理研究，2020（12）：2743—2762.

（一）劳动组织方式的创新

协作劳动所蕴含的社会生产力远大于单个劳动者的劳动所蕴含的社会生产力。这就决定了要通过一定的劳动组织来扩大劳动者之间的协作劳动，它是发展社会生产力的重要组成部分。从社会经济形态的演变来看，先进的社会经济形态下劳动组织方式更加有效率，使得更多数量的劳动者可以在有效的组织下进行更大范围的协作劳动，从而创造出更为强大的社会生产力。资本主义工业化以来，以企业层级组织为主要形式的劳动组织方式逐渐在资本主义社会中居于主导地位。伴随着资本积累的加快，资本主义企业层级组织也经历由单一业主制到合伙制再到股份制的发展历程。随着资本主义企业规模的壮大和单个资本总量的增加，日渐扩大的资本主义协作方式使由协作劳动所带来的社会生产力增进表现为资本的社会生产力的增进①。随着企业层级组织的膨胀，企业层级的增加也使得企业内部管理成本增加，从而使得企业不得不在综合考虑生产成本和管理成本的条

① 马克思，恩格斯．马克思恩格斯文集（第5卷）［M］．中共中央马克思恩格斯列宁斯大林著作编译局，译．北京：人民出版社，2009：388—389.

件下追求总成本的最小化①。在互联网、大数据和人工智能技术发展起来之前，虽然管理学已经提出通过“组织扁平化”的创新来纠正企业层级组织膨胀带来的管理成本激增问题。但是由于企业内部管理者信息处理能力的有限性，“组织扁平化”的尝试面临较大的管理技术限制。随着互联网和人工智能技术的进步，以“组织扁平化”为导向的劳动组织方式创新具备了技术上的可行性，“去中心化”的劳动组织方式②可以在控制管理成本的前提下大幅提高企业组织内部的协作效率。随着人工智能与实体经济融合的不断深入，低成本、高效率的创新型劳动组织方式将层出不穷，传统企业层级组织也将随之出现结构和形态的变革。

（二）劳动组织手段的进步

在人工智能与实体经济融合进程中，劳动组织手段的进步和劳动组织方式的创新是相辅相成的。更先进的劳动组织方式需要以更进步的劳动组织手段为技术条件，更进步的劳动组织手段也只有在更先进的劳动组织方式下才能彻底释放其促进生产协作效率提高的潜能。而人工智能等数字化技术的发展，也使得零工经济（即分散在各地的众多用工方和劳动者通过数字技术平台结成短期劳动雇佣关系的一种劳动组织形式）等新型劳动组织手段迅速发展起来。由于用工方和劳动者在空间上的隔阂、劳务服务内容的非标准化以及劳务供求双方的协商成本高等原因，在传统劳动组织手段下短期劳动雇佣关系往往只是作为长期劳动雇佣关系的一种补充。随着人工智能技术的成熟，连接用工方和劳动者的数字技术平台可以通过数据算法，智能化地实现用工方和劳动者的匹配，使得达成短期劳动雇佣关系的难度大幅降低。零工经济在导致工作碎片化的同时，也使得劳动者具有更大的灵活性和自主性③。在诸如美术设计、摄影摄像等领域，零工经济已经极大地改变了用工方式。企业可以在不与劳动者分别结成长期劳动雇佣关系的前提下，通过将工作任务分解成不同的任务片段，分别发包给不同劳动者，使得相互陌生的劳动者都可以在平台算法的指挥下实现协作劳

① 奥利弗·E. 威廉姆森. 资本主义经济制度：企业、市场和关系合同［M］. 上海：上海财经大学出版社，2017：72—76.

② 周卓华. 大数据和人工智能时代企业人力资源管理策略探析［J］. 领导科学，2020（12）：98—101.

③ 王宁. 零工经济的性质、问题与就业潜力［J］. 人民论坛，2020（14）：39—41.

动。零工经济的兴起造就了一批被称为“自由职业者”的、长期处于短期劳动雇佣关系之中的劳动者。

（三）劳动组织范围的扩大

在人工智能与实体经济融合进程中，劳动组织方式的创新和劳动组织手段的进步，还会带来劳动组织范围的扩大。一方面，人工智能等数字化技术的应用极大削弱了时空因素对劳动组织的限制，全球范围内的即时劳动协作成为可能。在传统的劳动组织中，必须在同一时间段内将劳动者聚集到一定的空间场所内，使他们可以在一起进行劳动协作。随着人工智能等数字化技术的应用，劳动组织范围趋于全球化。即便劳动者分散在全球各地，劳动协作也可以在工业互联网的协助下顺利展开。人工智能与实体经济的融合将使得全球范围内的产业链协作效率更高、成本更低。另一方面，人工智能等数字化技术的应用也使得劳动组织范围趋于全球化的同时，出现了劳动组织范围的虚拟化。传统意义上的劳动者之间的劳动协作关系被基于数字化技术的新型劳动协作关系所取代，劳动者在劳动协作过程中的人际交往趋于片面化和程式化。处于劳动协作关系中的劳动者只是在人工智能算法的指挥下精准地运用其生理机能进行劳动，但整个过程中所有劳动者都可以是相互毫无紧密社会联系的独立个体。所有的劳动协作都依托于虚拟的数字技术平台，这就使得劳动者之间的联合更加困难。劳动者在很多情况下需要单独面对毫无人情的人工智能算法。在劳动者自主权增加的表象之下，是劳动异化的加深。

五、科技劳动方面

人工智能与实体经济融合的生产力效应，还表现在科技劳动与社会生产之间关系的演变上。具体表现为两个方面。

（一）科技劳动更加紧密地服务于社会生产

科技劳动的产品是以知识形态存在的科学技术。知识本身的无限可复制性使得科技劳动虽然不能直接创造商品价值，但先进的科学技术一旦被从事生产劳动的劳动者用于社会生产，在劳动者与劳动资料的结合过程中就会转化为先进生产力。科技劳动的社会价值正是通过科技劳动服务于社会生产来体现的。由于人工智能技术本身就是数学、统计学、计算机学等多学科融合的产物，加之在对实体经济进行智能化改造的过程中通用技术的变革必然引起各种专用技术的改进，从而社会生产对于科技劳动的需求空前增加。科学技术（特别是基础科学）转化为现实生产力的速度加快，使得科技劳动服务于社会生产的目标更清晰、报酬更丰厚。这也在很大程度上激励劳动者家庭将更多的精力投入到科技劳动力的再生产中来，使得全社会科技劳动力总量得以增加，进而促进科学技术的加速进步和社会生产力的加速发展。由此形成“科技进步—生产力发展—科技劳动报酬增加—科技劳动力增加”的良性循环，更加凸显科技劳动对社会生产的服务与促进作用。

（二）科技劳动过程中学科的分化和融合并存

以知识形态存在的科学技术，本质上是对社会生产实践的意识反馈。科学技术的发展程度归根结底是由社会生产实践的发展所决定。一方面，随着社会生产力发展过程中劳动分工趋于细化，则在科技劳动过程中也必然要出现相应的学科分化。以物理学为例，19 世纪末经典物理学发展到顶峰，但随着相对论、量子力学、粒子物理学等物理学理论在 20 世纪取得突破，物理学也在不断地出现新的学科分支。学科体系的日渐庞大使得科技劳动者也不得不进行更精细的研究领域细分，从而推动了学科分化的发展。另一方面，随着社会生产力发展过程中生产协作的不断扩大，科技劳动过程中也必须相应地进行多学科交叉融合，以更好地适应生产协作发展的需要。如前文所述，人工智能等数字化技术本身就是多学科交叉融合的产物。随着人工智能与实体经济融合的不断深入，科技劳动过程中的学科交叉融合也将进一步发展。学科交叉融合将有助于创新性思维的发挥，从而有利于加快科学技术进步，加速社会生产力发展。

第二章　人工智能与实体经济融合进程中的生产关系演化效应

第一节　不同生产关系下人工智能技术的社会属性差异

一、科学技术的自然属性与社会属性

科学技术是人类在生产实践中有意识地归纳总结出来的，能够正确反映自然规律并帮助人类更好地利用自然的、一种以知识形态存在的劳动产物。科学技术虽是人类意识的产物，但科学技术所反映的自然规律具有客观实在性。故科学技术是物质世界发展到一定阶段的产物，具有自然属性。科学技术知识的根本来源是人类的生产实践，但并不是每一个从事生产实践的劳动者都有充足的时间和精力来进行科研创新。从劳动者劳动时间的分配来看，劳动者的劳动时间可分为必要劳动时间和自由劳动时间。生产实践可在必要劳动时间内进行，也可在自由劳动时间内进行；但科研创新则只能在自由劳动时间内进行。知识的无限可复制性决定了科研创新活动具有社会公共事务的属性。但劳动生产率的历史局限性意味着参与科研创新活动的机会具有稀缺性①，少数人所从事的自由劳动是以多数劳动者被剥夺的自由劳动机会为代价的。任何一个社会经济形态下的科研创新

① 马克思，恩格斯．马克思恩格斯文集（第9卷）［M］．中共中央马克思恩格斯列宁斯大林著作编译局，译．北京：人民出版社，2009：189—190.

活动，都包含并体现着这个社会经济形态中的社会关系，具有社会属性。

科学技术的自然属性与社会属性之间关系，是生产力与生产关系之间对立统一关系作用的结果。一方面，科学技术进步是社会生产力发展的结果和表现，科学技术一旦转化为现实生产力就会对生产关系演化过程产生影响。科学技术转化为现实生产力，可促进剩余产品总量的增加，这会对发展与享乐资料的分配关系带来冲击。不同的个人和阶层围绕发展与享乐资料产生的竞争，则会推动分配关系以及决定分配关系的生产关系持续演化。科学技术进步既参与人与自然之间关系的形塑，也参与人与人之间关系的形塑。另一方面，由生产关系决定分配关系会对科学技术转化为现实生产力的过程产生反作用力。一定社会经济形态下的生产和分配关系，既决定了这个社会可以用于科研创新活动的物质资料总量，也决定了科学技术转化为现实生产力的程度。一旦科学技术进步超出巩固特定社会经济形态中生产关系的需要，生产和分配关系也会反过来限制科学技术向现实生产力的转化。科学技术的自然属性决定了科学技术进步是不以人的意志为转移的，但科学技术的社会属性则决定了在不同生产关系下科学技术进步会对人与人之间的关系产生不同影响。科学技术进步既可以成为解放和发展人性的手段，也可以成为扭曲和压抑人性的工具。

总之，科学技术兼具自然属性和社会属性，意味着对科学技术进步的分析不能仅从科学技术进步的生产力演进效应视角来分析，还必须从科学技术进步的生产关系演化效应视角来考察。人工智能技术作为一种劳动时间节约型技术的自然属性，在本书第一章中已经有讨论。本章重点考察的是在不同生产关系下人工智能技术所体现出来的社会属性差异。

二、资本主义条件下人工智能技术的社会属性

资本主义条件下人工智能技术所体现出来的社会属性，主要体现在以下三个方面。

第一，资本主义协作的性质决定了人工智能技术只能作为社会生产中的一个独立生产能力而服务于资本。资本主义生产资料私有制使得资本主义协作必须在资本的指挥下进行，单个工人在资本主义协作中沦为个人生产力趋于贫乏且畸形发展的局部工人，与劳动相分离的科学技术则是作为

一种独立生产能力而受到资本的支配和控制①。科学技术在一切形式的生产协作中的运用，都有利于劳动集体的社会生产力的增进。但在资本主义协作中，由于劳动集体具体表现为受资本支配和指挥下的总体工人，总体工人的生产力增进则直接表现为资本的生产力增进。资本主义经济制度必然形成对资本的一种制度激励：促使资本将科学技术作为其经济统治地位服务的工具而不断加以革新和利用。在资本主义条件下，与所有运用于资本主义协作的科学技术一样，人工智能技术也只有在作为一种对增进资本生产力有利的独立生产能力时，才会被资本所采纳和运用。即便人工智能技术在技术层面上已经足够成熟，但只要技术不能服务于资本就不可能获得转化为现实生产力的机会。此外，资本主义条件下的人工智能与实体经济融合，恰恰是发生在实体经济已被资本主义生产关系牢牢控制的前提下。通过与实体经济中的非资本主义经济结合，促进人工智能技术转化为现实生产力的尝试，也已经是不可实现的事情。可见，在资本主义条件下人工智能技术的发展，并不会成为使单个雇佣劳动者的个人生产力丰富和个性全面解放的力量。相反，人工智能技术越是作为一种增进资本生产力的独立生产能力而存在，个人奴隶般地服从资本主义分工与协作的状况就越是恶化，资本的经济统治地位也越是巩固。

第二，资本主义生产的目的决定了人工智能技术只能作为进行相对剩余价值生产的手段而服务于资本。资本主义生产是劳动过程与价值增殖过程的统一②，生产商品的使用价值和价值并不是让资本家愿意将资本投入到商品生产过程的根本目的，资本家是希望通过支配商品生产过程去生产和占有剩余价值。在工作日的长度无法进一步延长的情况下，资本家会有强烈动机来运用新的科学技术，在提高资本支配下总体工人的劳动生产率的同时，缩短雇佣劳动者的必要劳动时间，从而相对地延长剩余劳动时间并创造更多剩余价值。作为一种独立生产能力服务于资本的科学技术，则在资本主义生产中转化为资本进行相对剩余价值生产和扩大剩余价值总量的手段。某项科学技术能否转化为现实生产力，则取决于这项科学技术在

① 马克思，恩格斯．马克思恩格斯文集（第5卷）[M]．中共中央马克思恩格斯列宁斯大林著作编译局，译．北京：人民出版社，2009：416—418.

② 马克思，恩格斯．马克思恩格斯文集（第5卷）[M]．中共中央马克思恩格斯列宁斯大林著作编译局，译．北京：人民出版社，2009：217—218.

多大程度上可以缩短资本主义生产中的必要劳动时间，从而扩大相对剩余价值生产和提高剩余价值率。资本主义条件下人工智能与实体经济融合的进程快慢，不仅取决于人工智能技术本身的成熟度，还取决于人工智能技术相对于传统生产技术是否有扩大相对剩余价值生产的优势。值得强调的是，对于被雇佣的劳动者来说，人工智能技术有助于缩短必要劳动时间，也有助于降低劳动强度，这看上去对劳动者是有利的。但资本主义条件下必要劳动时间的缩短并不会相应地增加劳动者自由全面发展的机会。必要劳动时间的缩短总是以劳动者生活资料的劳动生产率提升为前提。随着劳动者生活资料的价值量下降，劳动者的相对工资也将随之降低，劳动者无法分享由科学技术进步带来的社会物质福利增进，其境况反倒有恶化的危险。资本主义生产分配关系将迫使劳动者始终处于为生计不得不出卖劳动力的生存状态之中，劳动者所能获得的发展与享乐资料不足以帮助劳动者实现自由全面发展。

第三，资本主义积累的规律决定了人工智能技术只能作为撬动资本主义扩大再生产的杠杆而服务于资本。资本主义积累规律要求劳动力价格的波动不会威胁到资本关系的扩大再生产，一旦资本积累致使劳动力价格上升到引起劳动剥削程度降低的水平，资本就不得不将提高劳动生产率作为资本加快积累的杠杆①。资本主义社会生产的无计划性迫使单个资本必须改进技术、扩大生产才能在资本间的竞争中存活下来②。这就使得劳动时间节约型技术成为资本竞相追逐、努力掌控的生产要素。只有劳动时间节约型技术才能在生产过程中减少活劳动的投入，从而在资本有机构成提高的条件下迫使劳动力价格下降和剩余价值量增加。对于单个资本而言，改进后的技术越是能够节约劳动时间，就越是可以增加剩余价值总量，从而使得单个资本能够以更快的速度积累。人工智能技术之所以在最近若干年里越来越成为令资本趋之若鹜的“神器”，归根结底在于人工智能技术属于劳动时间节约型技术的范畴。正是由于人工智能技术的运用可以极大地减少生产过程中的劳动时间耗费，为资本有机构成的提高提供了技术上的

① 马克思，恩格斯．马克思恩格斯文集（第5卷）[M]．中共中央马克思恩格斯列宁斯大林著作编译局，译．北京：人民出版社，2009：716—717.

② 马克思，恩格斯．马克思恩格斯文集（第3卷）[M]．中共中央马克思恩格斯列宁斯大林著作编译局，译．北京：人民出版社，2009：555.

可行性，资本才争先恐后地将人工智能技术进入到资本主义生产中来，使其能够转化为现实的社会生产力。正如前文所述，资本主义条件下人工智能技术所带来的社会生产力增进表现为资本的生产力增进，从而使得资本家能够以生产和占有超额剩余价值的形式扩大其对全社会剩余产品的占有比例。因此，资本主义条件下人工智能技术向现实生产力的转化，也要遵循资本主义积累一般规律：资本利用人工智能技术加速资本积累的过程，也是产业后备军加速壮大的过程。

总之，在资本主义条件下，人工智能技术具有加剧劳资矛盾和阶级冲突的社会属性。人工智能与实体经济的融合并不能解决资本主义社会固有的基本矛盾，反倒有使这一矛盾进一步激化的可能性。

三、社会主义条件下人工智能技术的社会属性

在社会主义条件下，由于生产关系的本质不同，生产力与生产关系之间矛盾的内涵和表现也有根本不同，这就决定了尽管人工智能技术的自然属性不变，但在社会主义条件下人工智能技术仍会具有和资本主义条件下截然不同的社会属性。社会主义条件下人工智能技术的社会属性，主要表现在以下两个方面。

一方面，人工智能技术的发展始终服务于尽快增加社会生产力总量的社会发展需要。社会主义社会通常指的是刚刚从资本主义社会产生出来的共产主义社会第一阶段。在社会主义社会中，由于社会生产力尚不够充分发展，缺乏实行“按需分配”的客观物质基础，故劳动者之间的消费资料分配仍要采取以等量劳动交换为形式的“按劳分配”原则①。在整个社会主义发展阶段中，劳动者在享受消费资料方面的权利并不是绝对平等的，相反，权利的不平等才是常态，由于个人天赋、婚姻、子女等因素导致的收入差距仍客观存在。要避免这些客观存在的收入差距不合理拉大，进而导致特权阶层的死灰复燃以及资本主义的悄然复辟，光靠平均主义的分配政策是不够的，完全将商品交换和价值规律从分配关系中取消也是不行的。社会主义社会一旦建立，尽可能快地增加社会生产力总量就成为取得

---

① 马克思，恩格斯．马克思恩格斯文集（第3卷）［M］．中共中央马克思恩格斯列宁斯大林著作编译局，译．北京：人民出版社，2009：434.

统治地位的无产阶级的首要任务①。也只有当社会生产力总量尽快增加，才能从根本上杜绝资本主义复辟的可能，也才能实现向共产主义社会高级阶段的过渡。因此解放和发展社会生产力就成为解决社会主义社会基本矛盾的关键突破口，一切生产手段的运用都应当服务于增加社会生产力总量的目标。如前文所述，包括人工智能技术在内的一切科学技术本身并不是生产力的构成要素，但科学技术一旦与生产实践中劳动者具有能动性的劳动相结合，就可以转化为现实生产力，从而增加社会生产力总量。在社会主义条件下，由于生产资料已经归劳动者共同占有，使科学技术作为一种独立生产能力而无法直接与劳动者的劳动相结合的制度障碍，已经不存在。人工智能技术必须服务于增加社会生产力总量的社会发展需要，客观上要求人工智能技术首先必须被劳动者所掌握，成为增进单个劳动者以及劳动者集体的生产力的手段和工具。在社会主义条件下人工智能与实体经济融合的进程快慢和程度深浅，则归根结底取决于劳动者能不能获得并利用人工智能技术去增进集体的生产力，从而使社会生产力总量增加的社会发展需要得到更好满足。

另一方面，人工智能技术的发展始终服务于劳动者实现全面自由发展的个人发展需要。与资本主义生产的目的不同，社会主义生产并不是要生产和占有剩余价值，而是为了实现人的全面自由发展。个人的自由发展与人类的自由发展不仅不冲突，而且相辅相成②。之所以人工智能技术在资本主义条件下不能成为促进人的全面自由发展的手段，是由于资本主义条件下劳动者在剩余劳动时间内创造的财富都被资本家以剩余价值形式无偿占有（见图2-1)。剩余价值的一部分转化为资本家的消费基金，另一部分则转化为资本积累基金。劳动者在必要劳动时间内为自己创造的劳动者消费基金，则仅能向劳动者及其家庭提供维持生存所需的基本消费资料。人工智能技术带来的劳动生产率提升，一方面通过相对延长剩余劳动时间而使资本家无偿占有的剩余价值量增加，另一方面也通过相对缩短必要劳动时间而使劳动者消费基金相对减少，劳动者无法获得全面自由发展所需

① 马克思，恩格斯．马克思恩格斯文集（第2卷）［M］．中共中央马克思恩格斯列宁斯大林著作编译局，译．北京：人民出版社，2009：52.

② 马克思，恩格斯．马克思恩格斯文集（第2卷）［M］．中共中央马克思恩格斯列宁斯大林著作编译局，译．北京：人民出版社，2009：53.

的发展资料。相比之下，人工智能技术在社会主义条件下则具备促进劳动者全面自由发展的现实可行性。毋庸置疑的是，在社会主义条件下生产手段积累仍是必要的。但社会主义条件下的生产手段积累并不是以资本积累的形式来实现，而是作为社会主义劳动者必要劳动的一部分来实现。社会主义条件下劳动者必要劳动时间内的产品，一部分以消费者生存消费基金的形式用于补偿劳动力再生产所消耗的生活资料，另一部分则以公共积累基金的形式用于生产手段的积累。而超出必要劳动时间的则是社会主义劳动者的自由劳动时间，在自由劳动时间创造的全部物质产品则以劳动者发展消费基金的形式为劳动者的全面自由发展提供发展资料。因此，在社会主义条件下，人工智能技术带来的劳动生产率提升在相对缩短劳动者的必要劳动时间的同时，也会相对延长劳动者的自由劳动时间来增加发展资料的总量，从而为劳动者全面自由发展创造越来越坚实的物质基础。为实现个人的全面自由发展，社会主义劳动者就能获得充足的经济激励去学习和掌握人工智能技术。这在一方面促进人工智能与实体经济的深度融合，促进社会生产力的进一步发展，另一方面也不断激发社会主义劳动者的创新潜能，使劳动越来越成为劳动者生活的第一需要。

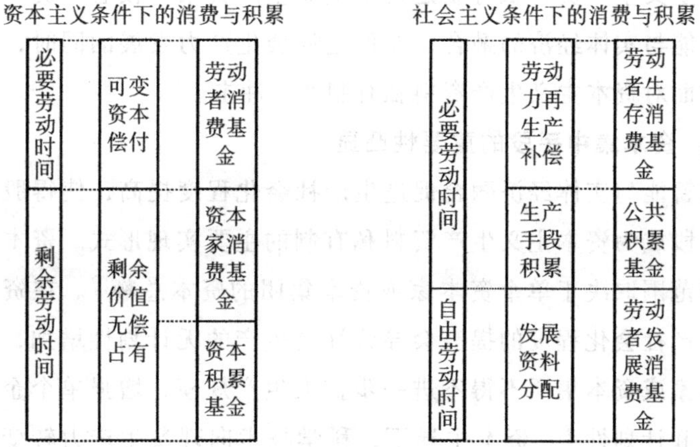

图 2-1 不同生产关系条件下消费与积累的关系

可见，在社会主义条件下人工智能技术的社会属性不再是对抗性的，人工智能技术成为统一并促进社会与个人的双重发展需要的手段。人工智能技术在资本主义条件下和社会主义条件下所展现出来的社会属性差异，表明人工智能与实体经济融合的进度和效果受到经济制度因素的深刻影响。对人工智能与实体经济融合中一切问题的分析和讨论，都不应当也不可能将经济制度因素排除在外。

第二节 融合进程对资本主义生产关系的影响

不同生产关系条件下人工智能技术会呈现出不同的社会属性。但人工智能技术所蕴含的促进社会生产力总量增加的潜能一旦得到释放，也会反过来对具体的生产关系产生影响。本节将重点讨论人工智能与实体经济融合会对资本主义生产关系所产生的影响。对于生产关系的详细考察，可以从生产资料所有制形式、生产中的人际关系和产品分配形式三个方面展开。本节将从这三个方面分析社会生产智能化对资本主义生产关系的演化效应。

一、对资本主义生产资料私有制的影响

资本主义生产资料私有制是资本主义生产关系的核心。资本主义条件下人工智能与实体经济的融合，在促进社会生产力发展的同时，也会在以下两个方面对资本主义生产资料私有制产生冲击。

（一）资本集中手段的重要性凸显

人工智能与实体经济融合促进生产社会化程度提高，使得股份制等资本集中手段成为资本主义生产资料私有制的主要实现形式。资本主义协作的规模和范围取决于单个资本家或资本集团的资本总额①。在资本主义条件下，生产社会化程度的提高会导致社会生产的无计划性增加，进而迫使单个资本家或资本集团不得不进一步扩大生产规模，增强单个企业生产中的组织性和计划性②。资本主导下，科学技术向现实生产力转变，由于会提高劳动生产率和扩大协作范围，必然使得资本家或资本集团需要不断扩

① 马克思，恩格斯．马克思恩格斯文集（第5卷）［M］．中共中央马克思恩格斯列宁斯大林著作编译局，译．北京：人民出版社，2009：416.

② 马克思，恩格斯．马克思恩格斯文集（第3卷）［M］．中共中央马克思恩格斯列宁斯大林著作编译局，译．北京：人民出版社，2009：554.

大手中掌握的资本总额。一方面，资本家或资本集团为在短时间内迅速扩大资本总额，不得不在资本积聚的同时更多地采用资本集中。另一方面，越来越难以依靠自身力量达到控制资本主义协作所需的资本最低限额的中小资本，也越来越倾向于通过资本集中来与大资本联合，进而参与剩余价值的瓜分。以股份制为代表的资本集中手段越来越成为单个资本实现联合，共同扩大资本总额和支配资本主义协作的途径。人工智能与实体经济融合会进一步促进生产社会化程度提高，也将进一步提高资本集团控制资本主义协作所需的资本最低限额。这使得股份制这种企业组织形式作为资本主义生产资料私有制主要实现形式的地位更加凸显。从表2-1可见，自2008年以来，在美国、日本和德国这三个具有代表性的发达资本主义国家中，尽管上市公司的数量增加并不明显，特别是德国和美国还出现了上市公司数量下降，但美、日、德三国上市公司市场资本总额占GDP比重都呈现出上升趋势。在美国，上市公司数由2008年的4666家减少到2018年的4397家，但上市公司市场资本总额占GDP比重由2008年的78.8%上升到2018年的148.3%。美国上市公司的平均市场资本总额明显增加。德国的情况与美国类似，上市公司数的减少和上市公司市场资本总额占GDP比重的上升并行。日本上市公司数由2008年的2374家增加到2019年的3704家，上市公司市场资本总额占GDP比重则由2008年的61.8%上升到2019年的121.8%，上市公司市场资本总额占GDP比重的增长仍要快于上市公司数的增加。这表明在美、日、德等主要资本主义国家，资本集中的速度和程度都在快速提高，全社会资本总额正迅速集中到数量更少的资本集团手中。

表2-1 美德日三国国内上市公司数和上市公司市场资本总额占GDP比重

年份	国内上市公司数（家）			上市公司市场资本总额占GDP比重（%）		
	日本	德国	美国	日本	德国	美国
2008	2374	742	4666	61.8	29.6	78.8
2009	2320	704	4401	63.2	37.8	104.3
2010	2281	690	4279	67.2	41.8	115.3
2011	2280	670	4171	54.0	31.5	100.6
2012	2294	665	4102	56.1	41.9	115.3
2013	3408	639	4180	88.1	51.6	143.2

续表

年份	国内上市公司数（家）			上市公司市场资本总额占 GDP 比重（%）		
	日本	德国	美国	日本	德国	美国
2014	3458	595	4369	90.3	44.6	150.3
2015	3504	555	4381	111.5	50.7	137.6
2016	3535	531	4331	100.6	49.1	146.2
2017	3598	450	4336	128.0	61.3	164.8
2018	3652	465	4397	106.9	44.4	148.3
2019	3704	470	—	121.8	54.6	—

资料来源：世界银行 WDI 数据库。

（二）知识产权积累的加快

人工智能与实体经济融合凸显科学技术的重要性，使得知识产权的界定、保护和积累成为资本主义生产资料私有制的衍生实现形式。科学技术是由科研劳动者创造的一种使用价值，作为科学技术载体的知识具有无限可复制性。这就决定了科研劳动虽也是一种无差别的人类劳动，但科研劳动创造的使用价值并不被直接被独占。科学技术本身在简单商品交换关系中并不具有交换价值和价值，不具备商品所包含的二因素矛盾统一体性质。但在资本主义经济中，生产资料私有制决定了：一方面科学技术只有被资本家所支配的劳动过程采用才能转化为现实生产力，另一方面率先运用先进科学技术的资本家会因个别劳动生产率高于社会平均劳动生产率而获得超额剩余价值。通过界定知识产权而使单个资本家可以独占某项科学技术的优先使用权，就可以使这个资本家独享科学技术进步带来的超额剩余价值。某项科学技术的优先使用权不仅具有现实的使用价值，优先使用这种科学技术所创造的超额剩余价值也表现为这种优先使用权的价值，因此知识产权所界定的科学技术优先使用权可以成为商品。知识产权实则是一种社会权力凭证，即对由科学技术进步所创造的超额剩余价值的独占权。随着资本主义条件下人工智能与实体经济融合的深入，科学技术促进劳动生产率提高的作用日益凸显，进而由科学技术进步所带来的超额剩余价值总量也更加可观。这就促使资产阶级认为越来越有必要通过对知识产权的界定和保护，明确对由科学技术进步带来的超额剩余价值的瓜分规则。这也使得知识产权成为资本主义生产资料私有制的衍生实现形式。知识产权的出现虽然一定程度上可以增加科研劳动者的经济权益，但知识产权的界定、保护和积累并不会改变科学技术作为独立生产能力服务于资本的事实，相反，会起到巩固资本主义生产资料私有制的作用。资本家通过对知识产权的积累，不断增加其对超额剩余价值的占有权。由图 2－2 可见，美、德、英、法、日五国非居民专利申请量与居民专利申请量之比均不同程度地呈现出上升趋势。美国最典型，2018 年美国非居民专利申请量是居民专利申请量的 109.45%，而在 2008 年这一比例为 97.4%。由此反映出资本家及资本集团对于知识产权的积累不断加快，资产阶级内部对由科学技术进步带来的超额剩余价值的争夺更加激烈。

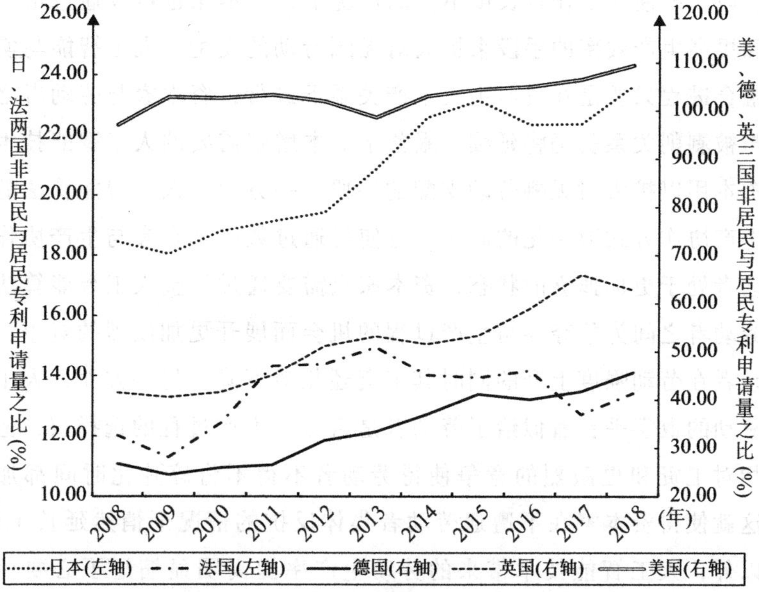

图 2－2　五国非居民专利申请量与居民专利申请量之比

资料来源：世界银行 WDI 数据库。

二、对资本主义生产中人际关系的影响

资本主义条件下人工智能与实体经济融合，并不会直接颠覆资本主义生产资料私有制。这就使得由资本主义生产资料私有制所决定的资本主义社会中资本家与劳动者之间的剥削与被剥削关系也不会有本质改变。但人工智能与实体经济融合还是会对资本主义生产中人际关系产生影响，具体

表现在以下两个方面。

（一）资本家对劳动者的剥削更有隐蔽性

相较于奴隶制经济和封建制经济的剥削关系，资本主义经济中的剥削关系具有隐蔽性特征。通过将劳动者有酬劳动和无酬劳动所创造的劳动产品分别转化为工资和利润两种收入形式，掩盖了资本家所赚取的利润与劳动者无酬劳动之间的内在联系。资产阶级由此可以大肆宣扬资本家的利润收入是资本的报酬，通过给付劳动者工资就足以偿付劳动者的劳动报酬。科学技术在改进生产手段和提高劳动生产率的同时，也赋予了资本家通过扩大绝对剩余价值生产和相对剩余价值生产来隐蔽地加重对劳动者剥削程度的手段。即便在工作日长度不变的情况下，资本家也可以通过增加劳动强度和提高生产效率的手段来扩大对无酬劳动的支配。人工智能与实体经济的融合进程只要是在资本主义生产关系下进行，资本家与劳动者之间的剥削与被剥削关系就仍将延续。服务于资本增殖需要的人工智能技术也仍会是资本用以扩大对无酬劳动支配的手段。一方面，人工智能算法的运用在使生产协作方式数字化的同时，也使得通过数字平台参与生产协作的单个劳动者处于更加孤立的状态，资本家只需要通过调整人工智能算法就可以使劳动者之间为争夺参与生产过程的机会而展开更加激烈的竞争，从而使劳动者在劳动强度上升的同时其工资还相对下降。另一方面，人工智能算法驱动的数字平台看似给了劳动者是否参与生产过程的选择权，但被降低的相对工资和更激烈的竞争使得劳动者不得不将碎片化时间都加以利用。这就使得资本家在不遭遇劳动者集体反抗的情况下悄然延长工作日。除此以外，人工智能技术带来的劳动生产率提高明显缩短了必要劳动时间，人工智能算法营造的劳动者之间激烈竞争局面也使得劳动力价格能够迅速下调，以响应劳动力价值下降趋势。这就使得资本家可以迅速实现剩余劳动时间的相对延长，从而实现剩余价值总量的增加。

（二）资本家对劳动者的剥削更显腐朽性

资本主义协作的性质决定了对于生产协作的管理、监督和调节的职能也会成为资本的职能①。在资本主义的早期发展阶段，资本所执行的对生

① 马克思，恩格斯．马克思恩格斯文集（第5卷）［M］．中共中央马克思恩格斯列宁斯大林著作编译局，译．北京：人民出版社，2009：384.

产协作的管理职能本质上是为了更好地提高总体工人的劳动生产率，缩短总体工人的必要劳动时间，使资本家通过支配总体工人而占有更多剩余价值。但也正是由于资本主义生产的这一目的，促使资本家不断加快资本积累，扩大生产协作的过程，不断增加资本支配下工人协作劳动的社会生产力。因此在特定的历史发展阶段，资本主义生产关系下的生产协作尽管包含并体现了资本家与劳动者之间的剥削与被剥削关系，资本主义协作也曾发挥过促进社会生产力发展的积极作用。但随着生产社会化程度不断提高以及股份制等资本主义企业组织形式的创新，资本家逐渐将资本主义企业组织内部的管理职能赋予经理阶层，从而使得资本主义企业的所有权和管理权相分离。资本主义生产资料私有制实现形式的演化暂时缓解了社会化大生产与资本主义生产资料私有制之间的矛盾，也使得资本的寄生性和腐朽性日渐凸显①。随着人工智能与实体经济的融合，由经理阶层执行的企业管理职能也开始在越来越大的范围内由人工智能算法来执行，资本主义企业所有权和管理权相分离的程度将进一步增加，从而使得资本的寄生性和腐朽性达到前所未有的高度。在人工智能产业化过程中，资本家唯一能做的就是在资本市场上把控相关科技企业的融资规模，从而决定哪些科技企业可以迅速扩大生产规模。至于人工智能的算法如何迭代更新、人工智能应用如何推陈出新，则不是资本家需要和能够直接参与的事务。资本家唯一需要做的就是在人工智能技术转化为现实生产力后，宣称这种劳动生产力是资本的生产力，从而可以以红利等形式占有技术进步所带来的超额剩余价值。可见，劳动生产力的增进并不需要耗费资本家分文，但资本家却享有了劳动生产力增进所创造的物质财富。由于资本家管理职能的彻底剥离，继续维持资本家与劳动者之间的剥削关系，就不再有任何促进社会生产力发展的积极意义。相反，资本家对劳动者的剥削成为限制人的自由发展的“枷锁”，必须加以革除才能适应社会生产力发展的需要。

三、对资本主义产品分配形式的影响

人工智能与实体经济融合对资本主义生产关系的影响，还表现在资本

---

① 马克思，恩格斯．马克思恩格斯文集（第3卷）[M]．中共中央马克思恩格斯列宁斯大林著作编译局，译．北京：人民出版社，2009：559.

主义产品分配形式的变迁之中。社会生产体系的智能化使得资本主义产品分配形式产生以下两大演变趋势。

（一）资本的产品分配主导权上升

在资本主义生产关系中，由于生产资料归资本家占有，且资本家与雇佣劳动者是剥削和被剥削的关系，资本家在产品分配中占据主导地位。这种主导地位不仅体现在资本家无偿占有雇佣劳动者在剩余劳动时间中创造的剩余价值，还体现在资本家通过不同形式的工资来激励雇佣劳动者为在剩余劳动时间中创造更多剩余价值而拼死努力，更体现在资产阶级作为一个整体要始终保证劳动力的市场价格不会上升到足以威胁资本关系扩大再生产的水平。在人工智能与实体经济融合进程中，资本家凭借对数字平台的控制就可以扩大其在商品流通中的垄断地位。即便是过去拥有少量生产资料的自我雇佣劳动者，现在都必须依赖资本家控制的数字平台来销售自己生产的商品。资本家在产品分配上的主导权，并没有因为人工智能技术的引入而被削弱，相反却得到了空前的强化。首先，如前文所述，资本家支配下的人工智能算法使得资本家牢牢掌握着剩余价值的无偿占有权，人工智能技术成为资本家攫取更多剩余价值的手段和工具。其次，人工智能算法运用到对劳动过程的管理、监督和调节之中，使得雇佣劳动者在整个劳动过程中始终处于生理和心理上的高度紧张状态，任何“磨洋工”的行为都会被人工智能算法察觉，并被资本家以“减薪”的形式处罚。这就使得资本家对雇佣劳动者的工资激励空前强化，增强资本家对产品分配的主导权和扩大资本家对剩余价值的占有。再次，人工智能技术在实体经济各个领域的渗透带来社会劳动生产率的普遍提高，也将使得劳动力再生产所需的生活资料价值量下降，故劳动力价格面临着相对下降的持续压力。人工智能技术的运用并不会威胁到资本关系的再生产，却依旧可以成为资本用以加速资本积累的有力杠杆。总之，资本的产品分配主导权会随着人工智能与实体经济融合进程的深入而得到巩固和强化。

（二）产品分配形式的证券化

对于任何一种社会经济形态下的生产关系来说，产品分配形式的核心问题都是剩余产品以何种形式进行分配。在早期资本主义社会中，单个资本家通过将工厂生产的产品进行售卖，再将增殖后的商品资本转化为货币资本的同时，实现对预付资本的补偿和对剩余价值的占有。随着资本主义经济的发展，商业资本、银行资本等职能资本迅速壮大，导致商业利润、利息、地租等剩余价值的转化形式层出不穷。资本主义企业中所有权和管理权的分离，在凸显资本的寄生性和腐朽性的同时，也使得资本家越来越倾向于凭借对生产资料行使所有权的法律凭证来占有剩余价值，剩余价值的分配形式趋于证券化。垄断资本主义的兴起使得单个资本瓜分全社会剩余价值的竞争从商品市场衍生到金融市场。各路资本通过在股票、债券、期货等金融市场上的多空交易，反复抢夺各类有价证券的定价权，形成剩余价值总量在不同资本家的分配比例。人工智能与实体经济的融合并不会改变资本主义生产关系下产品分配形式的证券化，相反却会让资本家在剩余价值瓜分中的竞争更加激烈。以美国股市为例，自21世纪以来高科技公司的股票一直是市场上受到各路资本追捧的股票。这是由于以特斯拉、苹果、亚马逊为代表的一批美国高科技公司凭借其在人工智能领域的垄断优势，取得对人工智能技术带来的超额剩余价值的优先占有权。各路希望参与这笔超额剩余价值分配的资本也通过买入这些高科技公司的股票，不断推高这些公司的股票价格，试图在股价上升中实现盈利。而通过股票市场募集到大量社会资本的美国高科技公司则进一步加大对人工智能技术的研发和垄断，巩固其对超额剩余价值的优先占有权。由此形成了“剩余价值分配主导权向大资本集中，中小资本通过与大资本联合参与剩余价值分配”的当代资本主义社会产品分配形式和分配格局。

第三节　融合进程对社会主义生产关系的影响

人工智能与实体经济的融合不仅会对资本主义生产关系产生冲击，也会对社会主义生产关系产生冲击。面对社会生产智能化的浪潮，社会主义生产关系需要进行一系列局部调整和自我优化，以进一步地解放和发展社会生产力。

一、对社会主义生产资料公有制的影响

社会主义生产资料公有制在人工智能技术出现之前就已经出现。在前

文对人工智能技术的社会属性进行分析时，已经得出结论：认为社会主义条件下人工智能技术可以促进社会发展需要和个人发展需要之间形成更高水平的契合。但这并不意味着社会主义条件下人工智能与实体经济的融合进程中就不再需要对社会主义生产资料公有制进行局部调整和自我优化。相反，在人工智能与实体经济融合进程中，社会主义生产资料所有制的巩固和完善面临着难得的机遇和空前的挑战。

（一）社会主义生产资料公有制的发展机遇

首先，人工智能与实体经济融合会促进生产社会化程度提高，有助于凸显社会主义生产资料公有制的计划性优势。任何一种生产关系之下，越来越精细的分工和越来越复杂的协作都会在劳动过程中创造出越来越多的信息和数据。对这些信息和数据的有效处理是保证分工协作得以持续的关键。资本主义生产方式下信息和数据的处理，主要依靠市场机制和价值规律进行自发的、事后的调节。在生产社会化程度相对较低的条件下，这种信息和数据处理方式虽会在周期性经济危机中导致分工和协作出现停滞，但在一定历史时期内还能促进社会生产力的发展和生产手段的积累。但随着生产社会化程度的持续提高，资本主义企业内部的计划性和资本主义社会生产的无政府状态之间的矛盾就会凸显。落后的信息和数据处理方式已经成为阻碍生产社会化程度进一步提高的主要瓶颈。人工智能与实体经济的融合不可避免地将会促使生产社会化程度的提高，更加精细的分工和更加复杂的协作甚至在一定意义上已经突破了时间与空间的限制，使得全球各地的劳动者都可以参与到空前扩大的分工协作关系中来。比如，远在太平洋两岸的音乐制作人已经可以通过数字平台共同创作一首乐曲，组织这样一次跨洋创作所需处理的信息和数据就远比过去让音乐人共处一室进行创作时要多得多。海量的信息和数据处理需求将使得社会分工协作越来越难以承受社会生产的无计划状态所带来的效率损失。而社会主义生产资料公有制通过使生产资料由全体劳动者共同占有，故有计划的生产协作可以由单个生产组织扩大到整个社会生产网络，从而从根本上消除社会生产的无计划性。

其次，人工智能与实体经济融合会增加重大科技创新需求，有助于发挥社会主义生产资料公有制的共享性优势。一切形式的生产资料私有制所决定的个人经济行为方式是以独占剩余产品为目标的。任何个人行为只要不能使其最大化地占有剩余产品，而要使之去和他人共享剩余产品，那么个人就不会有足够的行为动机。这就决定了生产资料私有制之下公共产品常态性地处于供给不足的状态，个人没有足够的动机去为社会、为他人提供可以共享的公共产品。在资本主义条件下，资本主义国家只有通过对知识产权的界定，允许个人垄断和科学技术优先使用权相关的超额剩余价值，才能激励个人和机构提供科学技术这一重要公共产品。如第一章讨论的那样，人工智能与实体经济融合进程顺畅与否，很大程度上取决于与人工智能技术这一通用技术匹配的各种专用技术的改进速度。无论是人工智能技术还是各种专用技术的发展，都会增加对科技创新的需求。特别是基础科学研究对科技创新引领作用的凸显，使得作为公共产品的重大科技创新项目越来越成为决定社会生产力发展快慢的“瓶颈”。在社会主义条件下，生产资料公有制决定了普通劳动者也可以参与剩余产品的分配，故只要有助于增加社会剩余产品总量，普通劳动者也会有很强的主动性去为社会、为他人提供服务。社会主义生产资料公有制通过消除公共产品与其他产品的差别，从根本上保证人工智能与实体经济融合进程中重大科技创新需求可以得到及时响应和充分满足。

（二）社会主义生产资料公有制的现实挑战

首先，人工智能与实体经济融合将使社会主义生产资料公有制面临来自实现形式创新方面的挑战。一切生产资料所有制可以存在多种不同的实现形式。在具体历史阶段生产资料所有制所采取的实现形式归根结底应由具体历史阶段内的社会生产力决定。在资本主义生产资料私有制的不同发展阶段，也先后出现了业主制、合伙制和股份制等实现形式。社会主义生产资料公有制在不同的发展阶段也应当根据社会生产力发展水平选择与之相适应的生产资料公有制实现形式。从客观历史因素来看，率先完成社会主义革命、建立社会主义制度的国家多数都是社会生产力相对落后的国家，这就决定了这些国家所建立的社会主义生产资料公有制只能选择与落后生产力状况相适应的所有制实现形式。在各个社会主义国家的实践探索中，工厂制、合作社制、股份制都作为社会主义生产资料公有制的实现形式而存在过。这些公有制实现形式无一例外地都依赖一个前提：劳动者必须在一定的时间和空间内共同进行协作劳动。随着人工智能与实体经济融合的深入，劳动者之间的分工协作在越来越大的范围内可以摆脱时间和空间限制，劳动者可以凭借数字平台在不同的时间和空间下开展分工协作。这就决定了社会主义生产资料公有制也必须探索与这种全新的分工协作方式相适应的所有制实现形式，否则就难以满足生产社会化的要求。

其次，人工智能与实体经济融合将使社会主义生产资料公有制面临来自生产手段积累方面的挑战。正如在讨论社会主义条件下人工智能技术社会属性时指出的，社会主义条件下生产手段的积累仍是必要的，只是这种积累不再像资本主义条件下通过剩余机制资本化的形式来实现。在社会主义生产资料公有制下，生产手段的积累不再需要通过剩余劳动时间来进行，而是已经成为实现社会和个人发展的必要劳动中的一部分。由于客观历史因素，率先建立社会主义制度的国家，在社会生产力上较西方发达资本主义国家更为落后。在两种经济制度竞争的历史背景下，社会主义国家还必须通过加快生产手段积累，尽早实现对资本主义的赶超。较低的劳动生产率不仅使得社会主义国家劳动力再生产所费的必要劳动时间长于西方发达资本主义国家，还使得社会主义国家在很长一段时间用于生产手段积累的必要劳动时间也相对较长，这就使得劳动者的自由劳动时间较为有限，劳动者发展消费基金较为有限。社会主义国家的劳动者在生活水平上与发达资本主义国家存在一定差距。在人工智能与实体经济融合进程中，由于资本主义国家和社会主义国家几乎站在同一起跑线上，两种经济制度的竞争依旧会持续下去。社会主义国家要想在与资本主义国家的竞争中取胜，仍必须保证比资本主义国家更快的生产手段积累速度。如何处理好社会主义条件下人工智能与实体经济融合进程中积累与消费的关系，保证劳动者享受到人工智能技术进步带来的发展成果，是社会主义生产资料公有制经济必须解决的问题。

二、对社会主义生产中人际关系的影响

在社会主义条件下，剥削阶级已经随着生产资料私有制的消灭而被消灭。尽管在经济权利上仍客观存在不平等，但劳动者之间的这种平等仅仅是由于天赋、婚姻和家庭等因素导致的消费资料占有量上的差别，并不存在凭借对生产资料的占有剥削他人劳动的机会。但这并不意味着社会主义生产中人际关系就不需要重视和协调。人工智能与实体经济融合的进程，会对社会主义生产中人际关系产生正反两方面的影响。

（一）促进集体利益与个人利益的和谐统一

社会主义生产中形成的人际关系就本质上讲是非对抗性的。这与资本主义生产中的人际关系存在根本区别。资本主义生产的目的是生产剩余价值，但生产剩余价值的雇佣劳动者却始终没有参与剩余价值分配的权力。资本主义生产中资本家与劳动者之间的剥削与被剥削关系，决定了资本主义生产中形成的人际关系必然是对抗性的。资本主义生产中的对抗性人际关系，决定了资本主义社会中集体利益与个人利益始终处于相互冲突的状态。奥尔森在《集体行动的逻辑》中指出，个人理性与集体理性的冲击导致人数众多的集团行为效率低下①。但资本主义社会中集体行为的低效率和“集体物品”的供给不足，归根结底并不是由于理性的有限性，恰是在生产资料私有制下形成的人与人之间的对抗性分配关系。在社会主义社会中，由于生产资料已经归全体社会成员共同占有，少数人凭借对生产资料的私人占有去剥削他人劳动的机会也彻底丧失。劳动者之间生产协作关系越是融洽，社会生产力总量也会加速增加，劳动者可以分享到的发展与享乐资料也就越充分。集体利益与个人利益之间并不存在不可调和的冲突，“集体物品”与“私人物品”的划分失去意义。社会主义条件下人工智能与实体经济融合进程可以通过优化劳动者之间的生产协作来促进社会生产力总量的增加，使得劳动者自由劳动时间不断延长，在促进个人全面自由发展的同时实现社会的和谐进步。因此，从长期来看，人工智能技术在社会主义条件下的运用并不会导致集体利益与个人利益的根本冲突，相反会成为有助于促进集体利益与个人利益和谐统一的因素。

（二）协调劳动者之间利益冲突的挑战尚存

在人工智能与实体经济融合进程中，集体利益与个人利益在宏观层面上的和谐统一并不意味着微观层面上劳动者之间的利益冲突就不存在。相反，在人工智能与实体经济融合进程中，技术创新和产业变迁必然会在劳动者之间引起一系列的利益冲突，如何处理好这些利益冲突是社会主义生产中人际关系协调面临的现实挑战。如第一章讨论的那样，人工智能与实体经济融合的路径可以分为人工智能创造实体经济增量和人工智能改造实体经济存量两条路径。无论是哪条路径都会在一定时期内导致劳动者之间

① 曼瑟尔·奥尔森. 集体行动的逻辑［M］. 陈郁等，译. 上海：格致出版社，2011：25.

利益冲突有加剧的风险。

首先，在人工智能创造实体经济增量路径上，随着人工智能技术的运用带来劳动生产率的极大提高，使得一部分实体经济行业和领域中的劳动者率先进入必要劳动时间相对缩短和自由劳动时间相对延长的良性循环。这一循环虽然对率先运用人工智能技术的劳动者有利，但也会在全社会范围内改变发展与享乐资料的分配格局。如果由这些行业和领域的劳动者独享人工智能技术带来的劳动者发展消费基金的增量，则会使得社会范围内劳动者之间的收入差距拉大，则与社会主义“共同富裕”的原则相悖；反之，如果劳动者发展消费基金由全社会平均分享，又会导致劳动者失去率先运用人工智能技术进行生产的积极性。即便是在增量财富的分配中，一部分劳动者经济权利的相对扩大也必然导致另一部分劳动者经济权利的相对缩小，劳动者之间的利益冲突由此可能加剧。

其次，在人工智能改造实体经济存量的路径上，人工智能技术的运用会给众多实体经济行业和领域带来颠覆性的变化，这就意味着这些部门的劳动者面临着两个选择：要么离开现有的工作岗位去寻找新工作岗位，要么学习新知识适应现有工作岗位的新要求。但无论是作出哪个选择，劳动者都要将一部分生活资料用于知识结构更新和劳动技能提升，从而在一段时期内给劳动者带来经济上的困难。如果社会不能给予这些劳动者帮助，那么也会打击这些劳动者运用人工智能技术改造生产活动的积极性。在劳动者对人工智能技术产生抗拒情绪的情况下，强力推进人工智能对实体经济存量部分的改造，甚至有可能激发劳动者的强烈不满和反抗行为。这就会给社会和谐稳定带来极大的隐患。在人工智能改造实体经济存量的融合路径下，如何控制和消除人工智能技术运用对劳动者经济利益的负面影响，是社会主义条件下推进人工智能与实体经济融合的重大现实问题。

三、对社会主义产品分配形式的影响

在社会主义生产关系下，产品分配的基本原则是按劳分配。这一原则的实现形式也是随着社会生产力的发展而不断变化的。在人工智能与实体经济融合进程中，社会主义产品分配形式也必须作出相应的调整。

（一）按劳分配的必要性和可行性增强

在社会主义条件下，人工智能与实体经济的融合程度很大程度上取决于劳动者运用人工智能技术创造性地开展生产实践的积极性和能动性。产品分配形式仍要将对劳动者的经济激励作用作为制度安排的第一原则。社会主义条件下人工智能技术的社会属性，决定了人工智能技术是帮助劳动者缩短必要劳动时间和延长自由劳动时间的工具和手段。也只有让劳动者能够充分享受到自由劳动时间延长所带来的劳动者发展与享乐资料的增加，才能对劳动者起到有效的经济激励作用。在社会主义条件下，占有消费资料的经济权利分配仍要限制在“资产阶级权利”的范围之内，劳动者对消费资料的占有仍旧存在事实上的不平等。在劳动者仍将劳动视作谋生手段的历史阶段里，人工智能技术所带来的新增消费资料也需要按照按劳分配的原则来分配。只有在劳动者得到充分经济激励的情况下，劳动者运用人工智能技术开展生产实践的积极性和能动性才能得到解放。故在人工智能与实体经济融合进程中更有必要实行按劳分配原则。

人工智能算法的发展也为社会主义条件下进行经济核算和劳动监督提供了技术手段，有助于按劳分配原则得到切实的贯彻落实。在社会主义条件下，由于劳动者尚未把劳动作为生活的第一需要，这就决定了劳动者在思想意识上仍会受到残留的资本主义意识形态的影响，所以社会主义生产中仍有必要坚持和完善生产协作中的劳动纪律。但传统技术条件下，劳动者违反劳动纪律的行为仍在一定程度上客观存在并难以发现。故传统技术条件下社会主义生产组织更多地运用荣誉责任等宣传手段来强调劳动者养成良好劳动品格和遵守各项劳动纪律的必要性。随着人工智能算法的改进，人工智能技术在经济核算和劳动监督领域可以发挥的作用也在不断增强。社会主义条件下的生产组织仍有必要也有可能运用人工智能算法来加强劳动纪律的执行力度，避免“磨洋工”等违反劳动纪律的行为发生。人工智能算法在劳动监督中的运用，能够确保按劳分配原则得到更好地贯彻落实，也能加快肃清残留的资本主义意识形态对劳动者劳动品格的消极影响。

（二）按劳分配原则的实现形式需创新

在社会主义经济建设的实践探索中，对按劳分配的实现形式进行了长期探索。在社会主义革命期间，新生的社会主义政权为应对物资短缺的局面，普遍实行过生活资料的定量配给制。生活资料定量配给制之下按劳分配原则的实现是与“不劳动不得食”原则相结合的，按劳分配原则通过强制劳动的形式加以实现。在社会主义计划经济体制下，社会主义国家则纷纷建立起以“等级工资制”为主要形式的按劳分配原则实现形式。在综合考虑工种、工龄、工作量等因素之后确定每个劳动者的工资水平。相较于定量配给制，等级工资制更能体现按劳分配原则，但也存在着分配过程中的“按资排辈”现象和问题。这与按劳分配原则是相违背的。在探索社会主义市场经济体制的过程中，社会主义国家也开始尝试通过建立劳动力市场的方式来体现“按劳分配”原则。劳动者工资则按照劳动者的实际贡献由劳动力市场的供求关系决定。价值规律的强制作用成为约束劳动者行为的条件和手段。这一变化趋势与社会主义国家社会生产力总量的增加有着密不可分的关系。

在人工智能与实体经济融合进程中，社会生产力总量的持续增加也给按劳分配原则实现形式带来了创新要求和挑战。一方面，社会生产力尚未充分发展的客观历史条件决定了人工智能与实体经济融合进程中按劳分配原则的实施仍需要依靠经济上的某种外在强制力量来保障。这就决定了在人工智能与实体经济融合进程中产品分配形式仍要与对劳动者的经济激励相挂钩，工资仍是重要的劳动者经济激励手段。但人工智能技术带动零工经济等新就业形式出现和发展，也使得制定既能保障劳动者基本权益又能保证经济激励效果的工资激励方案，成为新形势下必须解决的问题。另一方面，社会主义条件下社会生产力的发展不平衡不充分，也意味着经济激励手段对部分劳动者将会失效。比如，对已经将劳动作为第一生活需要的劳动者来说激励效果不佳，且会束缚劳动者个性的全面解放和自由发展。人工智能与实体经济融合进程中的按劳分配原则实施也必须考虑到非经济激励手段的作用，根据不同劳动者的不同思想认识和生存状况，提供个性化的劳动激励方式。

第三章　人工智能与实体经济融合进程中劳动关系演化的内在动力

从人类社会经济发展的实际情况来看，各国人工智能与实体经济的融合进程在不同的生产关系和经济制度下展开。这就决定了要全面考察人工智能与实体经济融合进程中的劳动关系演化趋势，就必须分别考察不同生产关系条件下社会生产智能化对劳动关系演化内生动力的影响。诚然，在不同生产关系和经济制度下，劳动关系演化的内生动力也是具体的、历史的，因而劳动关系演化内生动力的来源和构成也会有很大不同。但不论是在何种生产关系和经济制度下，劳动关系演化内生动力的来源和构成必须遵循人类社会再生产的一般性经济规律。本章将先探讨人类社会再生产一般性规律在劳动关系演化内生动力构成上的体现。再从一般到具体，分别分析资本主义和社会主义条件下人工智能与实体经济融合进程中劳动关系演化的内生动力。

第一节　劳动关系演化内在动力构成的一般性分析

从人类社会再生产一般性规律来看，劳动关系是生产关系的具体体现。劳动关系的演化，既是生产力与生产关系相互作用的结果，也是经济基础与上层建筑对立统一的产物。故劳动关系演化并不仅仅受到经济性因素的驱动，还会受到社会、政治、文化、军事等上层建筑层面的非经济性因素的驱动。劳动关系演化内生动力可以由经济性内生动力和非经济性内生动力共同构成。劳动关系演化的方向和速度则是经济性内生动力与非经济性内生动力形成合力并持续作用的结果。

一、劳动关系演化的经济性内生动力

在劳动关系演化过程中，社会再生产（特别是扩大再生产）的顺利进行，必须以生产、分配、交换和消费之间的关系得到妥善安排为前提。生产关系的变革必然引起分配关系和交换关系的变革，进而使得积累与消费之间的比例关系发生调整。积累与消费之间的比例关系，直接决定了在一定历史时点上所有社会成员可以进行分配的发展资料和享受资料的总量，进而塑造这一历史时点上社会成员为获取发展资料和享受资料而展开竞争的基本格局。这一格局的变化，则可以外化为劳动关系的演化。在人类社会再生产的历史发展过程中，劳动关系演化的经济性内生动力具体由两方面矛盾共同推进。

（一）社会再生产过程中剩余产品占有与必要劳动补偿之间的矛盾

恩格斯在《自然辩证法》中指出，“一有了生产，所谓生存斗争不再单纯围绕着生存资料进行，而是围绕着享受资料和发展资料进行”①。从人类社会再生产的历史来看，在人类社会诞生之初，由于社会生产力极端低下，人类社会所能生产的剩余产品的生产能力极端有限且产出极其不稳定，这就使得有限且偶得的物质产品仅够满足人类族群的基本生存和简单再生产。但随着社会生产力的发展，人类社会可以稳定地在扩大再生产中获得剩余产品，这才使得人类社会得以区别于动物，不再围绕着生存资料展开生存斗争。随着剩余产品的出现，新的问题也随之产生。剩余产品可以作为享受资料和发展资料，满足人在生存需要之外的自由发展需要，故成为人与人之间展开竞争的焦点。而社会生产力越是落后，人们围绕着有限的享受和发展资料所展开的竞争就越激烈。剩余产品由谁生产、归谁占有、供谁消费，成为人类社会再生产中必须明确的问题。

正如恩格斯在《反杜林论》中指出，“剥削阶级和被剥削阶级、统治阶级和被压迫阶级之间的到现在为止的一切历史对立，都可以从人的劳动

① 马克思，恩格斯．马克思恩格斯文集（第9卷）［M］．中共中央马克思恩格斯列宁斯大林著作编译局，译．北京：人民出版社，2009：548.

的这种相对不发展的生产率中得到说明。只要实际从事劳动的居民必须占用很多时间来从事自己的必要劳动，因而没有多余的时间来从事社会的公共事务……总是必然有一个脱离实际劳动的特殊阶级来从事这些事务”①。这样一个实际脱离劳动的特殊阶层，不论是他们的生存资料，还是他们独占的享乐资料和发展资料，在物质形态上都是来自于绝大多数劳动者生产的剩余产品。脱离实际劳动的特殊阶层无偿占有全部剩余产品的结果，就是占人口绝大多数的劳动者在社会再生产中分配到的物质产品仅够其生存需要，从而使得这些劳动者几乎不能获得享乐资料和发展资料，还必须在超出必要劳动所需的劳动时间内为凌驾于他们之上的、脱离实际劳动的特殊阶层生产这些物质产品。于是在阶级社会中，剩余产品由谁生产、归谁占有、供谁消费的问题和矛盾，也就自然转化为了剩余产品占有和必要劳动补偿的矛盾。在矛盾的一方面，脱离实际劳动的特殊阶层为扩大对剩余产品的占有而极力加强和巩固统治力量，在矛盾的另一方面，劳动群众又为争取对必要劳动的公正补偿而发出诉求并展开斗争。

在人类社会再生产的动态发展中，剩余产品占有与必要劳动补偿之间的矛盾促使劳动关系也在时而激化、时而缓和的区间中持续演化。如果扩大再生产得以顺利进行，脱离实际劳动的特殊阶层在扩大剩余产品占有的同时，还会在一定程度上试图缓和与劳动群众的矛盾，让他们的必要劳动得到一定的补偿。这就使得劳动群众在获得生存资料的同时，甚至还能获得少量的享受资料和发展资料，从而在一定范围内实现个人的发展，劳动关系也由此趋于缓和。扩大再生产一旦无法顺利进行下去，甚至连简单再生产也难以维持的时候，脱离生产劳动的特殊阶层对剩余产品占有的扩大，就必然要以对劳动群众的享受资料和发展资料（甚至还包括部分生存资料）更彻底地剥夺为实现条件。这就必然激化脱离实际劳动的特殊阶层与劳动群众之间的矛盾，使得劳动群众不得不为必要劳动的公正补偿而开展斗争，劳动关系便迅速走向激化。

（二）社会再生产过程中生产手段积累与消费资料分配之间的矛盾

在任何一种生产关系下，扩大再生产的实现都必须以生产手段的积累

① 马克思，恩格斯．马克思恩格斯文集（第9卷）［M］．中共中央马克思恩格斯列宁斯大林著作编译局，译．北京：人民出版社，2009：189.

为前提。正如马克思在《1844年经济学哲学手稿》中指出的那样，“没有自然界，没有感性的外部世界，工人什么也不能创造”①。人作为一种类存在物的生产过程，是将人的劳动对象化到自然界的过程。人的劳动过程本身就是一种物质的存在。无论是劳动工具（用于将人的劳动对象化到自然界之上），还是劳动对象（作为已经对象化的人的劳动的物质承载者），都是来自于自然界的物质。人类社会扩大再生产的过程，其本质上是人的劳动对象化的范围不断扩大和程度不断加深的过程。包括劳动工具和劳动对象在内的生产手段的积累，既是社会再生产得到扩大的结果，也是社会再生产得以进一步扩大的条件和前提。这也就意味着全部劳动产品不仅要分为生存资料和享受发展资料两大类别，还必须分为生产资料和消费资料两大类别。在社会生产力既定的条件下，社会劳动产品的总量也是既定的，故生产资料和消费资料存在此消彼长的关系。

在既定的历史时点上，生产手段的积累只能来源于用作生产资料的那部分社会劳动产品的增加。但用于追加生产资料的劳动产品，则既有可能来自于劳动群众的生存资料，也有可能来自于脱离实际劳动的特殊阶层无偿占有的享乐发展资料。但无论追加的生产资料来自于何处，都必然导致那些承担生产手段积累这一历史发展职能的个人，不得不减少当期对消费资料的占有和消费。故生产手段积累的来源、途径和方式，是一定历史阶段中生产关系和分配关系的派生物。生产手段积累必然与消费资料分配产生对立统一的矛盾关系。在任何一个社会经济形态中，扩大再生产过程由于必然导致生产手段积累，故必然要对既定的生产关系和分配关系下形成的消费资料分配格局产生冲击。反过来，这种冲击也会成为推动生产关系和分配关系做出调整的动力，推动生产关系和分配关系的发展，进而重塑一定社会经济形态中的消费资料分配格局。

因此，扩大再生产过程既有可能成为缓和劳动关系的契机，也有可能成为恶化劳动关系的导火索。当扩大再生产的物质产品直接来源主要是来自于脱离生产劳动的特殊阶层无偿占有的享乐发展资料时，劳动群众的生存资料尚不会受到直接的挤压。扩大再生产带来的劳动产品增加，尚有可

① 马克思，恩格斯．马克思恩格斯文集（第1卷）［M］．中共中央马克思恩格斯列宁斯大林著作编译局，译．北京：人民出版社，2009：158.

能缓和脱离生产劳动的特殊阶层与劳动群众之间的劳动关系。但如果扩大再生产的物质产品直接来自脱离生产劳动的特殊阶层加重对劳动群众生存资料的剥夺，那么扩大再生产就必然使高高在上的特殊阶层与劳动群众之间的劳动关系迅速激化。更有甚者，如果扩大再生产带来的劳动产品增加完全由脱离生产劳动的特殊阶层独占，并由这一特殊阶层将独占的新增劳动产品转化为下一步的生产手段积累，那么这种扩大再生产就必然加大特殊阶层占有的剩余产品与劳动群众获得的生存资料之间的鸿沟，使得劳动群众趋于相对贫困，从而恶化劳动关系。因此，劳动关系是向好还是向坏，虽然归根结底要由生产力与生产关系的矛盾运动所决定，但也在一定程度上受到特定社会中积累与消费比例关系、积累基金来源等因素的影响。特别是掌握分配话语权的阶层的主观态度，也会影响劳动关系的短期走向。

二、劳动关系演化的非经济性内生动力

在劳动关系演化过程中，经济性内生动力是形塑劳动关系演化路径的根本性力量。但在每个具体的历史时期中，劳动关系演化路径还受到一系列非经济性内生动力的形塑。最终形成的劳动关系演化路径，正是经济性内生动力和非经济性内生动力共同作用的结果。具体来看，参与形塑劳动关系演化路径的非经济性内生动力，主要包括以下几个方面。

（一）社会群体的内部组织与“谈判势力”

人是一切社会关系的总和。个人与他人之间形成的各种社会关系，既不是仅与每一个他人分别结成社会关系，也不是将所有他人视为一个完整的整体，从而由本人与“他人”这一整体结成社会关系。在个人与他人结成的各种社会关系中，很多情形是通过社会群体来加以实现的。个人首先要成为某些社会群体的成员。这些社会群体中有些是相对开放的，不需要个人专门申请即可加入；而另一些则可能是相对封闭的，需要个人满足一定条件后提出申请方可以加入。

在劳动关系的演化过程中，个人所处的社会群体也会参与到劳动关系的形塑过程中。个人不仅与其他有相同利益诉求的个人形成或紧密或松散的社会群体，还会从他所加入的社会群体的内部组织中汲取力量，以便个人在与其他利益诉求相悖的个人及其背后的社会群体展开劳动关系博弈

时，获得更强的“谈判势力”。拥有更紧密的内部组织的社会群体，总能给这一社会群体中的成员提供更强的“谈判势力”。这就使得社会群体中的每个成员都可以在劳动关系博弈中获取更多优势、占据博弈上风。得益的群体成员则会获得进一步加强社会群体内部组织的激励，以期在持续的劳动关系博弈中巩固并扩大“谈判势力”。反之，不能为成员提供更强大“谈判势力”的社会群体，其内部组织也将趋于松散化，其成员要么选择退出这一社会群体，要么寻求新的组织方式来改造社会群体的内部组织结构。

在劳动关系的演化路径形塑中，脱离生产劳动而从事社会事务的特殊阶层的存在，必然形成与从事生产劳动的劳动群众相区别的独立社会群体。这一特殊阶层由于其在社会生产各个方面占有信息优势，使得特殊阶层构成的社会群体往往在劳动关系博弈中占据极为有利的位置，从而具备相对于劳动群众更强的“谈判势力”。但这并不意味着劳动群众就完全失去通过加强内部组织来增强“谈判势力”的可能性。两大社会群体在劳动关系博弈中的行为选择会对劳动关系演化路径的形塑产生截然不同的影响。

第一，如果特殊阶层的目标仅仅是巩固并扩大自身的特权，则特殊阶层在不断强化“谈判势力”的同时，也将迫使劳动群众加强内部组织，从而形成两大社会群体在经济、政治和文化等方面的对立，使得劳动关系趋于激化。被激化的劳动关系如果不能在经济上得到根本解决，那么特殊阶层巩固其特权的努力和劳动群众寻求自我解放的努力就会形成不可调和的矛盾。当这一矛盾激化到一定程度时，作为暂时缓和这一矛盾的国家机器也将无法正常运作。在劳动关系的极度激化中，社会秩序将陷入崩溃，以至于需要社会秩序的重置才能缓和劳动关系。特殊阶层在劳动关系博弈中的强势地位也有可能被暂时削弱。

第二，如果在劳动群众内部组织暂时强化时特殊阶层出现内部分裂，那么特殊阶层就有可能因“谈判势力”的暂时削弱而被迫作出妥协。由于劳动群众人数众多，劳动群众维持强有力的内部组织的成本也相对较高，从而使得劳动群众的内部组织往往更容易出现破裂。与此同时，特殊阶层也会试图改进其组织方式，这就使得劳动群众难以长期维持其“谈判势力”，最终在劳动关系中落于下风。因此，特殊阶层在劳动关系博弈中的妥协往往是暂时的，只要特殊阶层内部组织上再度得到加强，则“谈判势力”的天平又会朝着有利于特殊阶层的方向倾斜。从长期来看，只要导致特殊阶层产生的生产力基础没有得到根本改变，特殊阶层的强势地位不会因为暂时妥协而改弦更张。

第三，如果特殊阶层能够将包括全体劳动群众在内的整个社会的福祉作为社会群体的行动目标，特殊阶层也可以和平地被改造。只有当特殊阶层在劳动关系博弈中的“谈判势力”自然转化为组织社会生产和从事社会事务的、纯粹的手段和工具，特殊阶层与劳动群众的社会群体界限才能彻底消除。但对特殊阶层来说，这种自觉行动往往是困难的。除非社会化大生产发展到一定程度，高度社会化的生产协作使得维持特殊阶层的存在本身都变成不利于社会生产发展的因素。此时，特殊阶层的存在反倒不利于这个阶层中各个成员的经济利益，成为限制和约束各个成员利益诉求的“桎梏”。特殊阶层中的个人也不再具有对组织保持“忠诚”的经济激励。因此，只有当社会生产发展到能够使脱离生产劳动的特殊阶层在经济上没有必要继续存在时，实现持续和谐劳动关系的物质条件才会真正具备。

（二）上层建筑的迟滞演变与“缓冲能力”

在一定的社会经济形态下，经济基础与上层建筑之间存在对立统一的矛盾关系。经济基础决定上层作用的同时，上层建筑也会对经济基础起反作用。上层建筑对经济基础的反作用，既可以是巩固和加强现有经济基础的正向反作用，也可以是削弱和消解现有经济基础的负向反作用。在上层建筑中，政治、法律、文化、宗教、道德等社会意识形式的不同结合方式，则在很大程度上决定了上层建筑对经济基础的反作用具体以怎样的方式呈现。在劳动关系博弈中，不同社会群体为表达自身利益诉求必然在上层建筑的演变中添加体现自身意识形态的内容。但是由经济基础决定的上层建筑，其演变速率通常与经济基础不一致。上层建筑在演变速率上与经济基础的不一致性，使得即便劳动关系博弈中的“谈判势力”已经明显偏向某一社会群体，在“谈判势力”上不占优势一方的意识形态仍会在一定时期内对上层建筑的演变持续产生影响。此时上层建筑对经济基础的反作用，则表现为对经济基础中劳动关系博弈“谈判势力”的对冲或抵消。相应的，对于具备“谈判势力”的一方，相对迟滞的上层建筑演变则成为阻止劳动关系过度失衡的因素，形成了对劳动关系演化的“缓冲能力”。比如，“同情弱者”的道德观念就有可能被劳动关系博弈中的弱势方作为博弈中的柔性武器，通过社会舆论的力量给劳动关系博弈中的强势方施加压力。社会舆论的参与虽然无力于阻止强势方从劳动关系博弈中攫取最大利益，但是可以在一定程度上避免由于劳动关系过度失衡而引发的暴力冲突等极端事件。

上层建筑的演变速率对劳动关系演化的“缓冲能力”，也需从辩证的角度来看待。一方面，上层建筑的迟滞演变通过约束劳动关系博弈中“谈判势力”的强势方，有助于缓和劳动关系中的冲突和对立。一是诸如道德、宗教、文化等上层建筑在每个历史时期本身也是确定必要劳动时间的现实因素。一旦脱离生产劳动的特殊阶层对剩余产品的支配以及由这种支配地位所导致的对劳动群众必要劳动补偿的过度挤压，超出了道德、宗教、文化等上层建筑所能容忍的程度，特殊阶层所取得的社会权力的合法性也将受到侵蚀。这就会迫使特殊阶层为维持自身权力地位作出妥协。特殊阶层的被迫妥协对于暂时缓和劳动关系是有利的。二是诸如法律、道德和文化等上层建筑也会通过对特定时期生产手段过度积累的正当性提出批判，来抑制这种过度的积累。脱离生产劳动的特殊阶层其个人消费资料来源于劳动群众生产的剩余产品，故为了扩大对剩余产品占有，特殊阶层也会推动强有力的经济激励去加速生产手段积累。特殊阶层甚至会在特定条件下越过在消费资料分配中维持基本人道的底线，过度挤压和严重威胁劳动群众的基本生存需要。上层建筑对过度的生产手段积累的正当性批判，也会迫使特殊阶层不得不暂时节制扩大生产手段积累的冲动，从而暂时缓和劳动关系。简言之，只要上层建筑的迟滞演变能够对脱离实际劳动的特殊阶层加以节制，上层建筑的迟滞演变就会成为缓和劳动关系冲突的有利因素。

另一方面，上层建筑的迟滞演变在一定条件下也可能对劳动关系博弈中的“谈判势力”强势方有利，从而成为加剧劳动关系中冲突与对立的因素。一是与旧的经济基础相适应的上层建筑在一定条件下也可以被新的经济基础所用，从而继续作为新的经济基础下特殊阶层巩固其对剩余产品占有的手段。一旦迟滞演变的上层建筑成为新的经济基础下特殊阶层巩固其统治的手段，这种不合时宜的上层建筑就不仅不会迅速消亡，反倒成为特殊阶层极力逢迎的社会意识形式。比如，曾经极力反对封建神学的欧洲资产阶级在取得政权后，并没有将宗教彻底消灭，却通过对宗教的不断改造，使之继续作为欧洲资产阶级统治的工具而长期存在。长期打着“宽容”“博爱”旗号的宗教，对于努力通过有效内部组织加强劳动关系博弈中“谈判势力”的劳动群众是有一定迷惑性的。二是迟滞演变的上层建筑增大变革生产关系的难度，旧的经济基础在一定条件下会因迟滞演变的上层建筑而复辟。由经济基础形成的上层建筑归根结底是为了巩固既有经济基础而被创造出来的。尽管通过革命手段可以在短时间内消灭旧的特殊阶层成员手中掌握的社会权力，但是迟滞演变的上层建筑使得那些腐朽的意识形态因素仍可能长期存在，甚至对革命群众的意识形态产生腐蚀。一旦条件具备，就会导致革命群众的内部组织涣散，进而从革命群众中分离出新的特殊阶层。新的特殊阶层形成，则好不容易在劳动关系博弈中掌握“谈判势力”的劳动群众又会悄然失去“谈判势力”，使劳动关系重新回到冲突与对立的境地。因此，上层建筑的迟滞演变对已经掌握“谈判势力”的劳动群众来说，也会成为导致劳动群众分裂和加剧劳动关系对立的因素。

第二节　融合进程中资本主义劳动关系演化的内生动力

人工智能与实体经济的融合进程如果是在资本主义生产关系下展开，那么资本主义劳动关系演化的内生动力必然受到资本主义生产方式的制约。具体来说，资本主义积累方式和国家垄断资本主义会对资本主义劳动关系演化产生合力。

一、资本主义积累方式与融合进程中的资本主义劳动关系演化

（一）资本主义积累方式的特征：剩余产品占有与生产手段积累合一

资本主义简单再生产虽可反映资本主义社会再生产的本质，但并不是资本主义社会再生产的主要特征。资本主义社会再生产是以资本主义扩大再生产为特征的。通过资本关系的扩大再生产，商品生产所有权规律转变

为资本主义占有规律。在资本主义占有规律之下，一方面，资本家以无偿占有剩余价值的形式实现对雇佣工人生产的剩余产品的占有；另一方面，在资本家的支配和控制下通过剩余价值转化为资本①，在扩大生产者与生产手段分离的前提下以资本积累的形式实现生产手段的积累。资本家无偿占有的剩余价值总量越大，可以当作资本来使用的剩余价值也就越多，从而资本积累的规模将扩大、速度将加快。反过来，资本积累的规模扩大和速度加快，又会通过资本主义扩大再生产而使得资本家可以无偿占有的剩余价值总量加速增加。剩余价值占有和资本积累之间的这种循环累积因果关系，意味着在资本主义社会再生产中已经内置了资本主义积累的制度安排，使得剩余产品占有过程与生产手段积累过程合二为一。

资本主义积累方式中剩余产品占有与生产手段积累合一的制度安排，是前资本主义生产方式中所未有的。无论是在奴隶制生产关系还是封建制生产关系中，剩余产品占有和生产手段积累都是相对独立的两个过程。奴隶主阶级和地主阶级要扩大对奴隶或农民所生产的剩余产品的占有，并不需要以生产手段积累为条件和方法。生产手段积累并不会成为奴隶主阶级和地主阶级扩大剩余产品占有的手段和方式。这在客观上也导致了奴隶制和封建制之下生产手段积累的相对缓慢。在资本主义积累方式下，资本家就获得了通过加快资本积累来扩大剩余价值生产和占有的制度激励。只要加快资本积累对生产和占有剩余价值这一资本主义生产的目标有利，资本家就会自觉地进行资本积累。也正是由于资本主义积累方式的这一重要特征，才使得资本主义生产关系在促进社会生产力方面表现出相对于奴隶制和封建制来说极为显著的制度优越性②。在资本主义占有规律的作用下，资本积累和生产扩大不仅仅是资本家自愿而为的事情，也会随着资本主义扩大再生产的不断发展而逐渐成为对资本家的一种强制性命令③。由此，在资本主义积累方式中产生了一种倾向：积累的过程和积累的目的相混淆，社会再生产中呈现出“为了积累而积累”的“强迫症”特点。一旦这

① 马克思，恩格斯．马克思恩格斯文集（第5卷）［M］．中共中央马克思恩格斯列宁斯大林著作编译局，译．北京：人民出版社，2009：668.

② 马克思，恩格斯．马克思恩格斯文集（第2卷）［M］．中共中央马克思恩格斯列宁斯大林著作编译局，译．北京：人民出版社，2009：36.

③ 马克思，恩格斯．马克思恩格斯文集（第2卷）［M］．中共中央马克思恩格斯列宁斯大林著作编译局，译．北京：人民出版社，2009：555.

种倾向形成，即便是周期性经济危机也不足以扭转这种倾向，只能暂时对这种倾向带来的社会再生产的失调进行强制再平衡。

（二）资本主义积累方式与无产阶级在经济上的弱势化和附庸化

资本主义生产关系下独特的资本积累方式，是导致资本主义劳动关系冲突和对立的根本动力。在资本主义生产关系下的劳动关系博弈中，无产阶级在经济上必然呈现出弱势化和附庸化倾向。

首先，资本主义积累方式将不断加剧无产阶级在经济上的弱势化。资本主义积累方式由于是剩余产品占有和生产手段积累的合一，故绝对不会允许资本积累在劳动剥削程度降低的条件下进行①。一旦社会劳动生产率成为资本积累的杠杆，资本有机构成的提高就将在资本积累过程中导致相对过剩人口和产业后备军的累进生产②。相对过剩人口的累进生产，既可以确保社会劳动生产率的提升和劳动剥削程度的提高相同步，也可以使无产阶级的就业状态变得更加不稳定，报酬更加微薄。劳动者为了维持基本生存需要，不得不接受更低的工资水平，忍受更高强度的劳动剥削程度，从而使得劳动者的就业质量不断下降，劳动者在劳动中成为畸形发展的局部工人。资本主义积累方式由于必然造就资本家手中的财富积累与劳动者面临的贫困积累并存的状况，因此必定会使得资本主义劳动关系呈现出对立和冲突的特征。无产阶级在经济上的弱势化使得无产阶级始终在资本主义劳动关系博弈中处于不利地位，而不论是处在经济高涨还是经济萧条的状态中。

其次，资本主义积累方式将不断加剧无产阶级在经济上的附庸化。资本主义积累方式在不断累进生产产业后备军的同时，也使得进入产业后备军的劳动者被物质资料生产部门所排斥，不得不寻求在非物质资料生产部门谋求生计。如表 3－1 所示，美国、日本、德国、英国和法国服务业就业人员比重在 1983 年分别为 69.7%、55.7%、53.1%、61.1%和 59.2%，但到 2019 年时分别已经达到 78.9%、72.3%、71.7%、81.8%和 77.5%。绝大多数劳动者已经被物质资料生产部门所排斥，在服务业等非物质资料

① 马克思，恩格斯．马克思恩格斯文集（第 5 卷）［M］．中共中央马克思恩格斯列宁斯大林著作编译局，译．北京：人民出版社，2009：716.

② 马克思，恩格斯．马克思恩格斯文集（第 5 卷）［M］．中共中央马克思恩格斯列宁斯大林著作编译局，译．北京：人民出版社，2009：725—732.

生产部门就业。西方资本主义国家这一就业状况的变化，恰恰是由资本主义积累方式下资本有机构成提高和产业后备军累进生产所致。日益庞大的产业后备军，无法在物质资料生产部门获得稳定的就业，只能在服务业等非物质资料生产部门为资本家转移、让渡和实现剩余价值服务。资本主义国家的去工业化使得资本主义劳动关系在呈现出对立和冲突特征的同时，还表现为无产阶级对资产阶级的经济依附性日益增强，无产阶级中越来越多的成员成为资本的直接附庸。

表3－1　西方五国服务业就业人口占总就业人口比重　（单位：%）

年份	日本	德国	法国	英国	美国
1983	55.7	53.1	59.2	61.1	69.7
1990	58.2	56.2	64.8	65.1	72.0
1995	60.6	60.8	68.2	70.5	72.2
2000	63.5	63.8	69.6	73.3	74.0
2005	67.7	67.8	72.6	76.4	76.3
2010	70.2	70.0	74.8	79.6	78.9
2015	70.5	70.9	76.9	80.2	78.7
2016	70.9	71.3	76.8	80.4	78.8
2017	71.9	71.3	76.9	80.6	78.8
2018	72.1	71.4	77.2	80.8	78.8
2019	72.3	71.7	77.5	81.1	78.9

资料来源：世界银行WDI数据库。

（三）人工智能与实体经济融合加剧资本主义劳动关系中的矛盾

伴随着人工智能与实体经济融合进程而实现的社会生产智能化，虽可以带来社会生产力的极大进步，但如果不能改变资本主义生产关系，仍旧会成为加剧资本主义劳动关系中矛盾的因素。

首先，人工智能与实体经济融合进程如果不能改变资本主义积累方式，资本主义劳动关系以对立与冲突为主的特征就不可能改变。在资本主义条件下进行的社会生产智能化，仍是将人工智能等数字技术平台等新型生产资料作为一种与劳动者分离的、受资本家占有和支配的生产手段进行积累。这就决定了人工智能与实体经济在资本主义条件下的融合，仍是作为资本家扩大剩余价值占有和加快资本积累的途径和方式。也就是说，资本主义条件下人工智能与实体经济的融合进程虽然可以为有计划的社会生产提供物质基础和技术条件，但只要资本主义生产关系没有改变，资本主义社会再生产中的“为了积累而积累”的倾向就不会改变。社会劳动生产率因人工智能与实体经济融合而取得的发展，仍会作为资本积累的有力杠杆，而使不断加速的资本积累过程与相对过剩人口的累进生产过程相伴随。作为一种独立生产而服务于资本的人工智能技术，一旦成为帮助资本在劳动过程和价值增殖过程中缩短必要劳动时间和相对延长剩余劳动时间的手段，就只能加剧雇佣劳动者的畸形片面发展，成为资本主义劳动关系中对立与冲突的加剧因素。

其次，人工智能与实体经济融合会进一步提高资本有机构成，从而加剧无产阶级在经济上的弱势化和附庸化。如前文所述，人工智能与实体经济融合会在多个方面促进社会生产力的进步。社会生产力进步的最直观表现就是社会劳动生产率的提升，进而导致资本有机构成的持续提高。在资本主义积累方式下，社会劳动生产率进而资本有机构成的提高，对加速资本积累是有利的，但必然不利于雇佣劳动者。这就使得劳动群众在社会生产智能化浪潮下的劳动关系博弈中处于更加弱势的地位。更重要的是，资本有机构成越提高，物质资料生产部门所需要的劳动力就越少，无法在物质资料生产部门实现就业的劳动者也就越多。故在人工智能与实体经济融合进程中，资本主义积累方式一方面会使得越来越巨大的社会物质财富直接掌握在资本家手中，另一方面也会使得越来越多的劳动者只有选择在非物质资料生产部门成为资本家的直接附庸，才能从资本家手中赚得少量维持基本生存所需的物质资料。资产阶级与无产阶级之间的剥削与被剥削关系，由于无产阶级在经济上的附庸化不断加强也逐渐凸显出来，从而成为加剧资本主义劳动关系中矛盾的“助燃剂”。

二、国家垄断资本主义与融合进程中的资本主义劳动关系演化

随着资本主义社会基本矛盾的不断演变，为适应和驾驭不断发展的社会化大生产，资本主义生产关系也在进行局部调整。国家垄断资本主义由此应运而生。国家垄断资本主义在暂时缓和资本主义社会基本矛盾和协调资本主义劳动关系方面也发挥了一定程度上的积极意义，但国家垄断资本主义由于并没有触动资本主义生产资料私有制，故对资本主义劳动关系的缓和作用存在明显的局限性。

（一）国家垄断资本主义缓和资本主义劳动关系的机制与途径

资本主义劳动关系的恶化是由于资本主义积累方式下“为了积累而积

累”的倾向直接导致的。国家垄断资本主义缓和资本主义劳动关系的机制和途径并不是消除“为了积累而积累”的倾向，而是在不触动资本主义积累方式的前提下通过增加有效需求进而增加就业①，试图缓和资本主义劳动关系。这些机制和途径主要分为财政政策、货币政策和再分配政策三类。

首先，从财政政策渠道来看，国家垄断资本主义试图通过国家赤字财政来创造就业以缓和资本主义劳动关系。资本主义积累方式下“为了积累而积累”的倾向必然导致劳动者就业机会的减少，从而使原本就存在冲突和对立的资本主义劳动关系在周期性经济危机中被激化。国家垄断资本主义的财政政策在私人资本没有投资意愿进而不会扩大就业需求的情况下，通过增加国家赤字财政和政府购买，在私人资本之外创造一些劳动者就业机会。试图对冲和抵消由于周期性经济危机带来的劳动者就业机会减少。从客观上讲，国家垄断资本主义的赤字财政和政府购买可以暂时延缓产业后备军的累进生产，从而使资本主义劳动关系得到暂时缓和。但国家垄断资本主义的财政政策并不从根本上消除资本主义“为了积累而积累”的倾向，长期赤字财政也会导致国家信用遭受严重侵蚀，从而使得财政政策趋于失效。

其次，从货币政策渠道来看，国家垄断资本主义试图通过压低市场利率刺激投资来创造就业，以缓和资本主义劳动关系。资本主义积累方式在提高资本有机构成的同时，也会造成一般利润率的下降。当一般利润率降到足够低的水平时，私人资本就不再有将货币资本投入产业资本循环周转的动力，从而导致资本主义社会再生产的周期性崩溃，并引发严重的就业问题。国家垄断资本主义的货币政策正是通过扩大货币发行量来压低市场利率，使产业资本家获得货币资本的成本降低，从而刺激产业资本家扩大生产，增加就业量。货币政策起效的前提是增加的货币发行量可以压低市场利率。如果市场利率降无可降，货币发行量的增加就不能刺激投资增加，并且会引起通货膨胀。而通货膨胀的出现会降低劳动者的实际工资，反倒有激化资本主义劳动关系的现实风险。

再次，从再分配政策渠道来看，国家垄断资本主义试图通过累进税制和转移支付来增加劳动者享有的社会福利，以缓和资本主义劳动关系。通

① 约翰·梅纳德·凯恩斯．就业、利息和货币通论［M］．徐毓枬，译．南京：译林出版社，2011：27.

过累进税制和转移支付，资本主义国家可以从资本家和部分高收入劳动者那里征收税款，并将之用于为中低收入劳动者提供基本生存保障的社会福利。为中低收入劳动者提供的社会福利有助于缓解产业后备军的累进生产对劳动者基本生存的威胁，从而在一定程度上缓和资本主义劳动关系。但国家垄断主义的再分配政策往往也会引起资本家和劳动者的双重不满。一方面，资本家不愿意过多牺牲其无偿占有的剩余价值，因此对于累进税制持有或明或暗的排斥态度。资本家热衷于采取各种钻制度空子的手段进行避税，一些知名的“避税天堂”也应运而生。另一方面，异化劳动的存在使得通过转移支付享受社会福利的劳动者降低了出卖劳动力商品的紧迫性，从而不利于产业资本循环周转。

（二）人工智能与实体经济融合削弱国家垄断资本主义的劳动关系缓和能力

在人工智能与实体经济融合进程中，国家垄断资本主义缓和劳动关系的主要渠道都将面临受阻的风险。

首先，在人工智能与实体经济融合进程中，劳动生产率的提升必然加剧相对人口过剩问题，从而使资本主义国家的政府财政赤字不断累积，最终削弱资本主义国家通过财政政策渠道缓和资本主义劳动关系的能力。人工智能与实体经济的融合并不会改变资本主义积累以劳动生产率提升为杠杆的现实。这就决定了在资本主义生产关系下，人工智能对劳动生产率提升的促进作用，必然要以劳动力加速从物质产品生产中排斥出去为代价，相对人口过剩以及劳动者购买力相对萎缩问题积重难返。最初为暂时缓解相对人口过剩而提出的赤字财政，最终成为资本主义国家的常态化经济政策，由此出现政府财政赤字的持续累积。不断累积的政府财政政策最终将损害资本主义国家的政府信用，进而削弱资本主义国家通过财政政策缓和劳动关系的能力。从 2008 年全球金融危机爆发以来，主要资本主义国家中央政府债务占 GDP 比重均呈现出上升态势。其中日本中央政府债务占 GDP 比重已经由 2008 年的 140.41% 上升到 2016 年的 196.42%；同期美国也由 64.06% 上升到 99.01%（见图 3 - 1）。政府债务问题的不断发酵，限制了资本主义国家运用财政政策缓和劳动关系的政策空间。

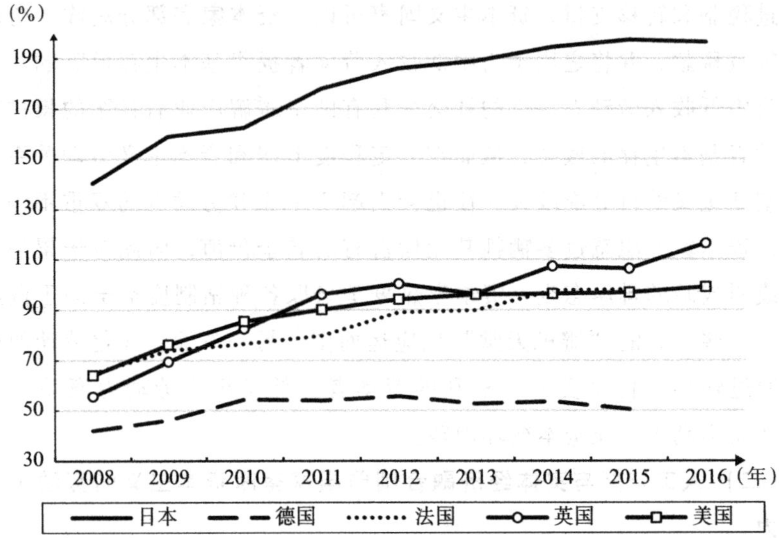

图 3-1　2008—2016 年主要资本主义国家中央政府债务占 GDP 的比重

资料来源：世界银行 WDI 数据库。

其次，人工智能与实体经济融合进程中资本有机提高加速一般利润率下降，从而降低了资本家的投资意愿，削弱资本主义国家通过货币政策缓和劳动关系的能力。资本主义积累方式必然导致社会平均资本有机构成的提高，进而引起一般利润率趋于下降。当一般利润率降到一定程度时，资本家就将失去投资意愿。但是一旦名义利率接近于零，市场利率也就到了降无可降的地步。此时资本主义国家就将失去货币政策缓和劳动关系的能力。人工智能与实体经济融合由于不会改变资本主义积累模式，因此必然会在促使社会平均资本有机构成进一步提高的同时，不断压缩资本主义国家货币政策的政策空间。不仅如此，市场利率的下降还将使得资本家不愿意为人工智能与实体经济融合所需的必要基础设施进行投资，从而延缓了人工智能与实体经济融合进程，不利于经济增长潜力的发挥，加剧了资本主义国家的经济问题。从图 3-2 可见，日本、德国和法国三国存款利率在 2008 年以后出现趋同。2008 年时，日本的存款利率为 0.5887%，德国和法国分别为 4.1325% 和 3.6667%，德国和法国存款利率明显高于日本。但到 2016 年时，日本、德国和法国的存款利率分别为 0.3004%、0.3117% 和 0.7575%，三国存款利率均已下降到不足 1% 的水平。可见，货币政策在缓和劳资关系上可以发挥的作用已经相当有限。

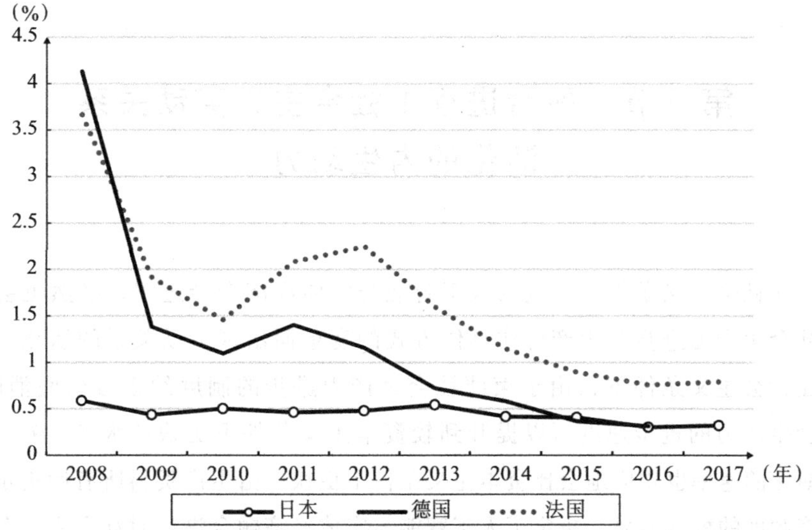

图 3－2　2008—2017 年部分资本主义国家存款利率变化趋势

资料来源：世界银行 WDI 数据库。

再次，人工智能与实体经济融合进程中全球产业链的延伸，加速了资本家通过跨国资本流动规避累进税制的可能性，削弱了资本主义国家再分配政策的实际效果。人工智能与实体经济的融合是建立在互联网技术高度发展的基础上，同时也会反过来促进互联网技术的发展。这就使得全球产业链可以在人工智能技术的助力下进一步扩张。控制人工智能技术的资本家可以将全球产业链形成的社会生产网络控制在自己手中，从而在全球范围内按照比较优势原则配置资源。垄断资本家通过跨国资本流动，在全球范围内攫取剩余价值和积累私人财富，并且还可以利用各国税法的漏洞逃避纳税义务。这就使得资本主义国家的再分配政策趋于失效，无助于缓和资本主义劳动关系。以人工智能技术最先进的美国为例，自 2008 年全球金融危机以来，美国的贫富差距一直在拉大。2010 年，美国的基尼系数为 40.4%，收入最高的 20% 人口占有了 45.7% 的收入份额；2013 年，美国的基尼系数上升到 41%，收入最高的 20% 人口占有的收入份额增加到 46.4%；2016 年，美国的基尼系数进一步上升到 41.5%，收入最高的 20% 人口占有的收入份额则增加到 46.9%。在新冠疫情暴发之后，美国经济却出现了 K 型复苏的态势：高收入群体受益于美国股市的屡创新高，私人财富不断增加；中低收入群体则面临着居高不下的失业率，始终挣扎在生存边缘。

第三节 融合进程中社会主义劳动关系演化的内生动力

在社会主义条件下推进的人工智能与实体经济融合进程，必然也会由于社会生产力进步和生产协作具体方式的变革而出现劳动关系的演化。甚至在社会主义条件下，由于束缚社会生产力进步的制度约束被彻底消除，社会生产力的进步速度可以提升到较资本主义条件下更快的水平，劳动关系演化的速率也相应地会比资本主义条件下更快。由生产资料所有制决定的经济制度的根本差异，决定了人工智能与实体经济融合进程对社会主义劳动关系演化所产生的影响，与对资本主义劳动关系演化的影响截然不同。具体来看，社会主义劳动关系演化的内生动力，主要体现在以下三个方面。

一、有计划的生产手段积累与社会主义劳动关系演化

社会主义积累方式与资本主义方式的根本区别，决定了社会主义积累方式须以更加和谐的社会主义劳动关系为前提，由此形成了不断优化社会主义劳动关系的内生动力。如前文所述，资本主义积累方式的重要特征是生产手段积累的强制性和无计划性。表现为资本积累的生产手段积累，不仅成为资本家扩大对剩余价值占有的主要方式，还成为资本家在与其他资本家的激烈竞争中存活下来的必要选择。这就决定了资本主义积累的目的不可能是为了实现人的全面自由发展，资本主义积累必然恶化资本主义劳动关系。社会主义条件下生产手段积累仍是必要的，但生产手段积累的目的并不是扩大对剩余价值的占有，而是促进人的全面自由发展。一旦人的全面自由发展受到阻碍，即全社会的剩余产品被过多地用于生产手段积累，用于促进人的全面自由发展的消费资料增长相对不足，那么社会主义条件下生产手段的积累就必然表现为经济结构的失衡。由于社会主义理论上建立在比资本主义社会更发达的社会化大生产的物质基础上，就决定了拥有更加发达的社会生产计划调节能力的社会主义生产，能够迅速识别和发现由生产手段积累失衡导致的经济结构失衡，进而以比市场调节更快的

方式对生产积累的节奏进行调整。比资本主义生产更有计划的社会主义生产手段积累，由于需要不断凸显人的价值才能进行下去，故绝对不能像资本主义积累方式那样使人成为资本积累的附庸。社会主义条件下，任何个人只有承担社会生产组织决策者的角色，就不可避免地需要将不断优化社会主义劳动关系作为有计划的生产手段积累的前提。

在社会主义条件下，人工智能与实体经济的融合进程由于加速了社会生产力的进步速度，优化社会主义劳动关系越来越成为决定生产手段积累是否具有计划性，进而决定社会再生产能否顺利进行下去的因素。一方面，人工智能与实体经济的融合进程极大地促进了实体经济各部门劳动生产率的加速提升，使得剩余产品在新增生产资料和新增消费资料之间的分配比例问题越来越成为关系到社会再生产能否持续的关键问题。这就要求增强社会生产的计划性，特别是生产手段积累的计划性，围绕着更好、更持续地满足人的全面自由发展需要这一根本目标，在当期和未来期之间进行剩余产品分配的跨期选择。为了保证生产手段积累得以持续，就必须保证当期用于满足人的全面自由发展需要的消费资料有足够增量。足够增量的消费资料一旦分配给劳动者，在促进劳动者的全面自由发展的同时，也会从根源上实现社会主义劳动关系的和谐化。另一方面，人工智能与实体经济的融合进程极大地增强了社会生产组织决策者通过大数据和人工智能技术地提升社会生产计划性的能力。大数据与人工智能技术在实体经济中的运用，极大地增强了劳动者在社会生产中的信息搜集和信息处理能力，使得劳动者可以在更大范围内通过计划来组织社会生产。这在客观上也为社会主义条件下进行有计划的生产手段积累创造了物质基础和技术支撑，从而使得社会主义条件下生产手段的积累能够更好地服务于人的全面自由发展。

二、无剥削的生产协作组织与社会主义劳动关系演化

社会主义生产协作与资本主义生产协作的本质区别，决定了社会主义生产协作组织中不存在剥削性质，生产协作的扩大从理论上只能促进劳动关系的和谐。资本主义生产协作的性质，决定了生产协作的扩大只会使更多的雇佣工人隶属于资本。从而使协作的生产力表现为资本的生产力，由协作创造出来的剩余产品以剩余价值的形式被资本家占有，资本主义生产协作组织本质上也是剥削雇佣工人的基本单位。社会主义条件下社会生产力的增进仍要

以社会分工的精细化和生产协作的扩大化为基础。但与资本主义生产协作本质不同的是，社会主义条件下由于生产资料归全社会共同占有，过去劳动已经不再能够作为无偿占有他人当前劳动的依据和凭证。社会主义生产协作组织内的所有劳动者都只能按照自己的劳动贡献参与当期生产的消费资料的分配，不再存在个人剥削其他人的现象。正是由于剥削性质已经被从生产协作组织中排除出去，社会主义条件下无剥削的生产协作组织所追求的社会分工精细化和生产协作扩大化，虽然也会促进劳动生产率的提高，进而带来剩余产品绝对量的增长，但在社会主义生产协作组织中，不再存在一个以强制他人劳动为手段来占有剩余产品的资本人格化代表，因此导致劳动关系中出现资本与劳动对立的制度根源也彻底消亡。生产协作的扩大由于增加了可供分配的消费资料总量，故与生产协作组织中劳动者的经济利益是一致的，社会主义劳动关系趋于和谐的动力也在生产协作的扩大过程中不断增强。

在人工智能与实体经济融合进程中，社会主义生产协作组织将在规模和结构上加快演进，也会对社会主义劳动关系演化产生深刻影响。纵观人类历史，生产技术的进步总是带来生产协作组织形式的变革。第一次工业革命的爆发使得以机器生产为基础的资本主义工厂取代了手工工场；第二次工业革命爆发后生产集中趋势使得大型垄断组织迅速崛起，股份制公司成为资本主义企业的主要形态；第三次科技革命在加速生产全球化的过程中，也使得跨国公司这一资本主义生产协作组织形式成为最先进的生产协作组织。随着人工智能与实体经济融合进程的加快，空前增强的信息搜集和处理能力，使得单个生产协作组织可以突破时间和空间的限制，在全球范围内更深层次地组织劳动者参与生产协作。更重要的是，网络技术的发展使得生产协作组织趋于网络化和虚拟化，劳动者即便身处家中也可以参与到全球生产协作网络中来，生产协作的规模空前扩大、结构空前开放、效率空前提高。与生产协作组织形式变革相伴随的是，生产协作组织内部可以迸发出空前强大的协作生产力，劳动生产率由此空前提高。劳动者要想获得消费资料增量，就必须参与到生产协作组织中来。并且，在生产资料公有制的条件下，劳动者也只有与其他劳动者在生产协作组织中展开合作，才能使个人生产力在集体生产力提升的过程中得到同步提升。因此，社会主义劳动关系必然朝着趋于和谐的方向演化。

三、共同富裕产品分配目标与社会主义劳动关系演化

与以贫富分化为特征的资本主义分配关系不同，社会主义将共同富裕作为本质特征。这也决定了社会主义分配关系有助于促进社会主义劳动关系的和谐。资本主义生产关系决定了由占人口大多数的雇佣劳动者创造的社会财富被占人口极少数的资本家无偿占有，雇佣劳动者所获得的工资仅够维持本人及其家庭的基本生活。资本主义分配关系必然以资本家的极端富裕和劳动者的普遍贫困共存为基本特征。财富分配上的悬殊差异，必然使得资本主义社会存在资产阶级与无产阶级的对立，不断恶化的资本主义劳动关系则是这种阶级对立不可调和的表现。在社会主义公有制条件下，与之相应的分配关系是追求共同富裕的社会产品分配目标。社会总产品的分配不再以少数人的富裕和多数人的贫困为结果，而要致力于将这种贫富分化的状况消灭在萌芽状态。如果在消灭剥削阶级的基础上，全社会劳动者都能按照劳动贡献分配到相应的消费资料，则收入差距悬殊的状况就不可能发生，劳动者之间就不存在因财富分配不公而产生的对立关系，社会主义劳动关系就将朝着和谐化的目标持续演化。

人工智能与实体经济在社会主义条件下的融合进程，不会改变共同富裕的分配目标，自然也就不会改变社会主义劳动关系的演化方向。人工智能与实体经济的融合会带来社会剩余产品总量的绝对增长，但社会剩余产品总量的分配关系则是由人工智能与实体经济融合所依托的生产关系决定的。在社会主义条件下，由于生产资料私有制已经被彻底废除，剩余产品的分配只能根据劳动者的劳动贡献来分配。尽管存在个人天赋上的差异，但每个劳动者在生产协作中的劳动贡献差异并不足以导致极端悬殊的收入差距，共同富裕的消费资料分配原则能够避免收入分配极端两极分化的状况出现。随着社会生产力的持续提升和社会分工的不断精细化，劳动者奴隶般服从分工的状态也将逐渐消失，劳动者完全可以在社会分工中发挥自身比较优势，从而使得劳动者之间基于个人天赋等因素导致的收入差距也逐渐缩小，最终使得劳动者走向共同富裕。长期来看，劳动者之间的个人经济利益对立关系逐渐消失，加之劳动者之间展开生产协作所带来的经济利益增进，共同构成了促进社会主义劳动关系和谐化的微观动力机制。

第四章　人工智能与实体经济融合进程中劳动关系演化的外在表现

从经济演化的视角来看，人工智能与实体经济融合进程中的劳动关系演化是一个复杂系统的演化。分析具体生产关系条件下人工智能与实体经济融合进程中劳动关系演化的内生动力，或可以把握这种生产关系条件下劳动关系演化的大致方向。但仅仅了解和预测人工智能与实体经济融合进程中劳动关系演化的方向，对于我们的研究来说是远远不够的。要讨论如何在人工智能与实体经济融合进程中优化劳动关系，就必须在分析劳动关系演化动力机制基础上，探讨具体生产关系条件下劳动关系演化的外在表现形式。本章将在建立劳动关系演化外在表现形式的维度化分析框架的基础上，分别探讨资本主义条件下和社会主义条件下劳动关系外在表现形式的性质差异。本章的分析，也将为本书后续两篇中对不同国家和地区劳动关系演化具体模式的比较分析奠定理论基础。

第一节　劳动关系演化的外在表现形式维度化分析框架

在一定生产关系条件下，即便劳动关系演化的内生动力一致，在不同的国家和地区也会有诸如历史文化等外部因素的影响作用，而使得方向既定的劳动关系演化以不同的形式外化出来。相对于劳动关系演化的内生动力，劳动关系演化的外在表现形式则要复杂得多。为此，需要对纷繁复杂的现象加以归纳总结，并据此建立劳动关系演化外在表现形式的维度化分析框架。劳动关系演化的外在表现形式，可以分为劳动者的就业机会、劳动报酬、劳动环境和个人发展四个维度。

一、劳动者就业机会维度

劳动者就业机会的多寡是衡量劳动关系演化状况最直观的分析维度。在任何一种生产关系下，劳动者都需要与劳动资料进行结合才能创造物质产品。所不同的是，在不同生产关系条件下，劳动者与劳动资料的结合方式存在差异。在奴隶制和封建制生产关系下，劳动者在人身上隶属于奴隶主或封建主，直接与劳动资料相结合，劳动者缺少就业选择权，只能在奴隶主或封建主的强迫下进行劳动。在资本主义生产关系下，资本家占有生产资料的所有制形式决定了与劳动资料相分离的劳动者只有将自己的劳动力作为商品出售给资本家，才能取得劳动的机会（即就业机会）。也只有在资本主义生产关系形成以后，劳动者就业机会的多寡才开始成为衡量劳动关系好坏的分析指标。进入社会主义社会之后，资本主义生产资料私有制虽被废除，但建立在更高水平社会化大生产物质基础之上的社会生产，绝不可能与前资本主义社会的生产资料个人所有制相匹配。与社会主义社会的物质基础相适应的，是生产资料的社会所有制。这就决定了在社会主义社会中，劳动者仍需要以某种形式实现与劳动资料的结合，才能参与到社会生产网络中来，成为全社会物质财富的创造者。因此，在社会主义社会中，劳动者就业机会仍是衡量劳动关系演化状况的有效指标，劳动者就业机会维度也仍是劳动关系演化的重要外在表现形式。

在劳动者就业机会维度上，可以细分为劳动者就业总量和劳动者就业结构两方面指标加以衡量。首先，劳动者就业总量指标可以直接指示劳动关系是朝着好的方向还是坏的方向演化。无论是在资本主义社会还是在社会主义社会，劳动者都需要通过就业来实现与劳动资料的结合，进而成为社会物质财富的创造者。故劳动者就业总量的不足即存在非自愿性失业现象，总是意味着全社会的劳动力资源没有得到充分利用，劳动者不得不为争取与劳动资料结合的机会而展开相互竞争。当劳动参与率一定时，失业率的上升必然意味着劳动力市场上劳动者之间的竞争加剧了，劳动关系也将朝着更加紧张的方向演化。其次，劳动者就业结构指标也从间接指示劳动者就业质量，进而反映劳动关系演化的方向。劳动者在农业、工业和服务业的就业比重，甚至工业中就业的劳动者在轻工业与重工业之间的就业分布，都能反映一定时期内劳动者的就业质量。特别是在特定时期内，工农业就业人员比重的迅速下降和服务业就业人员比重的迅速上升，则在反映出剧烈的产业结构变迁的同时，也可以反映出劳动者就业机会稳定性下降、结构性失业风险上升等信息。这些结构变迁也会导致一定时期内劳动关系趋于紧张。总的来看，劳动者就业机会维度是分析劳动关系演化最为基础的维度。

二、劳动者劳动报酬维度

一定历史时期内劳动关系的好坏，不仅表现为劳动者就业机会的多寡，还表现为劳动者劳动报酬的高低，劳动者劳动报酬因此也成为分析劳动关系演化的重要维度。一方面，在资本主义社会中，无产阶级与资产阶级之间的阶级斗争在很大程度上是围绕着以工资问题为主要形式的劳动报酬问题展开。早期资产阶级经济学家大卫·李嘉图就曾提出“相对工资”的概念，并认为工人的相对工资会随着资本积累的推进有下降趋势。可见，在资本主义生产关系下，劳动关系如果朝着矛盾加剧的方向演化，则不仅会像马克思指出的那样，以产业后备军累进生产的方式出现劳动者就业机会的相对减少；还会像李嘉图所揭示的那样，以相对工资趋于下降的方式呈现出劳动者劳动报酬相对减少的态势。对资本主义不同发展阶段劳动关系状况及其演变趋势的分析，不能缺少了劳动者劳动报酬维度的分析。另一方面，在社会主义生产关系下，对劳动者劳动报酬维度的分析依旧构成劳动关系演化外在表现形式分析框架的重要组成部分。这主要是由于刚刚脱胎于资本主义社会的社会主义社会尚未充分发展的社会生产力，使得社会主义社会中“平等的权利总还是被限制在一个资产阶级的框框里”①，必须实行按劳分配。尽管资本主义生产资料私有制已经被废除，但社会主义社会中劳动者的平等权利仍是不平等的权利这一事实及劳动者之间的劳动报酬差距也是客观存在的。并且由于社会主义社会中社会化大生

① 马克思，恩格斯．马克思恩格斯文集（第3卷）［M］．中共中央马克思恩格斯列宁斯大林著作编译局，译．北京：人民出版社，2009：435.

产的加速发展，产业结构的变迁也在一定历史时期内对劳动者之间的收入、地位产生了影响。因此，即便在社会主义社会中，劳动者劳动报酬维度也仍将是分析劳动关系演化外在表现形式的重要因素。

在劳动者劳动报酬维度上，可以深入分析的主要是劳动者劳动报酬占社会总产品的比重和劳动者之间劳动报酬差距两个方面。首先，在社会主义条件下进行扩大再生产，劳动者劳动报酬总量占比的分析仍是必要的。虽然不再有剩余价值的存在，也不再有供资本家消费的剩余价值，但全社会在从价值和实物上补偿了生产资料消耗之后，仍需要将全部劳动产品划分为用于劳动者消费的消费资料和用于全社会生产手段积累的生产资料。用于劳动者消费的消费资料则主要表现为劳动者劳动报酬。在社会主义扩大再生产中，必须解决好消费与积累之间的关系。过度的积累会导致消费相对不足，进而导致劳动者生活水平的下降和个人全面自由发展的受限，从而导致社会主义劳动关系也有趋于紧张的危险。其次，社会主义追求共同富裕的本质，决定了社会主义社会不能容忍劳动者之间长期存在悬殊的收入差距。虽然在社会主义社会中仍会由于个人天赋、教育程度等因素导致收入差距的客观存在，但是这种收入差距必须控制在一个可以接受的可控范围之内。一旦出现收入差距过于悬殊的状况，那么社会主义社会所追求的共同富裕原则就会受到冲击，也必然会因长期存在的悬殊收入差距导致社会主义社会出现劳动关系趋于紧张的危险。因此，在对社会主义劳动关系演化外在表现形式的维度化分析中，也有必要对劳动者之间劳动报酬差距展开分析。

三、劳动者劳动环境维度

一定时期内劳动关系的好坏，不仅体现在劳动者可以获得就业机会并且取得劳动报酬，还体现在劳动者所处的劳动环境是否安全良好。一方面，在资本主义社会早期，相对落后的社会生产力水平和更加残酷的资本主义剥削方式使得劳动者长期处于极其恶劣的劳动环境之中。早期的雇佣工人必须忍受极长的工作日时间（甚至超过 12 小时）和极高的劳动强度，并且极其容易遭受各种工伤。但是随着社会生产力的进步，资本家剥削方式从以绝对剩余价值生产为主向以相对剩余价值生产为主转变，再加上无产阶级坚持不懈的长期斗争，资本主义社会中劳动者所处的劳动环境一直在持续改善。不仅工作日长度不断缩短，劳动强度也明显降低，劳动者所面临的高危险职业暴露也明显减少。这些变化都对缓和资本主义劳动关系有积极作用。另一方面，在社会主义社会中，无产阶级已经上升为统治阶级，可以将本阶级的意志通过无产阶级政权加以体现。这就决定了在社会主义社会中，优化社会主义劳动关系不仅仅体现在增加劳动者的就业机会和提高劳动者的劳动报酬，还表现在劳动者劳动环境的绝对改善方面。相较于资本主义社会，社会主义社会中劳动者劳动环境改善的力度应当更大，不仅劳动者的工作日长度有必要随着劳动生产率的提高而进一步缩短，并且劳动强度也应当明显下降。即便在不得已必须使劳动者暴露在危险环境中的工作场景，也必须给劳动者充足的劳动保护。因此，无论是在资本主义社会还是在社会主义社会，劳动者劳动环境维度仍是衡量劳动关系演化外在表现形式的重要分析维度。

正如上文已经提到的，在劳动者劳动环境维度上，主要考察的因素有以下几个方面。一是劳动者工作日长度。劳动者工作日长度的缩短由于可以给劳动者更多自由支配时间，体现在既定时期内劳动关系的改善和优化。但劳动者工作日长度的缩短不应当以劳动者劳动报酬总量的减少为代价。也就是说，劳动者在单位劳动时间内的劳动报酬应当随着劳动者工作日长度的缩短而提高。二是劳动者劳动强度。随着劳动生产率提高和更先进机器设备的使用，劳动者劳动强度应当呈现逐步下降的趋势。劳动强度的下降有助于减少劳动者在体力和脑力上的损耗，对于改善劳动者劳动环境有着积极意义。因此劳动者劳动强度的下降也指示既定时期内劳动关系的改善和优化。三是对高危职业暴露的劳动保护。在高危职业暴露环境不可避免的情况下，是否在事前为劳动者提供足够的劳动保护措施以及一旦发生工伤事件是否能够给劳动者足够的抚恤、救助和补偿，也是衡量一定时期内劳动环境向好还是向坏的重要评估因素。总之，与劳动者就业机会和劳动报酬两个维度相比，劳动者劳动环境维度更多地反映了劳动者的发展需要，是衡量一定时期内劳动关系在高质量演化外在表现形式的重要指标。

四、劳动者个人发展维度

劳动是人实现自我价值的根本途径，故劳动者在劳动过程中有实现个人发展的利益诉求，也使得劳动者个人发展成为衡量一定时期劳动关系演化表现形式的必要维度。人只有通过劳动在改造对象世界的过程中才能证明自己是类存在物①。一方面，在资本主义社会中，生产资料私有制的存在使得劳动被作为异己的存在物的劳动产品所异化，人同自己的类生活相异化，从而不能在劳动中实现自我价值②。对于劳动者而言，劳动仅仅是谋生手段，个人奴隶般服从分工③。从历史发展视角来看，尽管并不排除在资本主义基本矛盾激化的时期劳动者个人发展受到资本主义社会急剧爆发的种种危机的冲击，在资本主义社会中劳动者为实现个人发展而拥有的选择权也会随着社会生产力的发展而有所增加。因此，要分析资本主义劳动关系演化的外在表现形式，仍有必要将劳动者个人发展作为一个分析维度。另一方面，在社会主义社会中，虽然社会生产力尚不足以支持“各尽所能，按需分配”的高级共产主义分配原则，但社会主义仍要将消除劳动者因社会分工固化所导致的片面、畸形发展作为目标。也正是因为如此，社会主义社会中优化劳动关系，就必须将在劳动过程中促进劳动者个人的全面自由发展，增加劳动者对于个人发展的选择权，作为一项非常重要的任务来做。劳动者更好地实现个人全面发展，也是衡量社会主义劳动关系演化趋向好坏的核心维度。

在劳动者个人发展维度上，具体需要考察的方面主要有两点。一是劳动者在职业选择决定中的个人选择权，主要考察劳动者在进行职业选择决定时，在很大程度上是根据个人兴趣爱好来作出职业选择。一般来说，劳动者在作出职业选择时基于兴趣爱好的考量所占比重越大，劳动者个人全面自由发展的实现程度也越高。二是劳动者在作出职业转换决定时的个人自主权，主要指的是当劳动者作出职业转换决定时，究竟是基于各种外在环境因素的压力或强制，还是基于劳动者个人兴趣爱好的转变。如果劳动者作出职业转换决定主要是因为个人兴趣爱好的转变，那么劳动者作出职业转换决定时的个人自主权更大。反之，如果劳动者因生存压力而不得不维持当前职业选择，或者是不得不作出职业转换决定，这两种情况都意味

① 马克思，恩格斯．马克思恩格斯文集（第1卷）［M］．中共中央马克思恩格斯列宁斯大林著作编译局，译．北京：人民出版社，2009：163.

② 马克思，恩格斯．马克思恩格斯文集（第1卷）［M］．中共中央马克思恩格斯列宁斯大林著作编译局，译．北京：人民出版社，2009：160—163.

③ 马克思，恩格斯．马克思恩格斯文集（第3卷）［M］．中共中央马克思恩格斯列宁斯大林著作编译局，译．北京：人民出版社，2009：435.

着劳动者职业转换决定的个人自主权受到限制。三是劳动者在所选择的职业发展之外是否能够实现基于兴趣爱好的其他类生活。劳动者应当具有在职业发展之外选择并发展其他促进个性自我实现的类生活的个人权利。如果劳动者用于职业发展的时间和精力过多，那么劳动者就很难在职业发展之外有其他方面的个人发展，那么劳动者的个人发展就注定不可能是全面自由的发展。劳动者个人发展维度上还需要考察劳动者是否有充足的时间、精力和物质产品支持，在职业发展之外寻求个性自我实现的类生活。劳动者个性的自我实现，也是劳动关系演化趋于和谐的一种表现。

第二节　融合进程中资本主义劳动关系演化的外在表现

本节将从理论逻辑出发，结合一系列现实证据，分析在人工智能与实体经济融合进程中，资本主义国家劳动关系演化将呈现出哪些外在表现形式。本节的分析更多的是探讨人工智能与实体经济融合进程对资本主义劳动关系演化外在表现形式的一般性影响。具体到每个资本主义国家，由于文化传统、国际地位等因素的差异，它们在人工智能与实体经济融合进程中的劳动关系还会呈现出本国所特有的表现形式。而这些各国特有的表现形式，并不是本节所要分析的对象。相关分析将留到第二篇中加以详细讨论。一般地说，人工智能与实体经济融合进程会促使资本主义劳动关系呈现出以下几方面外在表现形式层面上的演化。

一、劳动者就业结构剧变，失业压力陡增

在资本主义生产资料私有制下，由于资本家掌控着劳动者与劳动资料相结合的过程。这就使得科学只能作为一个独立的生产能力服务于资本增殖的需要①。从物质资料生产的一般性规律来说，劳动资料只有被劳动者

① 马克思，恩格斯．马克思恩格斯文集（第5卷）［M］．中共中央马克思恩格斯列宁斯大林著作编译局，译．北京：人民出版社，2009：418.

用于生产，才能创造出物质产品。但从资本主义生产的特殊规律出发，与劳动者相分离并被资本家所占有的劳动资料一旦作为机器出现，就立刻成了工人本身的竞争者①。片面化发展的雇佣工人在资本增殖中的全部使用价值，也可以在越来越大的范围内由越来越先进的机器所取代。机器的发明和使用是资本家进行剩余价值生产的手段，相对剩余价值的生产必然引起资本有机构成的提高，进而使得劳动者被加速从物质产品生产中排挤出去。迂回生产链条的延伸，进而产业结构的演化，是工业化和现代化的必然结果。随着工业化和现代化进程的加快，劳动者在其有生之年需要进行职业转换的概率也在增加。但在资本主义条件下，劳动者职业转换的全部成本都是由劳动者自行承担的。产业结构的演变直接导致就业结构的演变，就业结构的演变则会增加劳动者面临结构性失业的风险。劳动者如果不能付出巨大牺牲去更新自己的劳动技能，将会失去工作机会并陷入长期失业的境地。因此，导致劳动者就业结构剧变进而失业压力陡增的，并不单纯是科学技术的变革，其根源在于资本主义经济制度。

事实上，尽管受到人口老龄化等因素的影响，主要资本主义国家的劳动力总量从2006年至今仍处于稳步增长的态势之中（见表4－1），劳动力的绝对短缺根本不存在。不仅如此，随着家庭结构的小型化和人口出生率的下降，主要资本主义国家的劳动参与率也稳中有升。充足的劳动力总量对于资本家来说是好事，但对劳动者来说则意味着在就业市场上面临的竞争更加激烈。不仅如此，自2006年以来，随着数字经济的加快发展，产业结构也在加速调整，这就引起劳动者就业结构的急剧变化。自2006年以来，主要资本主义国家服务业就业人员占总就业人员比重在持续上升（见表4－2），与之相应的却是工业就业人员占总就业人员比重快速下降（见表4－3）。主要资本主义国家的劳动者正承受着来自就业结构剧变的压力。就业结构的剧变则相应带来了失业率的上升，在产业结构和就业结构变动较为急剧的西欧国家，无论是总失业率还是青年失业率都长期处于极高水平（见表4－4）。可见，西方国家数字经济发展所带来的转型代价正主要被劳动者所承担。

① 马克思，恩格斯．马克思恩格斯文集（第5卷）［M］．中共中央马克思恩格斯列宁斯大林著作编译局，译．北京：人民出版社，2009：495.

表 4-1　　2006—2020 年主要资本主义国家劳动力总量　　（单位：万人）

年份	法国	德国	意大利	日本	美国	英国
2006	2894.03	4160.12	2439.50	6679.76	15392.64	3104.45
2010	2974.49	4200.58	2446.26	6666.87	15690.87	3203.94
2015	3015.60	4259.08	2554.03	6636.46	16065.61	3348.30
2016	3022.07	4305.86	2581.25	6685.41	16261.85	3379.96
2017	3028.76	4328.83	2598.54	6728.51	16432.66	3401.13
2018	3043.87	4356.23	2603.22	6835.51	16555.14	3433.14
2019	3038.59	4387.13	2578.72	6883.90	16732.91	3463.93
2020	3003.36	4338.25	2508.07	6868.08	16516.35	3473.83

资料来源：世界银行 WDI 数据库。

表 4-2　　2006—2019 年主要资本主义国家服务业就业人员占总就业人员比重　　（单位：%）

年份	法国	德国	意大利	日本	美国	英国
2006	72.46	68.08	65.68	67.88	76.26	76.59
2007	73.22	67.85	65.90	68.18	76.57	76.45
2008	74.01	68.87	66.50	68.56	77.20	76.92
2009	74.40	69.52	67.07	69.64	78.65	79.28
2010	74.84	70.04	67.62	70.37	78.94	79.57
2011	74.92	70.12	68.03	70.69	78.84	79.60
2012	75.32	70.25	68.72	70.86	78.88	79.74
2013	75.62	70.78	69.35	70.99	78.73	80.07
2014	76.62	70.52	69.46	71.23	78.67	79.78
2015	76.97	70.92	69.65	71.39	78.70	80.20
2016	76.91	71.31	69.99	71.79	78.79	80.40
2017	76.98	71.32	70.21	71.93	78.85	80.58
2018	77.27	71.41	70.14	72.08	78.76	80.80
2019	77.04	71.61	70.24	72.40	78.74	80.83

资料来源：世界银行 WDI 数据库。

表 4－3　　2006—2019 年主要资本主义国家工业就业人员占总就业人员比重　　（单位：%）

年份	法国	德国	意大利	日本	美国	英国
2006	23.80	29.65	30.05	27.74	22.35	22.06
2007	23.32	29.90	30.13	27.50	22.14	22.19
2008	23.25	29.34	29.80	27.19	21.46	22.00
2009	22.67	28.80	29.24	26.15	20.00	19.61
2010	22.25	28.31	28.61	25.56	19.64	19.21
2011	22.17	28.24	28.29	25.34	19.71	19.18
2012	21.76	28.19	27.58	25.27	19.74	19.07
2013	21.31	27.78	27.05	25.26	19.95	18.87
2014	20.53	28.05	26.90	25.08	19.98	18.97
2015	20.32	27.69	26.60	24.97	19.86	18.66
2016	20.23	27.38	26.12	24.70	19.78	18.47
2017	20.41	27.40	26.00	24.63	19.73	18.26
2018	20.24	27.34	26.10	24.43	19.87	18.13
2019	20.43	27.18	25.87	24.22	19.91	18.12

资料来源：世界银行 WDI 数据库。

表 4－4　　2006—2020 年主要资本主义国家劳动参与率与失业率　　（单位：%）

	国家＼年份	2006	2010	2015	2016	2017	2018	2019	2020
15—64 岁劳动参与率	法国	69.54	70.17	71.23	71.44	71.6	72.01	71.82	—
	德国	74.95	76.73	77.57	77.81	78.06	78.49	79.08	—
	意大利	62.61	62.02	64.07	64.98	65.49	65.71	65.82	—
	日本	72.95	74.17	76.14	77.02	77.76	79.05	79.82	—
	美国	74.37	72.55	71.55	71.93	72.37	72.64	73.11	—
	英国	75.57	75.25	76.79	77.16	77.41	77.73	78.01	—
总失业率	法国	8.45	8.87	10.35	10.05	9.41	9.02	8.41	8.01
	德国	10.25	6.97	4.62	4.12	3.75	3.38	3.14	3.81
	意大利	6.78	8.36	11.9	11.69	11.21	10.61	9.95	9.16
	日本	4.1	5.1	3.4	3.1	2.8	2.4	2.4	2.8
	美国	4.62	9.63	5.28	4.87	4.36	3.9	3.67	8.05
	英国	5.35	7.79	5.3	4.81	4.33	4	3.74	—

续表

	年份 国家	2006	2010	2015	2016	2017	2018	2019	2020
15—24岁青年失业率	法国	21.33	22.55	24.7	24.47	22.15	20.76	19.53	20.15
	德国	13.76	9.83	7.23	7.05	6.76	6.2	5.77	7.22
	意大利	21.76	27.9	40.32	37.77	34.74	32.19	29.16	29.38
	日本	8	9.4	5.5	5.1	4.6	3.6	3.8	4.6
	美国	10.51	18.42	11.62	10.43	9.24	8.61	8.39	14.92
	英国	13.93	19.88	14.63	13.01	12.11	11.3	11.16	—

资料来源：世界银行 WDI 数据库。

西方资本主义国家的人工智能与实体经济融合进程，是在不触动资本主义经济制度的前提下进行的。人工智能本质上也只是更为先进的、更节约劳动时间的一种机器。这就意味着人工智能一旦运用到实体经济中的各个部门，就必然与在这些部门中就业的劳动者形成竞争关系，从而使劳动者加速从这些部门中被排挤出去，成为相对过剩人口和累进生产的产业后备军成员。人工智能的生产力演进效应，决定了在资本主义条件下人工智能对实体经济部门劳动者的排挤不仅仅局限在工农业等物质产品生产部门，还将加速扩散到服务业部门。这使得劳动者越来越失去赖以谋生的最后渠道，处于越来越大的生存压力之中。

二、劳动者雇佣关系未变，相对贫困加剧

如马克思在《资本论》第一卷中指出的那样，货币要转换为资本，货币所有者必须在商品市场上找到自由的工人。所谓自由的工人，除了可以自由地将自己的劳动力当作商品来出售以外，还必须“自由得一无所有”①，只能以出卖自身劳动力维生。社会中的大多数劳动者始终处于雇佣关系之中，须向资本家出售具有特殊使用价值的劳动力商品，是资本主义生产方式赖以生存的基础。故只要资产阶级要维持他们的经济统治地位，维持他们无偿占有剩余价值的局面，就不能允许劳动者富裕到即便不出卖自身劳动力也足以长期维持生计的情况发生。无产阶级的贫困恰恰是资本

① 马克思，恩格斯．马克思恩格斯文集（第5卷）［M］．中共中央马克思恩格斯列宁斯大林著作编译局，译．北京：人民出版社，2009：197.

主义生产方式的“福音”。资产阶级为缓和阶级矛盾，或许可以支持福利国家的构想，但即便是最慷慨的福利国家所能提供的失业救济金也是数量有限且有时间期限的。更何况福利国家所提供的种种社会福利，无不来自有工作的劳动者所创造的各种税收。随着社会生产力进步，资本主义工厂也逐渐被更先进的企业组织形式所取代，与之相适应的是雇佣关系的表现形式正在发生显著变化。但无论是居家办公还是弹性工时，这些灵活雇佣关系的出现并不会改变劳动者需要向资本家出售自身劳动力商品才足以维持家庭生计的基本事实。从表 4－5 可见，在过去的近 15 年里，尽管主要资本主义国家的数字经济飞速发展，但主要资本主义国家的劳动雇佣关系基本稳定，领薪工人占总就业人员的比重始终保持在极高水平。这表明主要资本主义国家数字经济的飞速发展，并没有改变这些国家的资本主义劳动雇佣关系，绝大多数劳动者仍要靠出卖自身劳动力来维持生计。

表 4－5　　2006—2019 年主要资本主义国家领薪工人占总就业人员比重

（单位:%）

年份	法国	德国	意大利	日本	美国	英国
2006	88.64	87.86	73.59	85.74	92.60	86.77
2007	89.02	88.01	73.87	86.14	92.78	86.61
2008	89.44	88.35	74.55	86.52	92.98	86.66
2009	89.05	88.41	75.03	86.92	92.91	86.40
2010	88.51	88.43	74.72	87.78	92.96	86.01
2011	88.37	88.33	74.96	88.06	93.18	85.82
2012	88.56	88.43	75.09	88.21	93.25	85.37
2013	88.73	88.80	75.18	88.47	93.41	85.41
2014	88.39	89.04	75.32	88.59	93.55	84.77
2015	88.47	89.25	75.62	88.94	93.56	85.01
2016	88.23	89.58	76.06	89.42	93.61	84.56
2017	88.39	89.80	76.80	89.58	93.75	84.63
2018	88.35	90.10	77.09	89.71	93.72	84.89
2019	87.87	90.39	77.26	89.96	93.91	84.43

资料来源：世界银行 WDI 数据库。

只要劳动者处于雇佣关系束缚的基本事实没有改变，劳动者就将处于相对贫困地位。并且随着相对剩余价值生产的扩大，劳动者贫困加剧的趋向也不会有任何改变的可能。从表 4－6 提供的数据可见，从 2006—2018

年，主要资本主义国家收入最低20%人口的收入份额始终处于远低于其所占人口比重的水平，并且这些社会中最贫困的低收入群体其收入份额基本是稳定的。由于收入最低20%人口的收入主要来自于劳动报酬，财产性收入微乎其微，这就意味着在主要资本主义国家最低收入的劳动者群体并没有因为数字经济的发展就有机会摆脱贫困。从收入低于中位收入半数的人口比重来看，主要资本主义国家在2006—2018年均不同程度地出现了收入低于中位收入半数的人口比重上升的现象。由此可见，尽管2008年全球金融危机后主要资本主义国家纷纷采取量化宽松货币政策来刺激经济增长，但这种虚假的经济繁荣主要表现在股票等资产价格的持续攀升，由此增加了能够通过资本市场获得财产性收入的资产阶级家庭的收入，而主要依靠劳动报酬维生的劳动者家庭收入的相对减少则被这种虚假繁荣景象所掩盖。人工智能与实体经济融合进程只要不能改变资本主义经济制度下劳动者被劳动雇佣关系所束缚的状况，那么劳动者相对贫困的地位就不会改变。相反，随着人工智能技术在实体经济中的广泛运用，普遍提升的劳动生产率会加速劳动者被机器所排挤的过程，从而使得劳动者的相对贫困状况甚至有向绝对贫困演进的趋势。

表4-6　2006—2018年主要资本主义国家低收入群体收入状况　（单位：%）

年份	收入最低20%人口收入份额						收入低于中位收入半数的人口比重					
	法国	德国	意大利	日本	美国	英国	法国	德国	意大利	日本	美国	英国
2006	8.5	8.3	6.9	—	5.2	7	9.3	9	13.4	—	18	12.9
2007	8.1	8.3	7.1	—	5.2	6.9	9.2	8.5	13.2	—	18.2	13.1
2008	7.9	8.4	6.9	6.4	5.2	7.2	9.8	8.7	13.4	15.7	18.2	11.8
2009	7.7	8.3	6.7	—	5.4	7.2	11.1	9.2	13.7	—	17.5	12.7
2010	7.7	8.4	6.4	8.2	5.3	7.3	10.3	9	14.5	8.7	18	11.6
2011	7.8	8.5	6.4	—	5.2	7.4	9.9	8.7	14.7	—	18	12.1
2012	7.8	8.2	6.3	—	5.2	7.6	10.1	9.7	14.2	—	18.2	11.9
2013	8	8.2	6.2	7.7	5.3	7.4	9.8	9.7	14.8	9.1	18	13.1
2014	8	8.1	6.2	—	5.2	7.3	10.1	10.5	15.2	—	17	13.1
2015	7.9	7.8	5.9	—	5.3	7.4	10.8	11	16.1	—	17.2	11.3
2016	8	7.6	6.1	—	5.2	7.1	10.4	11.7	15.7	—	18	12.7
2017	8.1	—	6	—	5.2	6.8	10.1	—	16	—	18.2	14
2018	8	—	—	—	5.2	—	10	—	—	—	18.2	—

资料来源：世界银行WDI数据库。

三、劳动者劳动环境恶化，生存压力加重

机器价值的损耗包括有形损耗和无形损耗两种①。要将机器的无形损耗降到最低，资本家就会有强劲的动力去提升机器的利用率，通过提高机器的有形损耗而将机器本身所包含的价值作为不变资本耗费转移到所生产的商品中去。故在资本主义生产中，资本家始终有强烈的动机去延长工作日长度和提高劳动强度。即便在工作日长度和劳动强度既定的条件下，资本家也会试图通过缩短必要劳动时间的方式来相应延长剩余劳动时间，从而在机器价值转移量既定的条件下实现尽可能多的价值增殖。一旦资本家将人工智能技术作为一种进一步节约活劳动使用的工具引入实体经济中来，那么人工智能与实体经济融合进程的深入也将再次激发资本家延长工作日长度和提高劳动强度的行为动机。一方面，资本家会在新的雇佣平台上用更加“灵活”的短期雇佣形式取代过去长期稳定的雇佣形式，通过计件工资等工资形式，迫使劳动者接受更低的时薪和更长的工作时间。另一方面，资本家还会运用人工智能算法隐蔽地增加劳动者的劳动强度，使得劳动者不得不在单位劳动时间内完成更多的工作量，从而使得资本家可以从中榨取更多剩余价值。而这一切的发生，并不是人工智能技术本身带有什么“原罪”，而是由资本主义经济制度下人工智能技术被资本家作为生产剩余价值的手段所决定的。

在人工智能与实体经济融合进程中，资本主义劳动关系演化也将表现出劳动者劳动环境恶化、生存压力加重的特点。在资本主义机器大生产发展越是彻底的地方，以小生产为主要特点的弱势就业者（家庭工人和自营工人）就越成为一种罕见的就业形式。在2006—2019年，除了英国和法国这样经历严重去工业化的国家，在美国、日本、德国和意大利都经历了弱势就业者占总就业人员比重下降的过程。这意味伴随着数字经济在西方资本主义国家的发展，小生产正在加速被智能化机器大生产所取代，劳动者被资本主义雇佣关系“锁定”的程度逐步上升，劳动者劳动环境也趋于恶化。作为劳动者劳动环境恶化的直接后果，劳动者不得不承担更大的生

① 马克思，恩格斯．马克思恩格斯文集（第5卷）［M］．中共中央马克思恩格斯列宁斯大林著作编译局，译．北京：人民出版社，2009：465.

存压力，而这直接导致了极端心理问题的发生。以数字经济发展最为迅速的美国为例，每十万人自杀死亡率由 2006 年的 12.1 人上升到 2019 年的 16.1 人，表明美国越来越多的劳动者因数字经济的发展非但没有实现个人的解放，甚至丧失了求生的意愿（见表 4 - 7）。我们显然不能将自杀行为的增加仅仅认为是个人心理脆弱所致。对于极端心理问题的研究，应当建立在对人群所处社会环境进行深入分析的基础之上。显然，随着人工智能与实体经济融合进程的加快，资本主义劳动关系导致的更为紧张的劳动环境并不利于劳动者的身心健康。这本身也是资本主义劳动关系朝着更加不和谐方向演化的重要表现。

表 4 - 7　2006—2019 年主要资本主义国家的弱势就业比重与自杀死亡率

年份	弱势就业者占总就业人员比重（%）						每十万人自杀死亡率（人）					
	法国	德国	意大利	日本	美国	英国	法国	德国	意大利	日本	美国	英国
2006	6.9	7.3	19.3	11.5	4.5	10.3	18.5	12.8	6.7	23.9	12.1	7.8
2007	6.6	7.2	19.1	11.2	4.4	10.5	17.9	12.4	6.7	25.0	12.4	7.6
2008	5.9	6.9	18.5	10.9	4.3	10.5	18.2	12.5	6.9	24.4	12.7	8.1
2009	6.5	6.8	18.2	10.5	4.4	10.8	18.4	12.8	7.0	24.9	12.8	8.0
2010	7.0	6.7	18.6	9.9	4.4	11.3	18.2	13.2	6.9	24.1	13.1	7.8
2011	7.2	6.9	18.4	9.7	4.3	11.7	18.0	13.2	7.4	23.4	13.4	8.3
2012	7.1	6.8	18.3	9.6	4.3	12.1	17.8	12.9	7.6	21.6	13.5	8.2
2013	7.0	6.5	17.9	9.3	4.2	12.1	17.0	13.4	7.5	21.4	13.5	8.8
2014	7.4	6.3	18.1	9.3	4.1	12.7	15.6	13.4	7.2	20.1	14.0	8.6
2015	7.3	6.1	17.8	9.0	4.1	12.6	15.8	13.3	7.1	19.1	14.4	8.8
2016	7.5	6.0	17.5	8.6	4.1	13.0	14.9	13.0	6.6	17.5	15.1	8.5
2017	7.4	5.8	17.1	8.4	4.0	13.0	14.6	12.6	7.1	17.0	15.9	8.2
2018	7.4	5.7	16.9	8.4	4.0	13.1	14.2	12.9	6.7	16.7	15.7	8.1
2019	7.9	5.4	16.8	8.2	3.9	13.4	13.8	12.3	6.7	15.3	16.1	7.9

注：弱势就业占总就业人员比重衡量的是家庭工人和自营工人在总就业中所占的百分比。

资料来源：世界银行 WDI 数据库。

四、劳动者综合素质较高，全面发展受限

马克思在《资本论》中对资本主义性质的工场手工业分工进行分析时

指出："工场手工业分工的一个产物，就是物质生产过程的智力作为他人的财产和统治工人的力量同工人相对立……总体工人从而资本在社会生产力上的富有，是以工人个人生产力上的贫乏为条件的。"①

资本主义性质的分工导致劳动者的片面发展和畸形发展，也使得劳动者在劳动过程中找不到快乐，找不到自己存在的价值，进而无时无刻不在想逃避劳动过程。这种异化劳动现象并没有随着机器大生产的出现和发展有任何改变，却带来社会生产力跃进的机器大生产因扩大了资本主义分工协作，而使得单个劳动者片面发展和畸形发展的状况更加恶化。显然，劳动者片面发展和畸形发展的状况并不是由科学技术的进步导致的，而是由于分工协作的资本主义性质使得劳动者不能享有个人全面自由发展的机会，只能奴隶般地服从分工。劳动者片面发展和畸形发展的状况甚至不会因为劳动者受教育程度的提高而得到缓解。事实上，现代工业社会的科研分工，本身就是资本主义性质的劳动分工的延伸和结果，科研劳动者也只有将作为科研劳动产品的科学技术服务于资本增殖的目的，才能使作为私人劳动的科研劳动转化为社会劳动。只要资本主义生产资料私有制依旧存在，那么无论科学技术如何发展，分工的资本主义性质就不会改变，异化劳动导致的劳动者片面畸形发展也不会消除；甚至科学技术发展本身反倒会成为加重劳动者片面畸形发展的因素。

从现实证据来看，2006—2020年以来，主要资本主义国家受过高等教育劳动者占就业人员比重一直保持在较高水平（见表4-8），基本已经实现了高等教育的普及化。客观上讲，高等教育的普及极大地提高了劳动者的综合素质，使得劳动者具备更强的劳动技能，拥有持续不断提升的劳动生产率。但是社会分工的资本主义性质却决定了西方主要资本主义国家受过高等教育的劳动者仍不能摆脱异化劳动的束缚，无法实现个人的全面自由发展。比如，在主要资本主义国家自雇人士占总就业人口比重均处于较低水平（见表4-9），但兼职就业占总就业人员比重却普遍处于较高水平。这表明资本主义性质的社会分工和劳动者相对贫困的生存状况，使得劳动者即便接受了较高水平的教育，仍将劳动作为谋生手段，而不是实现个人

① 马克思，恩格斯．马克思恩格斯文集（第5卷）[M]．中共中央马克思恩格斯列宁斯大林著作编译局，译．北京：人民出版社，2009：418.

全面自由发展的途径和手段。这意味着只要资本主义经济制度不改变，人工智能与实体经济的融合并不会自动实现劳动者的全面自由发展。

表4-8　2006—2020年主要资本主义国家受过高等教育劳动者占就业人员比重　（单位:%）

年份	法国	德国	意大利	日本	美国	英国
2006	77.84	74.51	76.30	—	77.78	89.97
2007	78.14	73.92	75.40	—	77.73	89.67
2008	78.51	73.41	76.39	—	77.73	85.24
2009	78.13	73.53	75.27	—	77.33	85.01
2010	78.09	73.47	74.51	—	76.51	84.86
2011	77.91	74.39	74.89	—	76.01	85.03
2012	78.36	74.16	75.18	76.89	75.59	83.68
2013	78.14	73.98	74.39	77.51	74.97	84.07
2014	77.39	73.64	74.35	—	74.35	83.69
2015	77.51	73.34	74.25	77.56	73.84	83.76
2016	77.19	73.75	74.80	77.72	73.56	83.77
2017	76.61	73.56	74.84	78.10	73.25	83.82
2018	76.55	73.44	74.65	78.33	73.17	83.94
2019	76.64	74.07	74.49	79.09	73.13	84.51
2020	—	—	—	—	71.64	—

资料来源：世界银行WDI数据库。

表4-9　2006—2020年主要资本主义国家自雇人士和兼职就业比重　（单位:%）

年份	自雇人士占总就业人员比重						兼职就业占总就业人员比重					
	法国	德国	意大利	日本	美国	英国	法国	德国	意大利	日本	美国	英国
2006	11.4	12.1	26.4	14.3	7.4	13.2	39.4	35.2	30.2	—	26.4	41.5
2007	11.0	12.0	26.1	13.9	7.2	13.4	39.9	36.1	29.8	—	26.1	41.4
2008	10.6	11.7	25.5	13.5	7.0	13.3	39.5	36.6	31.2	—	26.8	42.4
2009	10.9	11.6	25.0	13.1	7.1	13.6	41.7	39.3	32.8	29.9	30.8	42.7
2010	11.5	11.6	25.3	12.2	7.1	14.0	39.4	38.0	31.2	29.5	28.9	43.5
2011	11.6	11.7	25.0	11.9	6.8	14.2	39.1	39.2	31.0	—	28.5	43.1
2012	11.4	11.6	24.9	11.8	6.8	14.6	39.3	40.1	34.2	29.6	27.8	42.3
2013	11.3	11.2	24.8	11.5	6.6	14.6	41.0	40.9	34.9	31.7	27.0	41.9

续表

年份	自雇人士占总就业人员比重						兼职就业占总就业人员比重					
	法国	德国	意大利	日本	美国	英国	法国	德国	意大利	日本	美国	英国
2014	11.6	11.0	24.7	11.4	6.4	15.2	41.3	40.5	35.5	33.1	27.3	41.5
2015	11.5	10.8	24.4	11.1	6.4	15.0	41.5	40.5	35.5	32.7	27.7	42.3
2016	11.8	10.4	23.9	10.6	6.4	15.4	39.2	39.7	34.4	—	26.4	41.5
2017	11.6	10.2	23.2	10.4	6.3	15.4	39.5	40.8	34.8	31.5	26.5	41.4
2018	11.6	9.9	22.9	10.3	6.3	15.1	39.2	40.8	33.6	—	25.3	41.7
2019	12.1	9.6	22.7	10.1	6.1	15.6	39.7	41.1	33.4	—	24.8	41.1
2020	—	—	—	—	—	—	—	—	—	—	28.0	—

资料来源：世界银行 WDI 数据库。

第三节　融合进程中社会主义劳动关系演化的外在表现

本节的主要任务是在第一节建立对劳动关系演化外在表现形式的一般性维度化分析框架的基础上，重点讨论社会主义条件下人工智能与实体经济融合进程中劳动关系演化的外在表现形式。须指出的是，本节所探讨的社会主义劳动关系演化外在表现形式，是从社会主义经济的一般性规律加以分析，并不特指我国在社会主义初级阶段这一特殊阶段内劳动关系演化的外在表现形式。具体来说，人工智能与实体经济融合进程中社会主义劳动关系演化的外在表现，体现在以下几个方面。

一、解放生产力与劳动者就业机会的持续创造

在社会主义条件下，人工智能与实体经济融合进程将为劳动者就业机会的持续创造奠定基础，从而促进社会主义劳动关系的和谐化发展。

首先，社会主义条件下人工智能与实体经济融合进程将大大减少甚至清零服务于资本的劳动在全部社会劳动中的比重，从而在解放生产力的同时创造更多劳动者就业机会。一方面，在社会主义条件下不再需要那些与服务于资本的劳动，人工智能与实体经济的融合也将使得过去需要的组织

资本主义协作的劳动时间直接由人工智能加以解决，生产协作的效率将极大提升，用于组织生产协作的劳动时间大幅缩短。更多的社会劳动时间可以被投入为社会创造价值的生产性劳动中去，从而解放并发展社会生产力，加速人工智能与实体经济融合进程。另一方面，人工智能与实体经济融合进程将加快简单劳动被人工智能机器所取代的步伐，劳动者将从枯燥重复的简单劳动中加速解放出来，将有限的劳动时间和脑力、体力用于发挥人的创造力的复杂劳动之中。这在促进劳动生产率进一步提高的同时，也将使得全社会劳动分工更加精细化，从而为劳动者持续创造更多高质量的就业机会。因此，在社会主义条件下人工智能与实体经济融合进程将在解放和发展生产力的过程中持续创造劳动者就业机会。尽管这一过程可能导致众多使用简单劳动和非生产性劳动的低质量就业机会消失，但劳动者高质量就业机会却会持续增加。

其次，社会主义条件下人工智能与实体经济融合进程将极大增强社会生产的计划性，劳动者就业机会的持续创造将以更好地满足劳动者物质资料需要为目标。如前文已经探讨的那样，社会主义社会与资本主义社会在生产手段积累方面的根本区别，在于社会主义社会不会像资本主义社会那样盲目追求资本积累。社会主义条件下生产手段积累是有计划的，社会生产的计划性须以更好地满足劳动者对物质资料需要为目的。这就决定了社会主义条件下劳动者就业机会的创造绝不可能是盲目进行的。一切旧的就业机会如果不利于更好地满足劳动者对物质资料需要，那这样的就业机会就将失去存在的价值，进而不能被社会所承认。同样，一切新的就业机会如果不能使得劳动者对物质资料需要得到更好的满足，这样的就业机会也不会创造出来。社会生产的计划性直接决定了劳动者就业机会创造的目的。而在人工智能与实体经济融合进程中所创造出来的就业机会，也只有更好地满足劳动者的物质资料需要，才能使劳动者在就业机会中提供的私人劳动转化为社会劳动，最终得到社会的承认并实现劳动者的劳动价值。在劳动者私人劳动被社会所承认的过程中，包含了促进劳动关系和谐化的因素。

再次，社会主义条件下人工智能与实体经济融合进程将彻底改变知识获取的方式，劳动者就业机会的持续创造将与劳动者就业结构的常态性调整相伴随。一方面，人工智能与实体经济融合进程将极大降低劳动者获取知识的成本，使得劳动者的终身学习成为可能。数字经济的发展为各种知识的传播提供了更便利的条件，劳动者不再仅仅通过学校教育获取知识，未来劳动者将利用人工智能保持终身学习状态，知识获取方式将有颠覆性创新。另一方面，人工智能与实体经济融合进程在改变劳动者知识获取方式的同时，也将增强劳动者适应就业结构常态性调整的能力。劳动者知识获取能力越强，劳动者进行职业转换的成本也就越低，因此劳动者可以在人工智能与实体经济融合进程中更快地适应就业结构的调整。这就使得因劳动者须自行承担教育成本而无法迅速进行职业转换所导致的结构性失业，可以在人工智能与实体经济融合进程中被降至最低程度。由结构性失业带来的劳动关系紧张问题，可以得到有效控制和迅速解决。

二、消灭剥削与劳动者劳动报酬的持续提升

与资本主义社会不同，社会主义社会将消灭剥削作为重要的原则和目标。在社会主义条件下消灭剥削阶级和剥削现象，也会对劳动者劳动报酬的提升产生影响。

首先，社会主义条件下的消灭剥削，为人工智能与实体经济融合进程中持续提升劳动者劳动报酬提供了制度前提。如前文所述，在资本主义生产关系下，人工智能技术是作为独立生产能力、剩余相对价值生产手段和扩大再生产撬动工具而服务于资本的。这就决定了资本主义条件下人工智能与实体经济的融合虽也会极大地提升劳动生产率，但劳动者的劳动时间仍要被划分为必要劳动时间和剩余劳动时间，劳动者的劳动报酬决不会超出劳动者在必要劳动时间内所创造的商品价值量，劳动者劳动报酬的提升存在不可逾越的上限。在社会主义条件下，由于凌驾于劳动者之上的剥削阶级已经被消灭，劳动者的劳动时间就可以还原为必要劳动时间和自由劳动时间。虽然在社会主义条件下进行人工智能与实体经济的融合仍需要生产手段的必要积累，但这里的“必要积累”是作为劳动者必要劳动时间内的劳动成果而用于积累的，劳动者必要劳动时间中用于劳动力再生产的部分以及全部自由劳动时间，都可以成为用于改善劳动者生活的消费资料生产。因此，在社会主义条件下，随着人工智能与实体经济融合的不断深入，劳动生产率的提升会不断缩短用于生产资料“必要积累”所需要的必要劳动时间，并且相应地使得劳动者的自由劳动时间延长。这就决定了劳

动者劳动报酬可以随着人工智能技术的发展而持续提升，劳动者劳动报酬提升不存在任何制度因素造成的上限。

其次，社会主义条件下的消灭剥削，为人工智能与实体经济融合进程中持续提升劳动者劳动报酬提供了经济激励。在资本主义条件下，异化劳动的存在使得劳动者无法在劳动过程中找到快乐，只会把劳动作为一种试图摆脱和逃避的痛苦。劳动者只有在不劳动的时候才能感觉到自己作为人而存在。在社会主义条件下，由于剥削阶级和剥削现象已经被消灭，导致劳动者劳动被异化的制度因素已经彻底解除。劳动者在进行劳动时不再是为剥削阶级占有剩余产品而劳动，劳动者的自由劳动时间越长，劳动者可以用于自身发展的劳动报酬也就越多。劳动者由此在社会主义生产关系下获得了提供更多劳动的经济激励。劳动者越是积极主动地将人工智能技术用于自己的生产劳动，越是积极主动地将自己的劳动与智能化的生产资料相结合，劳动者的劳动生产率就越高，劳动者为再生产自己的劳动力和补偿所消耗生产资料的“必要积累”所需的必要劳动时间就越短，劳动者为自身发展和享乐需要而劳作的自由劳动时间也就越长。这就形成一种强烈的经济激励，促使劳动者主动推动人工智能与实体经济的融合，将人工智能技术作为提高劳动效率和提升劳动报酬的工具和手段。

三、消除两极分化与劳动者劳动环境的持续改善

消除两极分化也是社会主义本质的重要内容。在人工智能与实体经济融合进程中，社会主义社会消除两极分化的本质要求也将有助于劳动者劳动环境的持续改善。

首先，在社会主义条件下劳动者劳动环境差异客观存在，是消除两极分化过程中必须正视的客观问题。在社会主义社会刚刚建立的阶段，由于社会生产力尚不发展，资本主义社会残留下来的城乡差别、工农差别和脑体差别还客观存在。尽管剥削阶级和剥削现象已经消失，但不平衡不充分的发展导致劳动者劳动环境改善的程度存在差异。这也就客观上造成了体面和不体面工作的差别。劳动者也会因此倾向于将体力劳动强度相对较低、职业暴露危险相对较小以及劳动保障相对完善的劳动机会当作是体面的工作，进而使得劳动者为取得体面的工作而展开竞争。如果这种因劳动环境差异导致的择业偏向不能得到消除，那么劳动者之间必然会形成分

类，即从事体面工作的劳动者和从事不体面工作的劳动者。而两类劳动者由于劳动环境差异所导致的个人劳动生产率差异，也会最终反映为劳动者之间的收入差距拉大，长此以往则两极分化不可避免。因此，在社会主义条件下，必须正视劳动者劳动环境存在差异这一客观问题，并且应当将消除这种差异作为逐步消除两极分化的重要举措。

其次，社会主义条件下消除两极分化的本质要求，使得劳动者劳动环境的持续改善具有坚实制度支撑。社会主义条件下两极分化现象在一定范围内的存在，恰恰是由于社会生产力尚不发展，不平衡不充分发展导致劳动者之间出现收入差距。故解决劳动者劳动环境差异，进而逐步消除两极分化的切入点，恰恰是尽快实现社会生产力总量的增长。作为先进生产力的代表，人工智能技术在实体经济各个部门中的运用，可以极大地降低各个部门中劳动者的劳动强度，并使得相对简单的、重复枯燥的劳动过程直接由人工智能机器代劳。因此，人工智能与实体经济加速融合，特别有助于在那些劳动环境相对恶劣的劳动部门中改善劳动者的劳动环境，使得这些部门的劳动者得以将更多的精力用于创造性劳动。从这个角度上讲，社会主义条件下人工智能与实体经济融合进程促使人工智能技术为持续改进劳动者劳动环境而服务，这就有助于优化社会主义劳动关系，并逐步消除两极分化。而这一变化，不是由人工智能技术的技术性质所决定，而是由社会主义经济制度的本质要求所决定。

四、实现共同富裕与劳动者个人发展的持续推动

社会主义社会在解放和发展生产力、消灭剥削和消除两极分化的基础上，最终需要实现共同富裕。而在社会主义条件下，实现共同富裕的发展目标也成为人工智能与实体经济融合进程的指引，由此对劳动者个人发展产生持续推动。

首先，共同富裕并不仅仅指的是劳动者在物质生活上的富裕，而是劳动者在物质和精神上的双重富裕。将收入差距控制在可以接受的范围之内，尽可能实现社会中绝大多数劳动者收入的同步提升，是共同富裕所追求的目标之一。但实现共同富裕并不仅仅是追求劳动者在物质生活上的富裕，物质资料的极大丰裕是人类社会实现更高层次发展的基础，但人类社会的发展不能仅仅停留在物质资料极大丰裕的水平。正如马斯洛层次需要

理论所指出的那样，劳动者最高层次的需要应当是自我实现的需要。即是在劳动者实现物质资料极大丰裕的基础之上，由于劳动者其他更低层次的需要基本得到满足，劳动者将把追求自我实现作为人生主要目标。这就要求社会主义条件下应当促进劳动者在物质和精神上的双重富裕。将实现劳动者全面自由发展作为实现共同富裕的重要目标。

其次，人工智能与实体经济融合既为共同富裕提供物质基础，也为劳动者全面自由发展创造客观条件。本书第一章已经讨论了人工智能与实体经济融合所能带来的社会生产力演进效应。从共同富裕和劳动者全面自由发展的目标来看，一切有利于社会生产力发展的科学技术都应当尽快转化为现实生产力。人工智能技术在促进社会生产力方面已经展现出巨大潜力，在社会主义条件下必须加快发展人工智能技术，使之与实体经济尽快实现深度融合，才能将人工智能技术的生产力演进潜能转化出来。劳动者的全面自由发展、共同富裕目标的实现，归根结底还是要依靠社会生产力的加快发展。共同富裕的实现必须以劳动者全面自由发展为前提和结果，劳动者的畸形片面发展就不能实现共同富裕。劳动者如果没有实现全面自由发展，那么物质资料无论再怎么丰裕都不能算是实现了共同富裕；共同富裕目标一旦实现，劳动者就应当具有实现自我价值的一切物质和非物质的手段。只要劳动者还只能奴隶般地服从分工，不能在劳动过程中实现个性的发展，那么异化劳动现象就不能得到根除，全社会的共同富裕目标也就很难真正实现。因此，以实现共同富裕为目标的社会必须为劳动者全面自由发展提供坚实的物质基础，使劳动者的需要无论在物质上还是在精神上都能得到充分满足，劳动关系也必然因此更加和谐。

第二篇
人工智能与实体经济融合进程中劳动关系治理模式的国际比较

第五章　劳动关系治理模式的比较制度分析框架

第一节　劳动关系与劳动关系治理模式

一、劳动关系治理模式的界定

劳动关系治理模式，是一定历史时期内社会为协调和维持由特定生产关系所决定的劳动关系而形成的一整套制度的总和。这一界定可以从两个方面加以理解。一方面，按照马克思主义政治经济学的基本原理，由特定生产关系所决定的劳动关系，属于经济基础的范畴。劳动关系本身既是狭义的生产关系①的延伸，又是广义的生产关系②的内容。劳动关系中所包含的矛盾和冲突，归根结底是由生产关系所决定的。比如在资本主义生产关系之下，生产资料归资本家占有的所有制关系决定了在资本家和雇佣工人之间的劳动关系必然是一种对立性关系。随着资本主义社会基本矛盾的发展和激化，资本主义劳动关系也必然走向对立和激化，资本家和雇佣工人之间的矛盾终将不可调和。另一方面，一定时期内社会为协调和维持一定的劳动关系而形成的制度，本质上属于上层建筑的范畴；但这些制度与作为经济基础的劳动关系又有密切联系。正如马克思所强调，“无论哪一

① 狭义的生产关系，即人们在生产过程中形成的人与人之间的关系。

② 广义的生产关系指人们在社会生产的四个环节（即生产、分配、交换和消费）中形成的人与人之间的关系。

个社会形态，在它所能容纳的全部生产力发挥出来以前，是决不会灭亡的”①。在既定的生产方式和经济基础尚未到要发生根本性变革的历史阶段时，由经济基础所决定的上层建筑仍会不断反作用于经济基础。这种反作用在一定程度上表现为上层建筑对现存经济基础的维护和巩固。因此，劳动关系治理模式从本质上讲就是上层建筑的一种具体形式，该种形式的上层建筑受经济基础中的劳动关系所决定，同时又反作用于劳动关系，其存在的目的是通过协调特定生产关系下形成的劳动关系，避免劳动关系矛盾激化和巩固既定的生产关系。

劳动关系治理模式也具有以下属性。

首先，劳动关系治理模式的存在具有普遍性。只要人类社会还存在物质资料生产活动，就必然在生产中结成一定的生产关系。只要物质资料生产在一定的生产关系之下进行，就必然由这种生产关系派生出与之相适应的劳动关系。只要劳动关系存在部分或完全被激化的可能，社会就必然要在上层建筑层面形成一整套制度安排去协调和维持现有的劳动关系，进而避免劳动关系激化反作用于经济基础。在不同历史时期的不同社会经济形态下，尽管劳动关系治理模式的表现形式不一样，但劳动关系治理模式确实普遍存在于不同社会经济形态的上层建筑之中，是各个社会经济形态中上层建筑的重要组成部分。劳动关系治理模式虽然是社会意识的产物，但也是由物质世界的矛盾运动所决定。劳动关系治理模式的形成和发展也是客观的，需要顺应不以人的意志为转移的社会发展规律。正是由于劳动关系治理模式具有普遍性，无论是资本主义社会还是社会主义社会都需要建立与各自经济基础相适应的劳动关系治理模式。正是基于对这一客观规律的认识，才有必要建立不同生产关系条件下对人工智能与实体经济融合进程中劳动关系治理模式的比较制度分析框架，去分析人工智能与实体经济融合进程对劳动关系治理模式的影响。

其次，劳动关系治理模式的存在具有具体性。作为一定社会经济形态下上层建筑重要组成部分的劳动关系治理模式，并不是普遍而孤立地存在的。恰恰相反，劳动关系治理模式的存在是具体的、历史的。劳动关系治

① 马克思，恩格斯．马克思恩格斯文集（第2卷）[M]．中共中央马克思恩格斯列宁斯大林著作编译局，译．北京：人民出版社，2009：592.

理模式作为一整套制度安排，其中的某一种制度安排可能存在于不同社会经济形态的不同劳动关系治理模式之中。但是，作为整体的劳动关系治理模式，要与所处的社会经济形态的具体发展阶段相适应。在不同的社会经济形态中，由于生产力与生产关系、经济基础与上层建筑之间的矛盾关系不同，劳动关系治理模式的性质也根本不同。具体的劳动关系治理模式所需要维持和协调的劳动关系不同，决定了劳动关系模式之中的各项制度安排的组合方式也必然有显著差异。这就决定了如果要对人工智能与实体经济融合进程中不同劳动关系治理模式的演变展开比较制度分析，就必须始终认识到社会性质差异对劳动关系治理模式的决定性影响。

再次，劳动关系治理模式的存在具有演进性。即便在一定的社会经济形态中，由于社会生产力在持续发展，生产关系也必然要不断进行局部调整以适应生产力发展。经济基础的持续变革也决定了，即便上层建筑的变革相对于经济基础变革来说更为缓慢，但上层建筑也绝无可能一直原封不动地维持下去。作为上层建筑组成部分的劳动关系治理模式，也不可能一直原封不动地维持。相反，需要根据既定生产关系不同发展阶段下劳动关系主要矛盾和矛盾主要方面的变化，持续不断地调整劳动关系治理模式中的制度安排以及制度安排之间的组合方式，以便适应生产力、生产关系和劳动关系的变化。在人工智能与实体经济融合进程中，由于社会生产力的进步空前加快，这就意味着无论是资本主义社会还是社会主义社会，都需要更加频繁地局部调整生产关系，才能适应社会生产力发展的需要。在生产关系频繁局部调整的过程中，劳动关系的加速演化使得劳动关系治理模式的演进也需要随之加快。因此，对不同劳动关系治理模式的比较制度分析，也需要以运动发展的眼光来看待，以把握劳动关系治理模式演进的方向和趋势。

二、劳动关系与劳动关系治理模式的匹配问题

如前文所述，劳动关系与劳动关系治理模式并不是同一概念，但两者之间又紧密联系。劳动关系与劳动关系治理模式的互动，是经济基础与上层建筑对立统一关系的具体体现。上层建筑不适应经济基础时，就会导致经济基础与上层建筑之间的矛盾激化。劳动关系治理模式的匹配性下降，也是经济基础与上层建筑之间矛盾激化的具体表现。考虑到时间的因素，

劳动关系治理模式的匹配性分为静态匹配问题和动态匹配问题。

（一）劳动关系与劳动关系治理模式的静态匹配

劳动关系与劳动关系治理模式的静态匹配性，可以定义为衡量在一定时点上劳动关系治理模式是否能够适应已经发生变革的劳动关系的状况。如图5-1所示，属于经济基础范畴的劳动关系一旦发生变革，那么属于上层建筑范畴的劳动关系治理模式则存在两种演化的可能性，即维持原状和跟随变革。

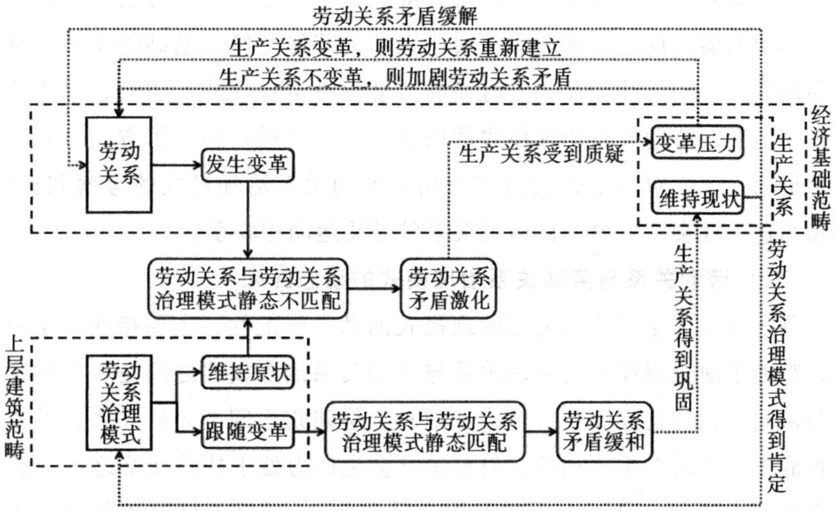

图5-1　劳动关系与劳动关系治理模式静态匹配性关系示意

首先，在特定时点上如果劳动关系治理模式仍维持原状，那么劳动关系治理模式就会与已经变革的劳动关系出现静态不匹配问题。这种不匹配关系会导致劳动关系矛盾激化，进而使得劳动者质疑决定当前劳动关系的生产关系，从而形成变革生产关系的压力。如果变革生产关系的压力转化为实际行动，那么生产关系变革之后就将重新建立劳动关系，这使得需要在重新建立的劳动关系基础上重构劳动关系治理模式。如果生产关系的变革压力尚不足以导致生产关系的实际变革，那么生产关系所包含的内在矛盾就将外化为不断激化的劳动关系矛盾，从而推动劳动关系的持续演变。

其次，在特定时点上如果劳动关系治理模式跟随变革，那么劳动关系与劳动关系治理模式之间的静态匹配性就将得到增强。这种匹配关系的改善有助于缓和现有劳动关系中的矛盾，消弭劳动者对现有生产关系的质疑，从而有助于生产关系得到巩固。当生产关系面临较小的变革压力时，一方面会使得劳动关系得到缓和，避免劳动关系矛盾的进一步激化；另一方面则会使劳动关系治理模式得到社会的肯定，从而使跟随变革的劳动关系治理模式得到巩固和加强。因此，一旦进入劳动关系治理模式跟随劳动关系变革的良性循环，劳动关系治理模式的静态匹配性就会不断加强。

由此可见，劳动关系与劳动关系治理模式的静态匹配性是上层建筑对经济基础反作用的具体外化形式。当劳动关系与劳动关系治理模式的静态匹配性下降时，意味着上层建筑对经济基础的反作用表现为上层建筑对经济基础的削弱。反之，则表明上层建筑的变革使得经济基础的变革得到巩固和加强。对一个社会在一定时期内劳动关系治理模式的考察，并不能只是孤立地考察劳动关系治理模式的内部构造，这样一种分析方法本身就是一种形而上学。对一个社会特定时期内劳动关系治理模式的考察和比较，必须与这一社会特定时期内劳动关系的矛盾运动相联系。

（二）劳动关系与劳动关系治理模式的动态匹配

所谓劳动关系与劳动关系治理模式的动态匹配性，主要指在一定时期内，都处于演化路径上的劳动关系与劳动关系治理模式之间是否能够形成一种协同演化的良好关系。经济基础和上层建筑之间的矛盾关系，并不是一种静态的矛盾关系。相反，只要是社会生产力处于持续变革之中（恰恰社会生产力的变革是不以人的意志为转移的），那么经济基础就要为了顺应社会生产力的变革而随之变革，这也必然导致上层建筑与经济基础之间的矛盾运动。因此，在真实的世界中，无论是经济基础还是上层建筑都是处于持续的演化状态，需要用运动和发展的眼光来把握经济基础与上层建筑之间的矛盾运动。如前文所界定，属于经济基础范畴的劳动关系和处于上层建筑范畴的劳动关系治理模式，也必须在各自的演化路径上形成协同演化的关系，才能避免劳动关系和劳动关系治理模式在一定时期内出现冲突激化的问题。

当劳动关系与劳动关系治理模式的动态匹配性被削弱甚至彻底消失时，劳动关系治理模式不论怎么演变都无法缓解劳动关系变革带来的冲突，这就必然使得现有的劳动关系受到质疑。当劳动关系中的冲突和矛盾积累到一定程度时，对劳动关系的质疑就将演变成普通劳动者对生产关系合法性的质疑，最终形成变革生产关系的行动。即便是适应社会生产力发展的先进生产关系，只要劳动关系与劳动关系治理模式的动态匹配问题没有处理好，导致客观存在不断激化的劳动关系，再先进的生产关系也会失去群众的拥护。在极端的情况下，旧的生产关系之下的既得利益者很有可能利用这一机会，向先进的生产关系发起反扑并复辟旧的生产关系。上层建筑对经济基础的反作用，在劳动关系与劳动关系治理模式动态匹配问题上得到生动体现。

劳动关系与劳动关系治理模式的动态匹配性较强时，并不意味在该时点上劳动关系与劳动关系治理模式之间就不存在任何冲突。恰恰相反，处于协同演化关系中的劳动关系与劳动关系治理模式，如果在某一时点上加以考察，仍有可能处于静态不匹配的状态。但只要生产关系矛盾运动引起的劳动关系矛盾冲突，能够在一定时期内由跟随演变的劳动关系治理模式及时管控和缓解，那么短时间内的静态不匹配状态就会在中长期得到动态改进，从而使劳动关系和劳动关系治理模式始终处于动态匹配状态，控制在一定范围内的劳动关系冲突并不会对占据统治地位的生产关系产生合法性冲击。对于任何一种新生的生产关系和经济制度而言，由于上层建筑变革往往相对缓慢，在较短的时期内容易出现劳动关系治理模式不足以缓和劳动关系冲突，进而使得生产关系的统治地位受到冲击的情形。但动态匹配性要求则并不要求劳动关系治理模式时时适配劳动关系，只需要劳动关系治理模式足以管控劳动关系冲突，并根据具体时期的冲突对劳动关系治理模式本身的演化路径进行适应性调整即可。这也反映出在上层建筑构建过程中，人的主观能动性是加快社会变革、促进社会发展的不可或缺的影响因素。

第二节　劳动关系治理模式的静态构成

劳动关系治理模式可以被视作一个复杂制度系统。对制度系统的解析，通常可以使用维度化解析的方法对抽象复杂的制度系统进行刻画，从而了解和分析制度系统的有机构成和基本特征。本书对劳动关系治理模式的刻画，也将通过维度化解析的方法来展开。先分析构成劳动关系治理模式的基本要素，再通过阐明这些基本要素之间的相互关系来刻画劳动关系治理模式的有机构成。最后再建立评价劳动关系治理模式运作表现的评价体系。在本节中，主要从治理主体、治理渠道和治理手段三个维度分析劳动关系治理模式的基本要素。

一、劳动关系治理模式的治理主体

劳动关系治理模式作为一个制度系统，归根结底需要各类治理主体的参与才能有效运转。不同治理主体因经济、政治、社会等方面的地位不同，在劳动关系治理模式运转中的话语权和影响力也不同。劳动关系治理模式的运转和演化，可以视作是不同参与主体在劳动关系治理模式这一博弈框架下持续博弈的静态均衡解和动态均衡路径。劳动关系治理模式中的治理主体，并不见得需要是自然人，也可以是法人。任何试图通过劳动关系治理模式改善自身所处劳动关系的个人和组织，并且被劳动关系治理模式中的准入制度安排所准许，都可以成为劳动关系治理模式中的治理主体。因此，劳动关系治理模式的治理主体可以分为个人主体和组织主体两类。

（一）个人主体

根据劳动力市场上所处的地位是买方还是卖方的区别，在一定的劳动关系中必然存在作为劳动力商品买方的资本人格化代表和作为劳动力商品卖方的劳动者。在劳动关系中所处地位的区别，决定了资本人格化代表和单个劳动者都可以作为个人主体而参与到劳动关系治理模式中来。但是同为劳动关系治理模式中的个人主体，资本人格化代表和劳动者在劳动关系治理模式中的利益诉求却是根本不同的。两类个人主体在利益诉求上的冲突，归根结底是围绕着剩余劳动时间内的劳动产品应该归谁所有而展开。从资本人格化代表角度来说，只有劳动者剩余劳动时间内所创造的劳动产品和商品价值可以成为资本积累的真正来源，故而希望由自己完全占有这些劳动产品和商品价值。从劳动者角度来说，则认为剩余劳动时间所创造的劳动产品和商品价值也是个人劳动的结果，因而希望将剩余劳动时间完全转变为自己的自由劳动时间。

在资本主义社会中，资本人格化代表这一角色直接由资本家承担，因此劳动关系冲突具体化为资本家与劳动者之间的矛盾冲突，资本主义劳动关系治理的目标就是缓和资本家和劳动者之间的矛盾冲突。在社会主义社会中，由于生产资料已经归全社会劳动者共同占有，故资本家不再作为资本人格化代表而存在。但只要生产手段积累的社会生产需要还客观存在，并且生产手段积累仍要以社会资本积累的形式来实现，资本人格化代表就不会消失。资本人格化代表与劳动者的矛盾冲突在社会主义社会中具体化为个人消费与社会储蓄的比例关系问题。任何劳动者只要承担了协调个人消费与社会储蓄比例关系的管理职能，事实上就承担了资本人格化代表的角色。因此，无论是在资本主义条件下还是在社会主义条件下，劳动关系治理模式的治理主体中都将包括资本人格化代表和劳动者两类个人主体。

（二）组织主体

在现实经济生活中，参与劳动关系治理模式运转的治理主体并不仅仅只有个人主体，还有组织主体。这主要是因为无论是资本人格化代表还是劳动者，如果仅仅依靠自身力量参与劳动关系治理模式往往费时费力。当数量众多的个人主体参与进来时，劳动关系治理模式的决策效率可能更低。由于“搭便车”现象的普遍存在，劳动关系治理模式的最终决策结果可能存在被少数人操纵的可能性，从而使大多数个人主体的利益诉求不能得到满足。更重要的是，个人主体出于自我保护、扩大影响、寻求同盟等目的，往往与相同利益集团的其他个人主体进行有组织的联合，以组织的名义去表达利益集团的利益诉求。任何可以代表个人主体相关利益诉求的组织，只要被劳动关系治理模式中的制度安排所接纳，就可以成为劳动关系治理模式的治理主体。因此在个人主体之外，劳动关系治理模式的治理主体还应当包括以组织形式存在的组织主体。

由于个人主体在一定劳动关系中的利益诉求存在多样性，代表个人主体利益诉求而参与劳动关系治理模式的组织也形形色色。在这些组织中，既有诸如企业、交易所、行业协会这样的经济组织，也有诸如政党、政府这样的政治组织，还有众多民间志愿团体等非政府组织（NGO）这样的社会组织。这些组织在经济、政治、文化、社会等不同层面上，代表各自需要代表的个人主体参与到劳动关系治理模式中来。众多个人主体和组织主体为了实现自身利益诉求，相互展开密集且持续的博弈。尽管劳动关系治理模式中的组织主体数量众多，且各自有标榜的行动宗旨，但仍可以根据这些组织所代表的个人主体的利益诉求不同，将它们分为亲资方组织主体和亲劳方组织主体。亲资方组织主体与亲劳方组织主体由于所代表的利益群体存在利益诉求冲突，故两类组织主体之间的利益诉求冲突正是资本人格化代表与劳动者之间矛盾冲突的一种集中表现形式。

二、劳动关系治理模式的治理渠道

不管是个人主体还是组织主体，都需要通过一定的治理渠道才能参与到劳动关系治理模式的利益博弈中来。具有不同利益诉求的治理主体，正是通过在不同的治理渠道上采用不同的治理手段，相互之间形成利益博弈关系。治理渠道是否完善通畅，决定了不同治理主体参与劳动关系治理模式的可行性。如果某种治理渠道缺失，则会导致部分潜在的治理主体被排斥在劳动关系治理模式之外，从而使得治理主体之间的利益博弈关系走向失衡。本书将劳动关系治理模式中的治理渠道分为经济性治理渠道和非经济性治理渠道两类。

（一）经济性治理渠道

劳动关系的经济性治理渠道，就是以劳动关系所涉的各方治理主体，以市场机制为基础、以价值规律为原则，为实现己方利益诉求最大而与其他治理主体展开博弈并最终达成妥协的劳动关系治理方式。在市场经济条件下，劳动力商品的契约买卖关系是以极高的交易频率在劳动者与资本人格化代表之间分散零散地发生，经济性治理渠道能够对劳动关系中的矛盾冲突进行最直接、最迅速的调处，因此，经济性治理渠道应当在劳动关系治理模式中发挥基础作用。劳动关系的经济性治理渠道，具有以下几方面特征。

第一，劳动关系经济性治理渠道发挥作用以劳动契约的谈判、订立和维护为基本形式。在经济性治理渠道上，不同治理主体之间的博弈围绕劳动契约而展开。劳动关系的调整和演进，只能靠劳资双方相互协商，通过劳动契约的谈判、订立和维护来实现。一旦劳动关系矛盾冲突加剧，劳资双方就必须就劳动契约内容的调整进行协商和谈判。如果这种协商是顺利的，那么劳动关系中的矛盾冲突就可以根据新的劳动契约内容得到调整和缓和。如果这种协商不顺利并最终破裂，则劳动关系中所处地位的矛盾冲突将会加剧，经济性治理渠道也将失去劳动关系治理的作用。

第二，劳动关系经济性治理渠道发挥作用以治理主体自愿参与、自愿决策为前提条件。经济性治理渠道上劳动关系调整须由劳资双方通过谈判协商调整劳动契约的博弈方式，决定了经济性治理渠道建立在不同利益诉求的治理主体自愿参与和自愿决策的前提之上。这也恰恰是经济性治理渠道的局限性所在，经济性治理渠道在协调劳动关系中的冲突和矛盾时往往需要比较长的“讨价还价”时间。经济性治理渠道也缺乏足够的强制力去要求治理主体必须参与到这一渠道上的谈判协商中来。只要订立劳动契约的双方或多方中有一方是拒绝谈判协商的，经济性治理渠道就无法发挥作用。

第三，劳动关系经济性治理渠道发挥作用以价值规律调节劳动力供求关系为博弈规则。不论是资本主义市场经济还是社会主义市场经济，劳动者都需要将自己的劳动力作为商品在劳动力市场上与资本人格化代表进行交易。劳动力商品本身是有既定价值的，这就意味着劳动力供求关系的作用不能违反价值规律而展开。劳动力商品价值由再生产劳动力所需的劳动时间决定，即由劳动者维持本人和家庭所需的基本生活资料的价值量决定。但在不同的历史条件下，这一基本生活资料的价值量也是会变化的。因此，经济性治理渠道下以价值规律调节劳动力供求的博弈规则并不排斥这样一种情形：由社会发展阶段所决定的、劳动者再生产劳动力所需的基本生活资料的价值量上升，劳动力商品价值进而劳动者的劳动报酬也随之上升；反之，亦然。

（二）非经济性治理渠道

劳动关系的非经济性治理渠道，指追求自身利益诉求最大化的治理主体通过行政司法、舆论道德等非市场性的各种规则，与其他治理主体展开博弈并最终达成妥协的劳动关系治理模式。之所以在经济性治理渠道渠道之外，治理主体还会选择非经济性治理渠道，是因为治理主体要在劳动关系矛盾冲突发展到一定程度之后，利用一切对自己有利的非市场性规则，增强自身在劳动契约争端处理机制中的谈判实力。因此，非经济性治理渠道通常是劳动关系治理的间接渠道。劳动关系非经济性治理渠道具有以下具体特征。

第一，劳动关系非经济性治理渠道发挥作用往往导致劳动契约的废除或重订。在市场经济条件下，非经济性治理渠道的采用往往意味着市场治理渠道已经不能有效缓和劳动关系中的矛盾和冲突。非经济性治理渠道中治理主体引入各种非市场性规则，其直接目的就是废除现有的劳动契约，并寻求在重新订立劳动契约的谈判中扩大自己的谈判势力。即便是新的劳动契约由于劳动关系中矛盾冲突激化而无法订立，治理主体也希望在旧的劳动契约的解除过程中能够尽可能地维护己方利益诉求。在资本主义社会中，当劳动者要求提高工资的诉求长期得不到满足时，劳动者就有可能不再直接与资本家谈判，而是通过吸引社会眼球的罢工等手段向资本家施压。同时，资本家也有动机宣扬工人们存在“懒惰”习惯，在为自己辩护的同时也将劳资双方的工资博弈从劳动力市场里扩展到劳动力市场外。因此，非经济性治理渠道发挥作用，往往是以经济性治理渠道的失灵为条件和前提的。

第二，劳动关系非经济性治理渠道发挥的作用往往依靠超经济的强制力来推动。在非经济性治理渠道上，无论是行政司法等非市场性正式规则的引入，还是舆论道德等非市场性非正式规则的引入，都会随着这些规则的引入而使得所有治理主体受到新的、超经济的强制力约束。一旦博弈规则被引入，任何治理主体都不可能拒绝接受新的规则约束。如果治理主体一味选择忽视超经济强制力对其行为决策的影响，就意味着放弃在新的博弈规则下的博弈主动权，从而使己方处于不利的博弈格局之下。比如，当劳方主体要求企业承担“公平雇佣”社会责任的诉求得到社会的广泛支持时，资方主体主导下的企业若一意孤行地忽视这种社会责任诉求，就很可能导致企业的商誉受损，进而导致资方主体陷入舆论道德上的被动地位。因此，非经济性治理渠道的引入往往导致经济性治理渠道上既有博弈规则的失效和新博弈规则的建立。

第三，劳动关系非经济性治理渠道发挥作用往往不需以等价交换为博弈原则。在经济性治理渠道上，除非劳动力商品本身的价值量发生了变化，否则价值规律的作用下劳动力商品的价格即工资便会在长期保持基本稳定。而劳动力商品价值量的变化往往相对缓慢，以等价交换为原则的市场机制下的劳动关系调整也相对缓慢。在非经济性治理渠道上，由于超经济的强制力的引入，劳动关系的调整并不以等价交换为原则，不对等的价值转移和剩余分配是调整和缓和劳动关系中矛盾冲突的常态性措施。也正是由于超经济的强制力往往能够迅速作用于劳动关系治理，决定了非经济性治理渠道对劳动关系的调整尽管容易引起不同治理主体之间的对立，但调整过程往往相对迅速。

三、劳动关系治理模式的治理手段

在某种劳动关系治理模式中，不同治理主体在不同治理渠道上仍需要选择对自己最有利的治理手段，以便参与到劳动关系治理的博弈中来。劳动关系治理模式中的治理手段很多，但总的来说可以划分为以下三类。

（一）经济交易手段

所谓劳动关系治理的经济交易手段，指不同的劳动关系治理主体通过协商、交易和契约的方式实现相互之间的利益妥协，共同构建具有合作博弈均衡特点的劳动关系治理解决方案。经济交易手段在劳动关系治理中普遍存在。劳动者与资本家或企业之间签订的劳动合同就是劳动者这一个人主体通过经济交易手段与其他个人主体和组织主体形成劳动关系博弈的典型形式。但经济交易手段并不仅仅限于个人主体之间或个人主体与组织主体之间的劳动关系博弈，组织主体之间的劳动关系博弈也可以采取经济交易手段。比如，工会作为亲劳方组织主体在与企业这一亲资方组织主体的工资集体协商谈判中，就是组织主体之间运用经济交易手段的表现。此外，政府通过税收减免、财政补贴等财税方式督促企业改善劳动者权益的行为，也属于劳动关系治理的经济交易手段。

经济交易手段具有以下特点。首先，治理主体通过经济交易手段达成劳动关系妥协方案，但通常是治理主体可以接受的自愿妥协。其次，不同治理主体谈判势力的强弱，会对治理主体间通过经济交易手段达成的劳动关系妥协方案产生实质性的影响，劳动关系妥协方案的内容可能偏向于某一方治理主体的利益诉求。再次，在经由经济交易手段达成的劳动关系妥协方案中，不同治理主体之间的利益交换并不需要严格符合商品等价交换原则，也存在一方向另一方单向让利的情形。最后，经济交易手段对劳动关系的调整通常是渐进并存在时滞的。

（二）政治强制手段

劳动关系治理的政治强制手段，指劳动关系治理主体以国家强制力为依托和保障，通过立法、司法和行政等超经济的力量重新塑造劳动关系治理的博弈结构和解决方案。在劳动关系治理的政治强制手段中，国家的各个机构作为劳动关系治理的组织主体，参与到劳动关系博弈中来，与其他个人主体和组织主体围绕着劳动关系治理展开博弈并达成妥协。作为第三方参与者的国家机构，并不一定是完全中立的劳动关系治理主体。相反，各个国家机构由于最优化目标的差异，在劳动关系治理中的主张往往也存在偏向性。但国家机构在劳动关系治理的偏向性归根结底要服从于国家维护和巩固政治统治地位的需要。因此，国家机构在通过非经济性治理渠道使用政治强制手段时，既有可能在一段时期内表现为亲劳方组织主体，也有可能在另一段时期内表现为亲资方组织主体。这种偏向性可以在劳动立法、劳动仲裁和劳动监管等国家机构的政策制定与执行的方向和力度上体现出来。

政治强制手段具有以下特点：首先，采用政治强制手段的劳动关系治理博弈，通常是涉及三方参与者以上的多方博弈，且不同博弈参与方的利益诉求均有明显差异。其次，通过政治强制手段达成的劳动关系治理博弈的解决方法，并不需要以各方治理主体自愿参与和主动接受为条件，甚至可以存在利益绝对受损和被动接受妥协的治理主体。再次，通过政治强制手段最终达成的劳动关系治理解决方案，通常不以商品等价交换为出发点和落脚点。最后，政治强制手段对劳动关系的调整既有可能是迅速反应的，也有可能存在时滞。

（三）社会引导手段

劳动关系治理的社会引导手段，指劳动关系治理的不同治理主体，通过综合运用社会道德、舆论宣传等非强制性超经济力量，增强己方在劳动关系治理博弈中的话语权和主动性，以期更好地实现自身利益诉求的一种博弈策略。与政治强制手段不同，社会引导手段虽然也动用了超经济力量，但总的来说这种超经济力量是非强制性的。其他治理主体不遵从社会引导手段，并不一定会带来直接的经济利益损失，却会导致在劳动关系治理博弈中处于相对不利的地位，从而具有潜在的经济利益损失。值得注意的是，不仅仅劳动者和资本人格化代表等个人主体可以采取社会引导手段来实现自身在劳动关系治理博弈中的利益诉求最大化，企业、工会、国家机构等组织主体同样也可以采取社会引导手段来实现自身利益主张。只要有利于在劳动关系博弈中占有有利地位，治理主体通常会将社会引导手段与经济交易手段或政治强制手段并用，形成治理手段的组合。

社会引导手段具有以下特点：首先，社会引导手段具有半自愿性半强制性，对于治理主体的超经济约束力不像政治强制手段那样强烈，但其具有的超经济约束力又是经济交易手段所不具有的。其次，社会引导手段在劳动关系治理中具有普遍性，社会引导手段的使用成本往往较低，既可以在经济性治理渠道中广泛使用，也可以在非经济性治理渠道中广泛使用。再次，社会引导手段往往以导致不同治理主体在劳动关系治理博弈中的谈判势力差异，来发挥对治理主体的约束作用。最后，社会引导手段对劳动关系调整的作用既可以是迅速实现的，也可以是渐进实现的，主要取决于社会引导手段所造成的不同治理主体谈判势力的差异程度。这种差异程度越大，则社会引导手段发挥作用的时差就越短。

第三节　劳动关系治理模式的动态演进

一、劳动关系治理模式的博弈建构过程

在劳动关系治理模式中，不同的治理主体会根据最大化满足自身利益诉求的需要，在经济性治理渠道和非经济性治理渠道中作出选择，并采取恰当的治理手段去达成目的（见表5－1）。劳动关系治理模式的博弈建构过程，有以下三方面特征。

表5－1　劳动关系治理模式中劳资双方博弈的基本博弈策略

		劳方主体		
		经济交易手段	政治强制手段	社会引导手段
资方主体	经济交易手段	双方直接谈判（经济性渠道）	劳方对资方间接施压（经济性渠道）	劳方对资方间接施压（经济性渠道）
资方主体	政治强制手段	资方对劳方间接施压（经济性渠道）	双方直接对抗（非经济性渠道）	双方间接对抗（非经济性渠道）
资方主体	社会引导手段	资方对劳方间接施压（经济性渠道）	双方间接对抗（非经济性渠道）	双方直接对抗（非经济性渠道）

第一，劳动关系治理模式中的个人主体和组织主体繁多，可以根据其在劳动关系博弈中的立场，划分为劳方主体和资方主体两类。劳方主体包括个体劳动者和亲劳方组织主体，资方主体包括资本人格化代表和亲资方组织主体。将劳动关系治理模式的参与主体划分为资方主体和劳方主体，并不会在博弈模型的构建中出现行为主体假设过于简单化的问题。这主要是因为这一划分方式是根据不同参与主体的根本利益诉求来决定的。在劳动关系治理模式中，个人主体和组织主体固然存在多元化的行为目标，并且会在博弈过程中根据自身利益最大化的目标采取或主动或被动、或强硬或妥协的阶段性策略选择，但这些策略选择归根结底都是围绕着参与主体根本利益诉求来展开。在劳动关系治理模式中，只有将劳动者与劳动资料相结合才能创造经济剩余的客观事实，决定了不论是劳方主体还是资方主体最终都要在博弈中达成一种均衡，使得社会再生产得以进行下去。但这也并不排除博弈过程中劳方主体或资方主体都试图尽可能地占有更多经济剩余。这就决定了劳方主体和资方主体在劳动关系治理模式的博弈中始终存在或紧张或缓和的根本利益对立关系。因此，将劳动关系治理模式中的所有参与主体划分为劳方主体和资方主体两类，能够较好地反映劳动关系治理模式中根本利益对立的两类治理主体。

第二，政治强制手段和社会引导手段并不仅仅适用于非经济性治理渠道。在治理渠道和治理手段的关系上，经济性治理渠道和经济交易手段并不存在一一对应的映射关系（见图5－2），这意味着即便在经济性治理渠道上治理主体也可以选择政治强制手段和社会引导手段。治理主体在不同治理渠道上进行治理手段的选择，往往具有高度灵活性。只要某种治理手段在既定的治理渠道上有助于治理主体取得博弈中的主动权，那么这种治理手段就可以在既定治理渠道中使用。在一定治理渠道上治理手段的采用既可以有助于劳方主体和资方主体的直接谈判，也可以对另一方治理主体进行间接施压或对抗。由于现实中博弈往往是在有限信息的条件下展开，因此劳资双方直接谈判只是博弈过程中一种较为理想的博弈策略组合，除此以外会有诸如间接施压、间接对抗和直接对抗等博弈策略组合。在特定的动态不完全信息博弈结构中，尽管劳资双方通过经济交易手段实现双方直接谈判是博弈的最终均衡解，但在过程中只要治理主体可以将政治强制手段和社会引导手段作为增强己方谈判势力和向对方间接施压的手段，这些政治强制手段和社会引导手段仍适用于经济性治理渠道。劳方对资方的间接施压以促成直接谈判为最终目的，因此仍属于经济性治理渠道中的博弈策略组合。类似地，资方主体若以促成直接谈判为目的，采用政治强制手段和社会引导手段对劳方主体间接施压，也属于经济型治理渠道的博弈策略组合。

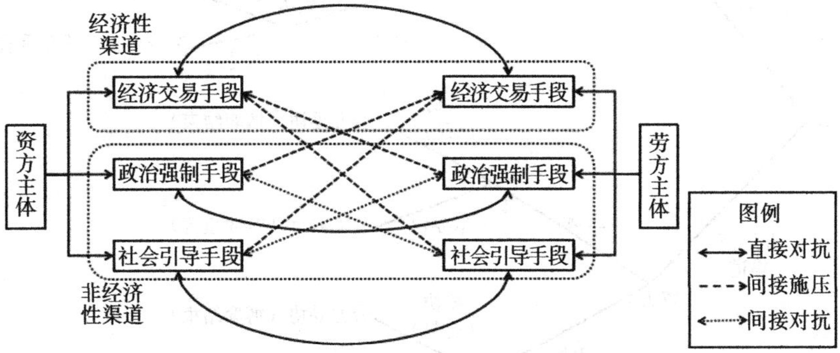

图 5－2　劳动关系治理模式中劳资双方静态博弈示意

第三，治理主体不同的博弈策略组合会带来不同的博弈均衡解（见图 5－3）。如前文所述，当劳资双方均采用经济交易手段时，博弈限定在经济性渠道，双方通过直接谈判达成妥协并结束博弈。当劳资双方中的一方选择经济交易手段，而另一方选择政治强制手段或社会引导手段时，博弈仍限定在经济性渠道，但会构成一方向另一方的间接施压。被施压的一方如果选择妥协则博弈结束；如果选择不妥协则博弈重置，劳资双方须重新选择治理手段，这就有很大的可能性会使博弈从经济性渠道转向非经济性渠道。如果劳资双方都选择政治强制手段或社会引导手段，则博弈进入非经济性渠道，双方进入直接或间接的对抗状态。如果任意一方在对抗中妥协，则博弈仍有结束的机会；如果双方都拒绝妥协，则劳动关系治理模式就将失去与劳动关系的匹配性，会导致劳动关系矛盾加剧和生产关系遭受合法性质疑。因此，从劳动关系治理模式的动态博弈视角来看，劳动关系治理模式并非一成不变，劳动关系治理模式的博弈结构需要持续调整甚至经常重置。劳动关系治理模式的匹配性也只有通过劳动关系治理模式的博弈结构调整才能得以增强。要避免劳动关系矛盾激化到引起生产关系变革的程度，劳动关系治理模式的局部调整和持续优化是非常必要的。

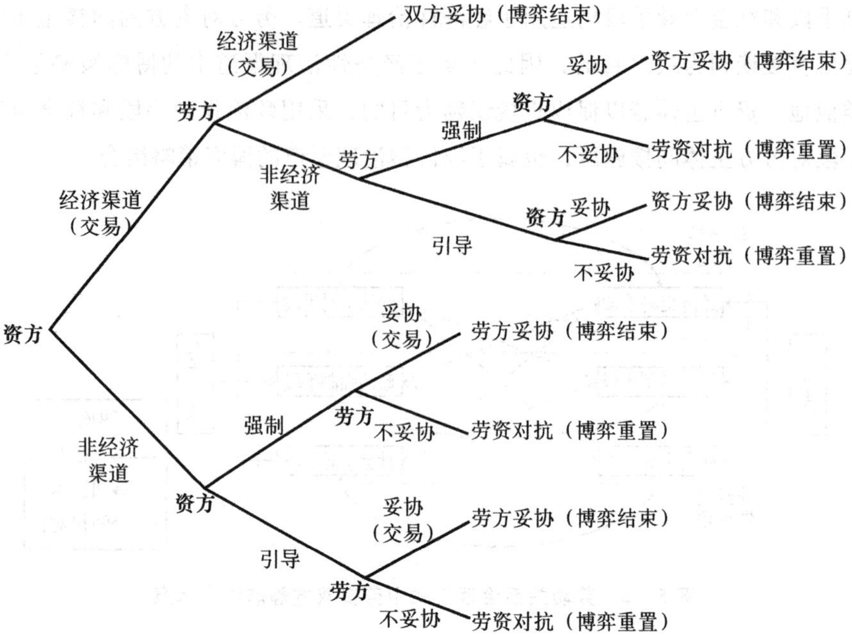

图 5－3　劳动关系治理模式中劳资双方动态博弈示意

二、导致劳动关系治理模式中双方谈判势力失衡的影响因素

前文对劳动关系治理模式的博弈结构进行讨论，但上述讨论并没有涉及哪些因素会影响劳资双方谈判势力，进而影响劳动关系治理博弈的均衡解。导致劳动关系治理模式中双方谈判势力失衡的主要因素有以下几个方面。

第一，产业变迁因素。在存在产业分工的条件下，劳动者的具体劳动在创造不同使用价值时需要使用不同的知识和技术。亚当·斯密认为不同劳动者的才能差异很大程度上不是来自于天赋，而是来自于劳动分工①。劳动分工在促进知识积累的同时，也导致劳动者之间技能差异不断扩大。这就决定了劳动者如果想从某种分工角色转向新的分工角色，就必须重新获得与新的分工角色相关的知识和技术。劳动分工发展到产业分工后，越来越精细化的分工使得劳动者转换分工角色时需要重新学习的知识和技术将不断增加，无形中就形成了劳动者分工角色转换的障碍。随着社会生产

① 亚当·斯密．国富论［M］．孙善春，李春长，译．北京：中国华侨出版社，2011：7.

力的发展，技术与产业变迁越来越频繁，新兴产业大量涌现和传统产业加速淘汰并行不悖。这就使得越来越多的劳动者在产业变迁中失去原先的分工角色，不得不积极寻找新的分工角色。在劳动者的知识和技术积累不足以在新的分工角色中提供复杂劳动的条件下，劳资双方就会出现谈判势力的失衡。以20世纪90年代的下岗工人为例，众多下岗工人原先的分工角色高度专业化，但经济结构调整使得他们失去原先的分工角色。众多下岗工人由于年龄、家庭等原因遭遇个人劳动技能转换的困难，使得这一群体在一段时期内面临较大的家庭经济压力，不得不接受一些劳动强度较大、工资收入较低的岗位。总之，只要获取知识或技术的成本须由劳动者自行承担，就会导致劳动关系治理模式中出现对劳方不利的谈判势力失衡局面。

第二，生产资料所有制。尽管只有劳动者和生产资料相结合才能产生现实生产力并创造物质产品，但亚当·斯密就已经认识到资方对劳方需要的迫切程度相对较低，使得资方通常在劳动关系中处于有利地位①。马克思则在《资本论》中揭示劳方在劳动力市场上的谈判势力缺失，是由于劳动者往往“自由得一无所有”，只能靠出卖自己的劳动力维生②。劳资双方谈判势力的失衡恰恰是来自于生产资料所有制的约束。在生产资料私有制下，掌握着生产资料的资方如果不能雇佣到劳动者，在其支配之下的商品生产活动也仅仅是暂时中断；但没有生产资料的劳动者如果不将自己的劳动力尽快与生产资料结合，那就将丧失生存资料而无以维生。在以生产资料私有制为经济基础的劳动关系治理模式中，比如存在劳资双方谈判势力失衡的因素，对于这种由生产资料所有制导致的劳资双方谈判势力失衡如果不加节制，那么劳动关系治理模式中的博弈均衡解也必然是有利于资方而不利于劳方。需指出的是，由生产资料所有制因素导致的劳资双方谈判势力失衡和产业变迁引起的具体劳动内容变化所导致的失衡并不直接相关。即便没有发生明显的产业变迁，生产资料私有制仍可以导致劳资双方谈判势力的失衡。具体劳动内容变化导致的劳资双方谈判势力失衡尚有可能随着劳动者分工角色的逐步转换而逐渐消失，生产资料私有制所导致的

① 亚当·斯密．国富论［M］．孙善春，李春长，译．北京：中国华侨出版社，2011：28—29.

② 马克思，恩格斯．马克思恩格斯文集（第5卷）［M］．中共中央马克思恩格斯列宁斯大林著作编译局，译．北京：人民出版社，2009：196—197.

失衡则是制度性、长期性的。除非生产资料私有制走向消亡，否则这种失衡就不会消失。马克思和恩格斯在《共产党宣言》中也指明，“无产者只有废除自己的现存的占有方式，从而废除全部现存的占有方式，才能取得社会生产力。无产者没有什么自己的东西必须加以保护，他们必须摧毁至今保护和保障私有财产的一切”。①。

第三，劳动者组织化程度因素。单个的劳动者面对资方时总是弱小的，但是劳动者可以通过一系列组织联合起来。共同进取的劳动者可以向资方发出一致的声音，从而增强劳方的谈判势力，缓解由于具体劳动内容变化和生产资料所有制导致的劳资双方谈判势力失衡问题。马克思和恩格斯在《共产党宣言》中就主张无产者联合夺取政治地位来消灭资产阶级的统治②。无产阶级暴力革命恰恰是通过劳动者组织程度的提高来增强劳方在所有社会经济问题上的谈判势力。因此无产阶级革命可以视作是解决资本主义劳动关系矛盾的根本途径。除无产阶级的暴力革命以外，劳动者联合起来成立工会和组建政党等方式也有助于劳动者组织化程度的提高，并在一定程度上可以缓解劳资双方谈判势力失衡问题，使劳动关系与劳动关系治理模式的动态匹配性得到增强。但是劳动者组织化程度的提高也面临“搭便车”问题的困扰。这一问题发展到一定程度甚至可能导致劳动者组织的突然分裂和劳动者组织化程度的突然下降。根据利益集团理论，当集团规模增大时，集团的凝聚力和有效性反倒会因为“搭便车”现象而趋于下降。相对于资方，人数众多的劳动者构成一个大集团，因此较难实现联合③。这也使得劳动者群体往往成为“忍气吞声的集团”。因此，劳动者组织化程度因素在劳资双方谈判势力失衡问题的解决中成为一个具有双重可能性的因素。如果劳动者群体可以有效联合从而提高劳动者组织化程度，就有助于缓解劳资双方谈判势力失衡；反之，则不会发挥任何缓和劳资双方谈判势力失衡的作用，甚至成为加剧失衡的推手。

---

① 马克思，恩格斯．马克思恩格斯文集（第2卷）［M］．中共中央马克思恩格斯列宁斯大林著作编译局，译．北京：人民出版社，2009：42.

② 马克思，恩格斯．马克思恩格斯文集（第2卷）［M］．中共中央马克思恩格斯列宁斯大林著作编译局，译．北京：人民出版社，2009：52—53.

③ 曼瑟尔·奥尔森．集体行动的逻辑［M］．陈郁等，译．上海，格致出版社，2011：64—79.

三、劳动关系治理模式的动态优化原则

从前文分析可见，劳资双方谈判势力失衡是劳动关系治理模式中的常见问题，劳动关系治理模式的博弈结构也决定了在既定生产关系之下劳动关系治理模式也需要经常调整和持续优化。不断提升劳动关系与劳动关系治理模式的匹配性，是任何一种经济制度下劳动关系治理模式优化所追求的目标。劳动关系治理模式的动态优化，应当遵循以下原则。

第一，保持劳动关系治理模式的开放性。所谓开放性，指各类治理主体通过劳动关系治理模式表达和实现自身利益诉求的可能性。劳动关系治理模式中劳资双方谈判势力失衡的一个重要表现，是劳动关系治理模式给予劳方主体参与劳动关系治理的治理渠道不畅且治理手段匮乏。劳方主体在劳动关系博弈中面临的困境，恰恰是劳动关系治理模式开放性不足的结果。劳资双方博弈存在“一边倒”的现象：资方主体在博弈中掌握话语权和主动权，劳方主体只能被动地对资方主体的博弈策略作出反应。在这样的博弈态势下，劳方主体不仅在经济性渠道的直接谈判中处于不利地位，政治强制和社会引导手段的缺失也使得劳方主体无法向资方主体间接施压。当劳方主体在博弈中的不断妥协达到一定程度时，劳方主体就不得不选择对抗策略，资方主体的强势则会诱使其同样选择对抗策略。最终的劳动关系博弈均衡解（劳方：对抗，资方：对抗）就必然会导致劳动关系与劳动关系治理模式的匹配性下降，从而使得劳动关系治理模式所依托的生产关系面临合法性质疑。因此，要保持劳动关系治理模式的开放性，就必须确保劳资双方治理主体都拥有通畅的治理渠道和丰富的治理手段，必要时引入中立的第三方主体对资方主体进行限制，并避免劳方主体的话语权缺失。

第二，保持劳动关系治理模式的有效性。所谓有效性，指劳动关系治理模式在避免劳资双方走向非经济性渠道的直接对抗中的作用效果。衡量劳动关系治理模式有效性的方式，就是观察劳动关系治理模式的制度调整是否有助于提高劳动关系与劳动关系治理模式的静态匹配和动态匹配。正如前文已经指出的，在劳资双方谈判势力失衡业已存在的情况下，劳动关系治理模式只有通过“对资方主体进行节制，并增强劳方主体话语权”的途径来缓和双方谈判势力的失衡问题。这就要求对劳动关系治理模式进行局部调整和持续优化。但如果劳动关系治理模式的制度调整并不是朝着这

一方向演进，而是朝着扩大资方主体自由度且忽视劳方主体弱势地位的方向演进，就必然导致劳动关系与劳动关系治理模式出现匹配性问题，劳资双方极有可能走向直接对抗。很显然，一旦这种情形出现，构建劳动关系治理模式的初衷也就无法实现，此时劳动关系治理模式就可以被判定为制度设计层面的无效。当劳动关系治理模式失去有效性时，解决这一问题的方法有二：一是引入中立的第三方，通过扭转劳动关系治理模式的演进方向，使劳动关系治理模式得到和平地优化；二是在劳资双方的直接对抗中导致现行的劳动关系治理模式破产，进而在社会革命过程中重置劳动关系博弈结构，重新构建劳动关系治理模式。

第三，保持劳动关系治理模式的持续性。所谓持续性，指现行的劳动关系治理模式在缓和劳资双方谈判势力失衡问题的持久程度。劳资双方谈判势力失衡问题在劳动关系治理中是极为常见的现象。即便抛开生产资料所有制和劳动者组织化程度这两个因素不谈，产业变迁所引起的具体劳动内容变化也会导致劳资双方谈判势力失衡问题的出现。现行的劳动关系治理模式是否可以在较长一段时期内缓解甚至消除劳资双方谈判势力失衡问题，就构成了对劳动关系治理模式持续性的考察维度。保持劳动关系治理模式的持续性，就是要保证劳动关系治理模式的制度演进，能够满足持久缓和劳资双方谈判势力失衡的要求。社会生产力发展使得产业变迁的方向不以人的意志为转移，但生产资料所有制和劳动者组织化程度则会较多地受到人的主观能动性影响。一方面，不同性质的生产资料所有制下资方主体的行为方式以及所受到的制度约束截然不同，另一方面，劳动者组织化程度的变化也会对劳方主体在劳动关系博弈中的主动性和话语权产生影响。因此，产业变迁、生产资料所有制和劳动者组织化程度的不同组合，会造成劳资双方谈判势力失衡程度的极大波动。劳动关系治理模式的制度构建是否能够始终实现对谈判势力失衡的缓和，必然关系到劳动关系治理模式的持续性。这就决定了具有强持续性的劳动关系治理模式必须在制度设计层面具有较大的前瞻性和灵活性，以应对劳资双方谈判势力失衡程度的急剧变化。

第六章　人工智能与实体经济融合进程和美国经理资本主义劳动关系治理模式

从本章开始，将对主要西方资本主义国家的劳动关系治理模式进行比较制度分析。首先从已经建立的劳动关系治理模式比较制度分析框架切入，分析不同国家劳动关系治理模式的基本特征，对比不同国家劳动关系治理模式在静态构成上的差异，再分析人工智能与实体经济融合过程对各国劳动关系治理模式带来的冲击与挑战，最后讨论各国劳动关系治理模式的动态演进将产生哪些社会经济影响。根据各国资本主义经济制度的具体差异，本书将主要西方资本主义国家的经济制度分为美国经理资本主义、欧洲福利资本主义和东亚家族资本主义三类。从第六章到第八章分别对三类资本主义国家人工智能与实体经济融合进程中劳动关系治理模式的制度演化展开分析。

第一节　美国经理资本主义劳动关系治理模式的基本特征

在本节中，将首先分析美国经理资本主义的概念界定和基本特征，再从劳动关系治理模式的静态构成角度来把握美国经理资本主义制度下劳动关系治理模式的基本特征，为后续章节的分析奠定基础。

一、美国经理资本主义制度的概念与特征

资本主义生产关系的共性特征是以生产资料私有制为基础，实行雇佣

劳动制度，并由资本家无偿占有雇佣劳动者创造的剩余价值。在资本主义生产关系的发展过程中，不同的国家和地区由于科技水平、文化传统、民族习俗等因素，逐渐形成资本主义生产关系的各种具体形式。当代美国资本主义经济制度的一个重要特征就是经理资本主义。经理资本主义是以股份制为纽带联合起来的资本家和资本集团，在保留对企业所有权和大部分收益权的前提下，向企业经理阶层让渡经营权和部分收益权，由企业经理阶层直接支配和组织雇佣劳动者生产剩余价值的资本主义生产关系具体形式。以经理资本主义为内核形成的美国经理资本主义经济制度具有以下基本特征。

第一，以生产资料私有制为基础，以发达的资本市场作为生产资料私有制的实现载体。美国经理资本主义制度建立在生产资料私有制基础之上。相较于第七章将要介绍的欧洲福利资本主义制度，美国经理资本主义制度中私有制经济的范围要大很多。即便是在一些公共产品生产领域也存在较多的私有制经济成分，国有经济在美国经理资本主义制度下并不发达。为适应生产集中和资本集中的需要，美国经理资本主义制度下的私有制经济以股份制经济为主要实现形式，产权关系较为复杂。在美国经理资本主义制度下，雇佣劳动者也可以以持有股票的形式成为股份公司的股东，“员工持股计划”等股权激励成为雇佣劳动者的重要收入来源。客观上讲，劳动者可以通过持有股票等有价证券的形式行使对股份公司生产资料的虚拟所有权和部分收益权，但劳动者却无法享有对股份公司所拥有生产资料的直接占有权和直接支配权。雇佣劳动者持有的少量股票虽有激励作用，但不足以帮助他们在股份公司的股东大会和董事会中获得话语权，也没有改变他们所创造的绝大多数剩余价值被资本家无偿占有的状况。高度复杂的产权关系一方面掩盖了资本主义企业内部雇佣劳动者被资本家支配和剥削的事实，另一方面也为劳动者阶级制造了所谓的“中产阶级”幻象，在全社会范围内掩盖了劳动者阶级被资产阶级剥削和压迫的社会性质。

第二，经理阶层在生产中发挥重要作用，但其身份具有二重性。恩格斯晚年已经意识到经理阶层的出现将取代资本家执行一系列社会职能①。

---

① 马克思，恩格斯．马克思恩格斯文集（第3卷）［M］．中共中央马克思恩格斯列宁斯大林著作编译局，译．北京：人民出版社，2009：559.

在美国经理资本主义制度下，支配、组织和监督雇佣劳动者进行剩余价值生产的全部管理职能都已经由经理阶层来执行。大小资本家主要通过“用手投票”（在股东大会和董事会中投票）和“用脚投票”（卖出持有的股票）的方式来督促经理阶层代表资方的利益。经理阶层在身份上具有二重性：一方面，经理阶层对企业的生产资料并没有所有权，他们受掌握生产资料所有权的股东们雇佣，即“领工薪的职员”①。苹果公司创始人乔布斯就曾在出任公司首席执行官（CEO）期间被公司董事会解雇。另一方面，经理阶层代替资本家执行资本的社会职能，其薪酬中也有较大比重由股权激励构成，因而经理阶层也是资本人格化代表。苹果公司现任首席执行官蒂姆·库克（Tim Cook）2021 年年薪约为 9870 万美元，其中股票奖励高达 8234 万美元②。经理阶层在身份上的这种二重性，是由于经理阶层的劳动并不直接创造剩余价值。经理阶层的劳动只是帮助资本家生产并实现剩余价值，经理阶层的工资来源于资本家让渡的剩余价值。

第三，资源配置依赖市场，政府较少直接干预经济。在美国经理资本主义制度下，市场机制在商品和生产要素的配置中都发挥至关重要的作用。尽管自罗斯福新政以来美国已经进入国家垄断资本主义阶段，但美国国家垄断资本主义经济政策的主要内容是通过财政政策和货币政策实施对经济的宏观调控。相对于欧洲和东亚的资本主义国家来说，美国政府较少通过行政手段直接干预微观经济活动。对比美国和日本就会发现，第二次世界大战后日本政府频繁通过产业政策来引导日本的产业升级和经济发展，并在此基础上形成以产业政策理论为主要内容的产业经济学理论。美国产业经济学以产业结构理论为主，学界对产业政策理论的关注不多。美国政府在微观企业层面和中观产业层面上的间接政府干预，通常也是以法律手段为主，辅之以税收和补贴等经济手段。美国政府的法律干预在名义上是以加强市场监管、规范市场秩序为主要目的。也就是说，美国政府在干预微观经济活动时更多地侧重于为微观市场主体明确市场竞争的“游戏规则”。

① 马克思，恩格斯．马克思恩格斯文集（第 3 卷）[M]．中共中央马克思恩格斯列宁斯大林著作编译局，译．北京：人民出版社，2009：559.

② 每经网．地表最强工资？苹果 CEO 库克 2021 年薪酬曝光，超 6 亿人民币！[N/OL]．https：//www. nbd. com. cn/articles/2022 -01 -07/2078151. html.

二、美国经理资本主义制度下的劳动关系治理模式特征

在美国经理资本主义制度下，美国劳动关系治理模式表现出以下几个方面的特征。

（一）治理主体维度上的特征

首先，在美国经理资本主义劳动关系治理模式中，治理主体趋于显著的利益集团化。不论是资方主体还是劳方主体，都根据共同利益组成不同的利益集团，以利益集团的集体行动试图实现自身利益诉求的最大化。“搭便车”现象的存在使得大集团往往无法维持有效的集体行动。以美国工会运动为例，20世纪五六十年代美国工会运动一度兴盛，并形成全国性工会组织；但七十年代以后就迅速走向衰落，工会成员占劳动力比例由1954年的33.5%下降到1968年的26.9%，到2018年仅为10.5%①。相比之下，资方主体组成的小集团则更具有凝聚力。美国经理资本主义制度下的股份公司，本质上就是资本的联合。在股份公司的公司治理结构中，处于管理者地位的经理阶层看似是劳资双方之外的中立第三方，但拥有公司所有权的资本家们仍可以通过股东大会及董事会约束经理阶层的行为，从而使经理阶层成为资方的代表。在企业组织之外，资方主体还可以通过游说政客、控制媒体等方式去实现资方主体的利益诉求。这就使得美国经理资本主义劳动关系治理模式中必然存在劳资双方谈判势力失衡的问题。

其次，治理主体的利益集团化也使得劳资矛盾很容易被社群矛盾所掩盖。劳方主体组成的大集团易于瓦解，劳方主体以高度一致的共同利益或身份认同组成的小集团则相对稳固。这使得基于社群而结合的、松散的劳方组织主体成为美国劳动关系治理主体中的重要组成部分，“职场反歧视”和“公平雇佣”成为这些劳方组织主体的主要诉求。比如，基于性别、种族、性取向等身份认同组成的各类社群组织都把“职场反歧视”作为其主要主张。劳资矛盾转化为社群矛盾，并不能扭转劳资双方谈判势力失衡问题。资方主体通过迎合“职场反歧视”的政治正确性话语，牺牲一部分劳动者群体来满足另一部分劳动者群体的利益诉求，从而达到分化和削弱劳

---

① 李翀．美国工会的兴衰与经济效应研究［J］．福建论坛（人文社会科学版），2020（8）：136—150.

方主体的效果。劳动者群体以身份认同为基础的利益集团化倾向，并不利于无产阶级阶级意识的形成和巩固。相反，越来越多的身份标签却会使得无产阶级阶级意识涣散，无产阶级被分化为不同的劳动者群体，各个劳动者群体在争取自身经济权益时都存在忽视无产阶级共同利益的倾向。这种状况不仅使得劳资矛盾被社群矛盾掩盖，还使得劳动者组织化程度不断下降，从而出现劳动关系博弈中的劳资双方谈判势力失衡问题。

此外，政府作为一类治理主体也加入美国劳动关系治理之中，但政府并不是作为一个完全独立的第三方主体而参与。美国的政治体制使得政府在劳动关系治理模式中的行为受到其立法机关的约束。劳资双方主体在劳动立法环节上的博弈情况决定着美国政府的政策取向。

（二）治理渠道维度上的特征

一方面，美国劳动关系治理模式在治理渠道层面上相对偏重经济性治理。经济性治理渠道在美国劳动关系治理模式中发挥着基础性作用。根据契约理论的观点，美国经理资本主义制度下的公司制企业组织可以被视作是一系列契约关系的组合。构成企业组织的各种契约在资产专用性、交易频率和交易不确定性等方面存在差异。从形式上看，公司制企业分别与资方和劳方订立股权契约和劳动契约，无论是劳资双方还是经理阶层，相互之间都不存在直接的契约关系。雇佣劳动者所主张的劳动关系既不是劳动者个人与某个持股资本家的法律关系，也不是与某个经理的法律关系。公司治理结构将资本主义生产关系下的劳资矛盾转化为法律纠纷。资方得以退到幕后，由代表资方利益的企业法人及经理阶层通过签订契约、维持契约和重订契约的方式，来协调与雇佣劳动者的劳动关系。从法律意义上讲，劳动者与资本家在美国的要素市场上都是平等的，并且享有出售个人所有生产要素的自由。美国劳动关系治理模式在经济性治理渠道的这一特点，有利于掩盖美国经理资本主义制度下资本家阶级对劳动者阶级的剥削关系，从而在一定程度上减少劳资矛盾对资本主义生产关系的冲击。

另一方面，非经济性治理渠道在美国劳动关系治理模式中也发挥了重要补充作用。在美国劳动关系治理中，与雇佣劳动者签订的劳动契约属于关系型契约，需要第三方争端处理机制来保证契约可执行。提供这些争端处理机制的非经济性治理渠道，就须在美国劳动关系治理模式中发挥不可或缺的作用。美国劳动纠纷的争端处理机制主要包括民间机构处理（包括工会以及劳动仲裁协会)、行政部门处理（包括劳工部、国家劳动关系委员会和平等就业机会委员会）和法院审理三种类型①。完善的劳动纠纷处理机制是美国劳动关系治理模式得以存续的重要制度保障，也使得不论是劳方主体还是资方主体都必须按照既有的法律法规来接受第三方的仲裁。因此，劳资双方博弈的焦点并不集中在劳动纠纷的执法环节和司法环节，而是投向界定劳动纠纷是非关系的立法环节。一旦进入立法环节，劳资双方各自组成的利益集团在集体行动能力上的差异决定各自在博弈中的谈判势力，并使得劳动关系博弈均衡以法律形式固定下来。当劳资矛盾激化增强了劳方利益集团集体行动能力和谈判势力时，资方利益集团的妥协会促成有利于劳方的立法程序；反之，资方利益集团相对强势时也可以促成对其有利的立法程序。

（三）治理手段维度上的特征

一方面，在经济性治理渠道上治理手段以经济交易手段为主。如前文所述，美国劳动关系治理模式偏重以契约为基础的经济性治理。劳动关系往往以公司制企业组织和经理阶层为中介、以劳动契约为载体和形式，通过劳动力市场的交易行为最终确定下来。美国经理资本主义劳动关系治理模式的这一特点，决定了在经济性治理渠道上以经济交易手段为主，工资的浮动和差异也以企业所购买的劳动力价值为基础。劳动关系的调整通过劳动者的离职和入职（即劳动契约的重新订立）来实现。劳动者相对频繁的离职和入职导致美国劳动力市场上摩擦失业率相对较高，进而引起总失业率的较大波动。从美日两国在1960—2020年的失业率来看（见图6－1)，美国总失业率长期高于日本，仅在2000年前后美国科技股泡沫时期暂时出现美国总失业率低于日本的情况。这表明在周期性因素和结构性之外，日本相对较低的劳动力市场流动性使得日本摩擦失业率低于美国，进而自然失业率水平也要低于美国。这一现象也表明，美国劳动力资源的配置高度依赖市场机制，市场失灵是制约美国劳动力资源配置效率的关键因素。为保证资源配置的效率，在经济交易手段之外还必须辅以其他治理手段。

另一方面，在非经济性治理渠道上治理手段以政治强制手段和社会引导手段为主。由于劳动立法环节是美国劳动关系治理模式中非经济性治理

① 何志强．美国劳动争议处理机制及其启示［J］．中国工运，2017（10）：76—77.

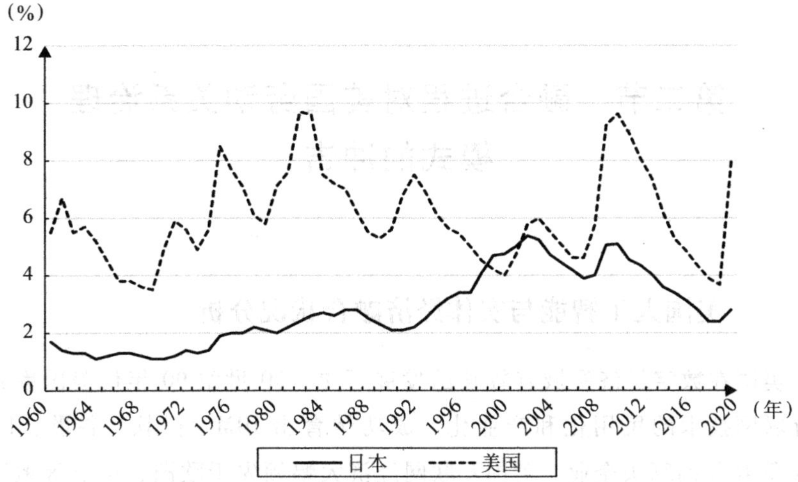

图 6-1　1960—2020 年美国和日本失业率比较

资料来源：世界银行 WDI 数据库。

渠道的博弈焦点，利益集团化的美国劳资双方治理主体就通过政治游说、媒体宣传等方式对劳动立法环节上的劳动关系博弈进行干预。在美国的选举政治下，政客的政治主张在很大程度上取决于为能够其提供选票的利益集团的主张。比如，代表美国军火商利益的美国全国步枪协会（NRA）常年在美国政治进程中保持强大的影响力。而在劳动关系问题上，尽管美国工会运动已经衰落，但仍在美国选举政治中具有一定影响力。美国众多大公司大企业每年在政治游说上的庞大支出也有目共睹，一些大公司的企业高管甚至会在所支持的候选人胜出后担任重要行政职务。劳资双方治理主体将政治强制手段和社会引导手段有机结合，旨在增加劳动立法环节上各自的谈判势力。围绕劳动立法的博弈过程看似双方剑拔弩张，但劳资双方治理主体最终却是以达成妥协为目的。只要劳资双方最终达成妥协，非经济性治理渠道上密集使用政治强制手段和社会引导手段，非但不会削弱反倒会增强劳动关系与劳动关系治理模式的动态匹配性。只有在劳资双方的劳动立法博弈陷入长期僵局时，劳动关系与劳动关系治理模式的动态匹配性才会受到损害，进而有可能对资本主义生产关系产生威胁。

第二节　融合进程对美国劳动关系治理模式的冲击

一、美国人工智能与实体经济融合状况分析

美国在数字经济领域有较长的发展历史。20 世纪 90 年代美国率先实现互联网技术的民用化和产业化，成功孕育出 IBM、微软、谷歌、Facebook 等互联网寡头企业。美国互联网经济大幅领先于欧洲、东亚等地区的其他资本主义国家。随着人工智能技术产业化浪潮的到来，美国人工智能与实体经济融合进程也在不断加快。美国人工智能与实体经济的融合进程表现出以下三方面特征。

（一）技术优势显著

20 世纪 50 年代以来对人工智能技术的长期探索，使得美国在人工智能领域有深厚积淀。美国在人工智能领域的技术实力是所有资本主义国家中最强大的。

一方面，美国众多高科技企业在人工智能领域拥有强大的技术研发能力和雄厚的技术储备。在全球人工智能产业链中，美国高科技企业占据产品研发等高附加值生产环节，并凭借手中掌握的大量专利技术形成在核心技术上的垄断优势。从表 6－1 可见，在与人工智能相关的视听技术、电信技术、数字通信技术、计算机技术和半导体技术等领域，美国从 20 世纪 90 年代开始就在 PCT 专利公布数量上形成相对于其他资本主义国家的巨大优势。尽管从 2016 年开始，美国每年在上述各个领域的 PCT 专利公布数量先后被中国超越，但美国在 PCT 专利公布数量的存量上仍有很大优势。到 2021 年，美国在电信技术、数字通信技术和计算机技术领域的 PCT 专利公布数量上仍在主要资本主义国家中具有绝对优势。美国在人工智能专利保有量方面的优势，为美国人工智能与实体经济融合进程的推进提供了优越的技术条件。

表6－1　人工智能相关技术领域的PCT专利公布数量比较　（单位：件）

年份		1995	2000	2005	2010	2015	2016	2017	2018	2019	2020	2021
视听技术	中国	2	20	67	344	1259	1714	2212	2556	3092	4851	4524
	法国	39	133	277	272	166	120	140	167	112	136	154
	德国	85	250	270	226	256	261	257	321	279	304	290
	日本	118	632	1757	2097	2026	2160	2148	2358	2471	2607	2381
	英国	73	145	134	113	74	113	107	102	95	101	84
	美国	519	1188	1250	1158	1476	1436	1331	1363	1412	1651	1618
电信技术	中国	1	5	131	612	1089	1370	1630	1993	1854	2184	2156
	法国	21	113	168	193	182	149	163	146	116	111	110
	德国	63	423	329	167	147	157	121	136	171	171	148
	日本	53	246	774	969	887	941	1018	1054	1001	1010	915
	英国	93	157	118	79	102	123	112	110	98	93	75
	美国	406	1325	1578	1156	1191	1225	1319	1441	1333	1324	1348
数字通信技术	中国	1	4	275	3125	5423	6250	7366	8374	8127	8714	9849
	法国	21	87	276	450	516	425	366	352	279	245	251
	德国	25	244	473	248	325	349	361	432	423	513	438
	日本	29	173	664	1269	1832	1723	1763	1914	1954	2495	2286
	英国	36	92	122	148	210	234	173	186	161	167	158
	美国	291	1282	1768	2413	3859	4335	4193	4621	3871	4740	5633
计算机技术	中国	3	18	86	493	2988	3699	5734	6003	7158	8557	10136
	法国	44	161	297	393	432	390	360	338	329	391	385
	德国	73	378	628	430	498	505	506	570	639	789	665
	日本	73	375	1259	1759	2529	2568	2377	2582	2847	3351	3433
	英国	75	163	255	236	310	320	378	392	518	457	432
	美国	705	2487	4194	4024	6640	6833	6841	6350	6733	7032	7199
半导体技术	中国	0	8	21	124	846	1054	1057	1426	2060	2827	2862
	法国	15	72	89	167	137	120	149	143	135	146	127
	德国	49	342	393	497	456	498	468	467	380	408	360
	日本	45	343	1143	2148	2305	2268	2126	2237	2397	2679	2497
	英国	8	41	54	76	68	70	85	86	82	82	86
	美国	248	724	1320	1946	1620	1531	1691	1916	1893	1420	1302

资料来源：世界知识产权组织。

另一方面，美国高科技企业强大的技术转化能力和市场营销能力，使得美国高科技企业能够迅速开发出具有国际市场竞争力的人工智能产品。早在20世纪90年代IBM公司就开发出可以人机对弈的深蓝超级计算机，展现了美国在人工智能技术转化方面的强大实力。进入本世纪以后，Qualcomm公司的高性能芯片、Apple公司的Siri智能语音助手、Amazon公司的智慧物流系统等产品的推出，帮助美国在人工智能产品领域迅速抢占市场并在很大程度上掌握技术标准制定的话语权。经过数十年的发展，美国已经形成由美国主导的、技术自主性极强的全球人工智能产业链。强大的技术优势使得美国高科技企业不仅能够以攫取最大利润，把握本国人工智能与实体经济融合的进度，还能对其他国家人工智能与实体经济融合进程施加一定影响。

（二）市场需求强劲

美国人工智能技术产业化的迅速发展，与美国对于人工智能技术的强劲市场需求有很大关系。从表6－2可见，自20世纪90年代开始，美国逐渐在人均收入上与欧洲和东亚地区的资本主义国家拉开差距。尽管美国人口比日本、德国、法国和英国等资本主义大国都要多，但美国人均收入水平却远远高于这些国家。美国较高的人均收入水平意味着美国劳动力成本不仅远远高于发展中国家，即便在发达资本主义国家中也属于相对较高水平。这就使得美国企业有很强的动力去引进劳动时间节约型技术来控制企业的员工薪酬支出。如第一章所介绍的，人工智能技术恰恰属于劳动时间节约型技术。在资本主义制度下，加快人工智能与实体经济的融合进程能够帮助美国的产业资本家控制劳动力成本，从而有助于增加企业利润。

表6－2　　按购买力平价衡量的人均国民总收入（GNI）（单位：现价国际元）

国家＼年份	1990	1995	2000	2005	2010	2015	2016	2017	2018	2019	2020
中国	980	1830	2890	5020	9210	12840	13420	14220	15430	16610	17080
德国	19630	23480	27060	32060	39760	48690	51830	54340	56920	58110	55770
法国	17670	20800	26510	31020	36760	41730	43830	45580	47700	50680	47450
英国	17350	19940	26580	33180	36620	41890	43520	45770	47190	49050	45170
日本	19720	23610	27220	32350	35890	41940	41310	42430	43220	43760	42460
美国	23640	28450	36800	44550	49050	58180	58870	61190	64090	66120	64610

资料来源：世界银行。

在2008年全球金融危机之后，时任美国总统奥巴马就曾提出“新经济战略”，力主实现美国的“再工业化”。在最近十多年时间里，美国政府多次换届，却没有放弃再工业化战略。但较高的劳动力成本使美国无法实现将过去转移出去的低附加值劳动密集型产业全部回流。比如，福耀玻璃美国工厂的最高净利润率（2018年）为7.2%，但2011—2019年福耀玻璃广州工厂的净利润率均值为17.9%①。2019年美国工业就业人员比重为19.91%，2009年时为20%，可见美国再工业化战略对增加工业部门就业的作用并不显著。在新冠疫情暴发后，美联储实行空前宽松的货币政策，使得美国通胀压力迅速上升，美国劳动者提高工资的诉求更加强烈。2021年下半年美国甚至出现供应链危机，货车司机紧缺导致美国港口物流体系几近瘫痪。通货膨胀压力促使美国企业引入新的劳动时间节约型技术的激励增加，因此可以预期在未来一段时期内美国企业将加快引进人工智能技术，推动人工智能与实体经济融合进程。

（三）配套基础设施不足

当前制约美国人工智能与实体经济融合进程的主要障碍并不限于技术或市场，配套基础设施不足才是美国人工智能与实体经济融合的瓶颈。在历史上，美国也曾经是基础设施建设大国，19、20世纪美国曾经历多次铁路建设浪潮，美国铁路里程即便到今天也位列世界前列。进入国家垄断资本主义之后，美国政府也通过兴建大量基础设施来干预经济，使得美国在很长一段时期内都是世界上基础设施最为完善的国家之一。20世纪90年代互联网兴起之后，美国在固定宽带网络、安全服务器和移动电话网络建设方面也处于世界领先地位。但在近年来的人工智能与实体经济融合进程中，美国在基础设施建设领域的先行优势正在逐渐变成先行劣势。这主要是由于美国过去建成的庞大基础设施已经陈旧落后，无法满足人工智能产业化对基础设施的要求。以移动通信网络为例，由于美国较早建成的移动通信网络以2G/3G/4G标准为主，并不能满足人工智能技术对网络环境的要求。目前就需要根据5G标准对移动通信网络进行更新换代。

配套基础设施的更新换代成为美国人工智能与实体经济融合进程无法

① 中国经济网．福耀玻璃美国工厂难言乐观［N/OL］．http：//finance.ce.cn/stock/gsgdbd/202104/19/t20210419_36487594.shtml.

回避的资金负担。“由谁来承担基础设施更新的成本”，是美国社会长期争论的话题。20 世纪 70 年代以后的美国私有化浪潮中，众多涉及基础设施建设的公共部门都被私有化。以盈利为目的的私营企业显然不愿意承担投资规模大、投资周期长、投资收益低的基础设施更新事业。从 20 世纪 90 年代以来，美国的总储蓄率和资本形成率都长期处于主要资本主义国家中较低水平（见表 6－3）。私营企业缺乏投资意愿，美国政府则同样缺乏为基础设施建设投资的能力。作为世界上唯一一个超级大国，美国军费支出长期位列世界第一，严重挤占了民生类支出。2008 年全球金融危机爆发后，美国政府为刺激经济不断发行国债，政府负债规模持续扩大。根据美国财政部的数据，截至 2022 年 1 月 31 日，美国未偿联邦政府债务余额约为 30 万亿美元。显然，债台高筑的美国政府难以负担庞大的基础设施更新费用。

表 6－3　　部分国家总储蓄率与资本形成率比较　　（单位：%）

年份		1990	1995	2000	2005	2010	2015	2016	2017	2018	2019	2020
总储蓄占 GDP 比重	中国	36.7	39.5	35.7	46.0	51.3	45.4	44.4	44.9	44.5	43.8	44.5
	德国	24.4	23.0	22.7	24.1	25.8	28.3	28.5	28.9	29.8	29.6	28.1
	法国	23.3	21.9	23.8	22.5	21.1	22.3	22.0	22.7	23.2	23.7	21.5
	英国	15.7	14.9	16.0	15.8	13.0	12.5	12.5	14.6	14.1	15.2	14.0
	日本	—	—	29.4	27.9	25.2	26.8	26.9	27.8	27.2	27.5	26.8
	美国	18.8	18.7	20.8	18.1	15.4	20.2	18.9	19.5	19.6	19.5	19.3
资本形成总额占 GDP 比重	中国	34.2	38.8	33.6	40.3	46.6	43.2	42.6	43.0	43.8	43.3	43.5
	德国	24.8	24.3	24.5	19.5	20.1	19.7	20.0	21.0	21.9	22.1	21.1
	法国	24.4	20.5	22.5	22.5	21.9	22.7	22.6	23.4	23.9	24.4	23.8
	英国	23.0	18.6	18.2	17.7	16.1	17.7	17.8	18.2	18.0	17.9	16.7
	日本	34.5	30.9	28.4	26.1	22.6	25.2	24.8	25.2	25.6	25.8	25.5
	美国	21.5	21.3	23.7	23.4	18.7	21.2	20.5	20.7	21.1	21.3	21.2

资料来源：世界银行 WDI 数据库。

二、对美国经理资本主义劳动关系治理模式的冲击

人工智能与实体经济融合进程主要通过影响劳动关系博弈中劳资双方谈判势力来对美国劳动关系治理模式施加影响。人工智能与实体经济融合进程带来的冲击主要体现在三个方面。

（一）加剧美国劳动者的去技能化，削弱劳方谈判势力

去技能化可以分为绝对去技能化和相对去技能化。前者是指劳动者现有劳动技能的丧失，后者指就业岗位劳动技能要求提高导致劳动者现有劳动技能不能胜任工作。自20世纪70年代以来，美国去工业化趋势导致众多劳动者从工农业向服务业转移。劳动者在职业转换中承受绝对去技能化带来的谈判势力弱化。人工智能与实体经济融合进程将进一步强化劳动者去技能化问题。诚然，人工智能与实体经济融合进程中将创造新的就业岗位，但人工智能在改造传统产业过程中会增加传统产业对劳动者劳动技能的要求。这使得中低技能劳动者极易成为相对去技能化群体，存在较大失业风险。在2000—2020年，美国失业率的变化趋势是：中等教育程度劳动者群体的失业率与初等教育程度劳动者群体趋近（见图6－2）。这表明在美国劳动力市场上，初等和中等教育程度的劳动者群体都是就业弱势群体。根据世界银行数据显示，2020年美国25岁以上人口中拥有学士学位或同等学历的人口比重为37.524%。这意味着在美国劳动力市场上高等教育程度劳动者群体居于少数。占多数的初等和中等教育程度劳动者在人工智能与实体经济融合进程中面临着相对去技能化威胁，从而削弱这一部分劳动者群体在劳动力市场上的谈判势力。

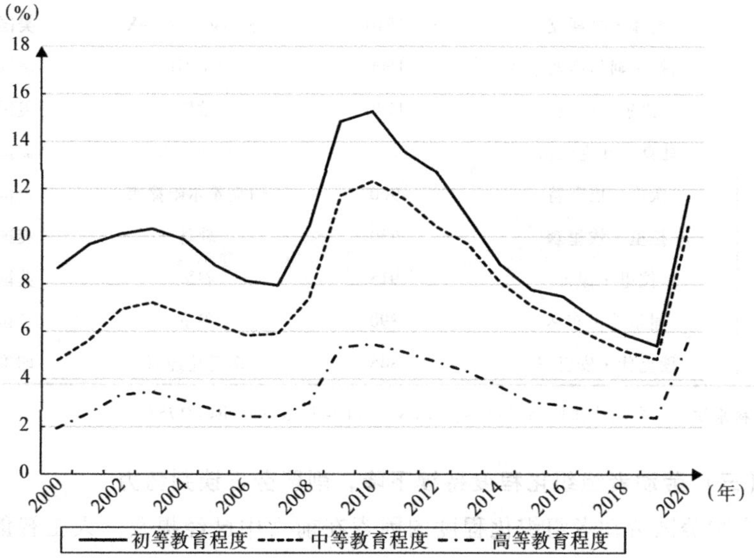

图6－2　美国不同受教育程度劳动者的失业率

资料来源：世界银行WDI数据库。

（二）高科技寡头资本财富加速膨胀，强化资方谈判势力

作为最早实现互联网民用化的国家，美国数字经济发展在资本主义国家中首屈一指。自20世纪90年代以来，美国金融资本集团持续将大量资本投入数字经济领域，并在全球数字经济产业形成众多高科技寡头企业。这些高科技寡头资本也抓住人工智能产业化的契机，在促进美国人工智能技术发展的同时迅速积累了大量财富。从2021年福布斯全球富豪榜（见表6-4）来看，全球富豪榜前10名中有8名富豪来自美国，并且这8名美国富豪的主要财富来源均是数字经济领域。在美国人工智能与实体经济融合进程中，美国高科技寡头资本掌握的财富也在加速膨胀。这就使得美国高科技寡头资本占有更多的生产资料，进而可以在全球产业链中支配和控制更多雇佣劳动者为其创造剩余价值。从生产关系角度来看，美国垄断资产阶级已经将资本主义生产资料私有制扩张到数字经济领域。美国人工智能与实体经济融合进程的加速会增强美国垄断资产阶级对数字经济的控制权，从而强化资方在劳动力市场的谈判势力。

表6-4　2021年福布斯全球富豪榜前10名　（单位：亿美元）

排名	姓名	财富	财富来源	国家和地区
1	杰夫·贝索斯	1770	亚马逊	美国
2	埃隆·马斯克	1510	特斯拉、SpaceX	美国
3	伯纳德·阿尔诺及家族	1500	LVMH	法国
4	比尔·盖茨	1240	微软	美国
5	马克·扎克伯格	970	Facebook	美国
6	沃伦·巴菲特	960	伯克希尔哈撒韦	美国
7	拉里·埃里森	930	软件	美国
8	拉里·佩奇	915	谷歌	美国
9	谢尔盖·布林	890	谷歌	美国
10	穆克什·安巴尼	845	多元化经营	印度

资料来源：福布斯中国网站（https：//www.forbeschina.com/lists/1757）

（三）劳动者组织化程度持续下降，削弱劳方谈判势力

影响美国劳动者组织化程度的因素在前文中已经提及。人工智能与实体经济融合进程不会改变反会强化这些导致劳动者组织化程度下降的因素。首先，美国工会运动处于历史低潮期，资本主义制度下人工智能对传

统产业的改造在减少劳动力需求的同时，也加剧同一企业内部的劳动者间竞争，使得劳动者难以在雇佣规模越来越小的企业中组织强有力的工会。其次，美国垄断资产阶级动用社会舆论、立法司法等手段，将身份认同问题转化为政治正确性话语，将劳资矛盾转化为社群矛盾。在最近若干年里，特别是新冠疫情暴发后，垄断资产阶级利用种族矛盾、性别矛盾、性取向矛盾等社群矛盾制造社会话题和政治对立。即便在2020年美国经济严重衰退、失业率急剧上升的情况下，美国劳动者阶级的阶级意识也没有被唤醒。相反，在垄断资产阶级舆论操纵下社群矛盾激化导致美国社会秩序严重恶化，劳动者群体的生命、财产安全受到极大威胁。美国劳动者群体的低组织化程度将在未来很长一段时期内导致劳方谈判势力被进一步削弱。

第三节 融合进程中美国经理资本主义劳动关系治理模式演化的趋势及影响

在本节中，将首先对美国经理资本主义劳动关系治理模式的演化趋势进行分析，然后再讨论美国劳动关系治理模式的演化趋势将会对美国经理资本主义制度产生哪些社会经济影响。

一、融合进程中美国经理资本主义劳动关系治理模式的演化趋势

对美国经理资本主义劳动关系治理模式演化趋势的考察，主要从劳动关系治理模式的开放性、有效性和持续性三个角度来观察。具体来看，随着美国人工智能与实体经济融合进程不断加快，美国劳动关系治理模式将呈现以下三个方面演化趋势。

（一）劳动关系治理模式趋于封闭，劳动者成为“沉默的大多数”

从前文的分析可见，美国劳动力市场上劳资双方谈判势力的失衡问题是制度性、长期性的。在美国人工智能与实体经济融合进程中，美国垄断资产阶级已经通过数字经济与生产资料私有制的结合，牢牢控制美国数字经济发展方向。虽然人工智能技术的产业化极大地促进了社会生产力发

展，但美国劳动者却难以享受科技进步带来的社会财富增进。不仅如此，美国垄断资产阶级还凭借经济上的强势地位，不断在政治和社会领域增强话语权和控制力。以好莱坞电影产业为例，以漫威超级英雄系列电影为代表的、极力宣扬个人主义价值观的美式商业电影占据美国电影市场的主流，而反映美国民众真实生存状况的现实主义题材电影却寥若星辰。劳动者群体不仅缺少经济交易手段去与美国垄断资产阶级博弈，还在政治强制手段和社会引导手段的选择上也处于绝对劣势地位。因此，在美国经理资本主义劳动关系治理模式中，劳资双方谈判势力的失衡问题不仅表现在经济性治理渠道上劳方主体的失语，还表现在非经济性治理渠道上的劳方主体失语。

在美国劳动关系治理模式中，代表劳方利益的治理主体日渐式微，劳动者群体的利益诉求越来越难以通过美国经理资本主义制度之下的劳动关系治理模式加以表达，成为“沉默的大多数”。早在2011年时，美国就曾爆发过反对美国垄断资产阶级、抗议社会贫富分化的“占领华尔街”运动。这样以和平集会为主的群众性运动最终遭到了美国警方的镇压。“占领华尔街”运动的最终失败，表明在美国劳资双方谈判势力严重失衡的情况下，美国经理资本主义劳动关系治理模式已经走向封闭，处于强势地位的美国垄断资产阶级并不愿意向美国劳动者阶级作出任何妥协，这一治理模式越来越难以对劳动者的利益诉求作出合理回应。

（二）劳动关系治理模式趋于无效，劳资对抗转化为社群对抗

在美国劳资双方谈判势力严重失衡的情况下，因利益集团化而不断分裂的美国劳动者阶级越来越难以作为一个整体来发表利益诉求。代表美国垄断资产阶级利益的政府无能力缓和劳资矛盾，加剧了美国社会的分裂。在人工智能与实体经济加速融合的过程中，美国初等和中等教育程度的劳动者相对去技能化日益严重（见图6－2），这使得教育程度相对较低的劳动者群体成为面临劳动力市场结构变迁威胁最大的群体。在这一就业弱势群体中，既包括白人劳工群体，也包括有色人种劳工群体。但这一就业弱势群体却难以组织起来向美国垄断资产阶级发出声音。相反，由于身份认同政治在美国社会的盛行，白人劳动群体和有色人种劳工群体分化成两个相互对立的利益集团，形成基于身份标签的社群对立。在美国经济形势尚好的情况下，不同劳动者群体之间的社群矛盾相对缓和；一旦美国经济形

势恶化，不同劳动者群体之间的社群矛盾就会激化。美国社会的社群对抗在短期虽不会直接冲击垄断资产阶级的统治地位，却会因社会秩序的混乱而对美国经济的长期表现产生消极影响。

2020年新冠疫情重创美国经济的同时，也严重激化美国的劳资矛盾。但是诸如2011年“占领华尔街”运动的剑指美国垄断资产阶级的全国性群众运动却没有再次出现。轰动美国社会的，是以身份认同政治为纽带的“黑人的命也是命（Black Lives Matter）”运动。这场群众性运动的根源是疫情冲击下美国有色人种劳工群体陷入生存困境。但美国有色人种劳工群体发出的政治主张却是反对种族歧视，并没有发出直击美国垄断资产阶级统治的主张。不仅如此，在这场运动后期，甚至出现了部分抗议者的“打砸抢”等暴力行为，加剧了美国不同种族劳动者之间的矛盾，使劳资矛盾转化为社群矛盾。在美国劳动关系治理模式中，既缺少有行动力的中立第三方，又没有全面社会革命的条件，劳动关系博弈结构的重置无法实现。美国劳动关系治理模式在演化中呈现出制度变迁的路径依赖现象，成为长期驻留的低经济绩效的制度安排。

（三）劳动关系治理模式不可持续，资方强势地位缺乏必要节制

资本主义经济制度决定了在资本主义国家的经济、政治和社会生活中，资方必然长期处于强势地位。劳动关系治理模式的制度设计初衷是保证参与劳动关系博弈的各方主体能够达成某种力量平衡，避免因某一方治理主体过于强势而威胁资本主义经济制度本身的合法性。在美国人工智能与实体经济融合进程中，人工智能技术业已成为美国垄断资产阶级巩固和扩大对美国经济、政治和社会全方位统治地位的工具。资方力量空前强大且失去必要节制，使得劳资双方谈判势力失衡问题越发严重。资方的“自由”对于垄断资产阶级攫取更多社会财富是有利的，但对劳动者阶级的生存来说却是极为不利的。以Facebook为例，其创始人马克·扎克伯格在很短时间内就因Facebook的成功获得巨额财富，并在2021年高调宣布进军作为数字经济前沿领域的元宇宙领域。但在2021年12月，扎克伯格却因创建“世界上最糟糕、最具破坏性的网站”被《新共和（*The New Republic*）》刊物评为“年度恶人”。数字平台本身并无罪过，有罪过的只能是操纵平台的人。

缺乏能够有效节制资方的治理主体，是导致美国劳动关系治理模式难

以持续的重要原因。在美国劳动关系治理模式中，政府并不能作为独立第三方治理主体参与博弈。在资方处于强势地位且不会自我节制的情况下，美国政府难以有效行使节制资方的职能。以2020年底美国总统选举乱局为例，当时任美国总统特朗普的言行严重损害美国垄断资产阶级利益之时，控制数字平台的美国垄断资产阶级可以将直接将总统“禁言”。这反映出，即便是美国政府在本国垄断资产阶级面前也是弱势者。美国劳动关系治理模式如不作出变革，就无法持久地缓和劳资双方谈判势力失衡问题，也就无法发挥缓解对美国经济资本主义经济制度合法性质疑的作用。

二、融合进程中美国经理资本主义劳动关系治理模式演化的社会经济影响

美国经理资本主义劳动关系治理模式在人工智能与实体经济融合进程中的演化趋势，会产生一系列社会经济影响。主要表现在以下两个方面。

（一）无产阶级贫困化加剧，金融危机爆发风险加剧

前文分析已经得出结论，人工智能与实体经济融合进程中的相对去技能化使得占人口多数的初等和中等教育劳动者面临更高的失业风险，从整体上削弱了劳动者群体在劳动力市场上的谈判势力。失灵的美国劳动关系治理模式不足以节制无序扩张的垄断资本，也不足以扭转美国无产阶级贫困化趋势。20世纪90年代以来美国数字经济的发展在造就一批高科技寡头资本家的同时，也加剧了美国无产阶级的贫困化。这种贫困化不仅表现为相对贫困化[①]，还表现在绝对贫困人口的增加。1979年，美国收入最低的20%人口占有的收入份额为6.5%，收入最低10%的人口占有的收入份额为2.3%；在1991年互联网刚出现时，这两个指标已经分别降到5.6%和2%；到2018年，又进一步降到5.2%和1.7%（见表6-5）。美国处于绝对贫困的人口比例由1979年的0.5%上升到2018年的1%。在美国经理资本主义制度不变的条件下，美国劳动力市场劳资双方谈判势力失衡问题无法得到解决，而人工智能对传统产业的加速改造将进一步激化这一问题。这也就意味着美国劳动关系治理模式无力节制资方力量，劳动者经济

---

① 列宁专题文集·论资本主义［M］．中共中央马克思恩格斯列宁斯大林著作编译局，译．北京：人民出版社，2009：78。

地位弱势化将直接体现为美国贫困人口比例的上升和低收入群体收入份额的下降。美国劳动关系治理模式并不能违背资本主义积累的一般规律，即资本积累导致工人阶级中贫困阶层扩大①。

表 6-5　美国贫困人口收入状况　（单位：%）

年份	收入最低 20% 人口占有的收入份额	收入最低 10% 人口占有的收入份额	按每天 1.90 美元标准衡量的贫困人口比例
1974	6.2	2.1	0.5
1979	6.5	2.3	0.5
1986	5.6	2	0.5
1991	5.6	2	0.5
2000	5.5	1.9	0.7
2010	5.3	1.8	1
2018	5.2	1.7	1

注：1.9 美元标准按照 2011 年购买力平价计算。

资料来源：世界银行 WDI 数据库。

美国人工智能与实体经济融合进程中难以被劳动关系治理模式所遏制的无产阶级贫困化趋势必然加深生产与消费之间的矛盾，使金融危机爆发风险陡然增加。只要大众不能分享技术进步带来的发展成果②，大众有限的消费就必然导致生产相对过剩。本世纪以来，美国一直处于金融危机频发、经济面临全面崩溃的边缘，美国政府在积极干预经济、避免危机的道路上疲于奔命。2000 年，美国科技股泡沫破灭后，美联储就开启了宽松货币政策；但这一政策刺激了美国房地产泡沫化，在 2008 年引发美国次贷危机。为缓解危机，一方面美联储开启量化宽松货币政策，另一方面美国政府也积极实施赤字财政，但导致美国政府债台高筑，货币政策濒临失效。2020 年，在新冠疫情冲击下，美国经济再度恶化，美联储采取空前的货币政策，向市场注入大量流动性，使得美国几大股票指数都创新高。美国政府强行刺激经济的代价是美国国债规模突破 30 万亿美元，美国股市出现严

① 马克思，恩格斯．马克思恩格斯文集（第 5 卷）［M］．中共中央马克思恩格斯列宁斯大林著作编译局，译．北京：人民出版社，2009：742.

② 列宁专题文集·论资本主义［M］．中共中央马克思恩格斯列宁斯大林著作编译局，译．北京：人民出版社，2009：25.

重泡沫，美国通货膨胀率更是重返 20 世纪 80 年代的高水平。种种迹象表明，美国政府用以避免危机的经济手段已经耗尽，新一轮金融危机爆发只是时间问题。

（二）资产阶级统治极权化，霸权主义倾向不断强化

高科技寡头资本在控制美国人工智能与实体经济融合进程的同时，也在不断加强美国垄断资产阶级的极权统治。美国劳动关系治理模式趋于封闭的过程，既是美国垄断资产阶级加强极权统治的结果，也是美国垄断资产阶级进一步巩固集权统治的原因。在人工智能与实体经济融合进程中，资方“自由”地不断扩展，处于强势地位的垄断资产阶级不愿意在劳动关系治理模式设定的制度框架下向劳方作出利益妥协。劳动者在劳动关系治理模式中的“失语”恰恰是美国垄断资产阶级加强极权统治的一个方面。但劳动者阶级的“失语”也给美国垄断资产阶级的统治地位带来威胁。沉默的无产阶级一旦被压迫到一定程度，必然会对美国经理资本主义经济制度的合法性产生怀疑，进而酝酿推翻这一经济制度的政治主张。这就迫使美国垄断资产阶级必须进一步加强极权统治。包括微软、雅虎、谷歌、苹果等在内多家国际网络巨头参与的“棱镜”计划表明，美国垄断资产阶级已经将数字技术作为加强极权统治的工具。

与美国垄断资产阶级在国内加强极权统治相伴随的，是美国霸权主义倾向的不断强化。资本主义国家进入帝国主义阶段后，资本输出就开始具有特别重要的意义①。第二次世界大战后世界殖民体系虽然瓦解，取而代之的却是超级大国的霸权主义。长期以来，霸权主义主要表现在经济、政治和军事领域。随着数字经济的兴起，科学技术也日益成为美国加强霸权主义的重要手段②。以中美贸易为例，在两国贸易纠纷中，美国政府频频使用高科技产品的断供和禁运等手段，试图迫使中国政府在贸易问题上向美方妥协。尽管中国政府和人民顶住了来自于美国霸权主义行径的压力，但也表明美国霸权主义倾向在不断强化。美国金融危机爆发风险越是加大，其试图通过霸权主义行径从他国掠夺社会财富的行为倾向也就越明显。

---

① 列宁专题文集·论资本主义［M］. 中共中央马克思恩格斯列宁斯大林著作编译局，译. 北京：人民出版社，2009：176.

② 王俊，苏立君. 论科技霸权主义的形成机制、表现形式与经济影响——基于国际垄断资本主义科技治理模式的分析［J］. 长白学刊，2021（6）：105—113.

第七章　人工智能与实体经济融合进程与欧洲福利资本主义劳动关系治理模式

第一节　欧洲福利资本主义劳动关系治理模式的基本特征

在本节中，将首先分析欧洲福利资本主义的概念界定和基本特征，再从劳动关系治理模式的静态构成角度来把握欧洲福利资本主义制度下劳动关系治理模式的基本特征。

一、欧洲福利资本主义制度的概念和特征

第二次世界大战以后，在经济上遭受重创的欧洲国家也相继进入国家垄断资本主义阶段。与以经理资本主义为重要特征的美国国家垄断资本主义制度不同，欧洲国家在探索国家垄断资本主义制度的过程中，选择发展以福利资本主义为主要特征的资本主义经济制度。所谓福利资本主义，指在不触动资本主义生产关系的前提下，代表资产阶级利益的国家通过高水平社会福利等政府干预手段，直接介入并调整资本家和雇佣劳动者在剩余价值生产中根本利益关系的资本主义生产关系具体形式。欧洲福利资本主义经济制度的主要特征如下。

第一，不触动生产资料私有制，但政府更积极干预微观市场主体的经济决策。自19世纪末期开始，欧洲一批经济学家们就开始意识到资本主义生产关系存在缺陷，并试图利用国家力量实施改良主义经济政策。德国新

制度学派和瑞典学派都强调政府在不破坏市场机制作用的前提下干预经济的必要性。瑞典学派创始人维克塞尔和福利经济学创始人庇古都曾论证过财政转移支付制度对改进社会经济福利的作用。凯恩斯在《就业、利息和货币通论》中也主张在医治资本主义国家失业问题的同时，应保留“效率与自由”①。第二次世界大战后，曾任联邦德国总理的艾哈德提出“社会市场经济”的概念，主张由社会来匡正市场经济的缺陷。由此可见，在不触动资本主义经济制度前提下的国家主义经济学说，在欧洲有着深厚的思想基础和理论积淀。第二次世界大战后欧洲资本主义国家在向国家垄断资本主义过渡的过程中，也继承了这一思想传统。相较于美国，欧洲资本主义国家更倾向于发挥政府对微观市场主体经济决策的干预和指导。但是欧洲资本主义国家政府对微观市场主体的干预和指导，又是以尊重和保护生产资料私有制为前提和边界的。这种干预和指导并不改变资本家占有生产资料的事实，因此仍是具有资本主义性质的政府干预。

第二，政府提供的极高水平社会福利在社会经济中发挥重要作用。第二次世界大战后欧洲资本主义国家纷纷建立号称“从摇篮到坟墓”的社会福利制度。尽管欧洲各国所采取的福利政策不尽相同，但各国的福利制度基本涵盖就业市场、医疗保障、养老保险、家庭政策等方面②。这一方面使得社会福利成为关系到欧洲资本主义国家民众生活水平和生活质量的关键因素，另一方面，社会福利支出也成为欧洲资本主义国家政府支出的重要组成部分。高水平的社会福利成为欧洲资本主义国家实施宏观经济干预、避免悬殊收入差距和维持社会秩序稳定的重要手段。尽管20世纪80年代以英国撒切尔夫人改革为代表的欧洲各国经济自由化改革在一定程度上影响到欧洲社会福利制度，欧洲资本主义国家社会福利较20世纪60—70年代明显缩减，但欧洲各国的社会福利仍在世界范围内处于较高水平。除此以外，20世纪90年代东欧剧变以后，中东欧前社会主义国家在转向资本主义经济制度的同时，也逐渐通过改革实现由社会主义福利国家向欧洲福利国家的转变③。总的来说，不论是西欧国家还是中东欧国家，社会

① 约翰·梅纳德·凯恩斯．就业、利息和货币通论［M］．徐毓枬，译．南京：译林出版社，2011：329.

② 徐清．欧洲福利制度主要模式的比较与借鉴［J］．现代经济探讨，2021（3）：126—132.

③ 孔田平．中东欧福利国家模式［J］．欧亚经济，2021（3）：1—24.

福利制度已经成为这些国家资本主义经济制度不可或缺的重要组成部分。

第三，国有经济在国民经济中比重相对较高，但仍是私营经济的补充。第二次世界大战后，随着欧洲福利资本主义经济制度的建立，欧洲资本主义国家普遍推行国有化政策，为这些国家建立和完善福利制度提供财政支持和实施渠道。20世纪40年代后期和70年代中期的两次国有化浪潮使得英国在煤炭、电力、天然气、铁路和邮政的电信业实现100%的国有化，法国也在20世纪40年代中期的国有化浪潮中使国有企业工业产量比重上升到1/3①。欧洲资本主义国家的国有经济比重明显高于美国和日本。值得强调的是，和社会主义国家的国有经济不同，欧洲资本主义国家的国有经济是资本主义性质的国有经济，其主要集中在那些投资周期长、投资规模大、投资收益低的重化工业和社会公共事业领域。这些领域通常都是对国民经济至关重要但私人资本不愿投资的领域。因此，欧洲资本主义国家的国有经济是作为私营经济的补充而存在的。随着20世纪80年代欧洲资本主义国家大规模基础设施建设的结束和社会福利支出过度膨胀问题的凸显，对国有企业的私有化浪潮便席卷欧洲。时至今日，欧洲资本主义国家国有经济在国民经济中所占比重已经明显下降，但仍高于美国和日本等国。欧洲资本主义国家国有经济的沉浮，可以视作是欧洲福利资本主义制度局部调整的结果。

二、欧洲福利资本主义制度下的劳动关系治理模式特征

与前一章类似，依旧从治理主体、治理渠道和治理手段三个维度分析欧洲福利资本主义制度下劳动关系治理模式的特征。具体如下。

（一）治理主体维度上的特征

在治理主体维度上，欧洲福利资本主义劳动关系治理模式具有以下两方面特征。

一方面，政府作为一个相对独立的重要治理主体，参与到欧洲国家的劳动关系博弈中来。利益集团理论仍然适用于解释欧洲国家劳动关系博弈中劳资双方主体的行为模式。但欧洲国家在政治上的独特性，决定了政府在欧洲国家的劳动关系博弈中扮演着与美国政府不同的作用。与美国的两

① 何自力．中国模式的政治经济学分析［M］．北京：经济管理出版社，2021：4.

党制不同，欧洲国家中多党制相对盛行。政府组阁的往往是政党联盟，而非单一政党。在执政联盟中，往往既有偏向资方利益的政党，也有偏向劳方利益的政党。这就使得执政联盟在制定政府政策时，不得不在联盟内部先行妥协和协调立场，以求维持执政联盟的团结。这就使得欧洲国家政府在劳动关系博弈中，往往处于相对美国而言更加独立的位置，可以作为相对独立的第三方参与劳动关系博弈。以德国为例，德国奉行多党制，国内有社会民主党、联盟党、绿党、自由民主党等政党。在2021年德国选举中，领先的社会民主党仅获得25.7%选票，不得不与过去通常视为对手的绿党和自由民主党结盟组阁。在奉行多党制的欧洲国家，劳资双方主体在政府组建之前就进行谈判和妥协。一旦成功组建政府，为了避免执政联盟破裂丧失执政地位，政府的行为模式就必须按照组阁时确定的、政党间相互妥协的政纲来执行。这就使得欧洲国家的政府行为具有较为明显的调和性，往往需要作为一个独立主体参与到劳资双方的博弈中来，试图调和两方之间的利益冲突。因此在欧洲资本主义国家的劳动关系博弈中，欧洲国家的政府并不像美国政府一样通常只是扮演既定法律框架下的执法者身份，而是可以作为直接的治理主体与劳资双方展开博弈。

另一方面，民族、宗教和移民等因素对欧洲福利资本主义劳动关系治理模式有重要影响。欧洲自古以来就是多民族、多宗教民众共同生活的地区，由于民族问题或宗教问题导致的战争非常频繁。这些因素对于现代劳动关系治理主体的行为模式也产生了深远影响。在美国劳动关系治理模式下，劳方主体的利益集团化会由于身份认同政治而使劳动者阶级走向分化。在欧洲劳动关系治理模式下，导致劳方主体内部分化的主要因素就是民族和宗教因素。而由于全民信教现象的存在，在欧洲国家的劳动关系博弈中，民族和宗教等因素往往是纠缠在一起的。劳动关系的恶化和劳资矛盾的激化，经常以民族问题或者宗教问题的形式表现出来。而劳动关系的调和，又必须首先以平息民族矛盾或宗教矛盾为前提。这就使得政府作为独立治理主体参与劳动关系治理的必要性更加凸显。政府治理能力的强弱不仅关系到劳动关系治理的成败，还关系到国家的稳定。除民族和宗教因素外，移民问题在进入21世纪以后越来越成为欧洲福利资本主义劳动关系治理模式需要面对的现实问题。大量中东移民涌入欧洲，虽然可以给欧洲国家提供新的廉价劳动力来源，但也给欧洲国家带来了新的民族宗教问题。这使得欧洲资本主义国家的政府要想维持执政合法性和社会稳定，就不能仅仅做一个劳动关系博弈的“裁判员”，而是要置身事内地去解决那些由劳资矛盾和民族宗教问题纠缠在一起形成的复杂政治经济事务。

（二）治理渠道维度上的特征

欧洲福利资本主义劳动关系治理模式在治理渠道维度上的特征，首先表现为政府在经济性和非经济性治理渠道的较大参与程度和较强影响能力上。一方面，欧洲资本主义国家政府普遍在经济性治理渠道上发挥重要作用，直接参与到劳动关系博弈中来。政府不仅仅是相关法律法规的制定者，还是运用相关法律法规维护劳动关系和谐的行为主体。以德国工资集体谈判制度为例，德国建立了国家、行业和企业三个层级的集体谈判机制①，集体谈判以工资收入为核心内容，政府在集体谈判争议处理中发挥主导作用，工会可以在法律允许范围内以罢工作为手段促成谈判②。政府的参与可以在很大程度上避免劳动关系博弈中劳资双方谈判势力失衡问题。另一方面，在非经济性治理渠道上，欧洲资本主义国家的政府也积极运用立法、司法和执法权，对劳动合同执行过程中存在的纠纷加以调处。比如，德国建立了一整套解雇保护制度，在将雇主解雇行为分类的基础上，为遭遇正常解雇的雇员提供事前和事后的解雇保护，并且积极发挥工会在保障被解雇雇员权益中的作用③。不仅如此，德国还通过一系列典型判例，保护雇员检举雇主违法行为时的言论自由和合法权益④。总之，政府积极干预并发挥主导作用，是欧洲福利资本主义劳动关系治理模式的重要特征。

其次，社会福利的广泛提供也是欧洲福利资本主义劳动关系治理模式在治理渠道维度上的重要特征。社会福利的提供不仅涉及经济性治理渠道，也涉及非经济性治理渠道，社会福利的覆盖范围和供给质量直接对劳

---

① 李岩，张桂梅．德国集体谈判对完善我国行业性工资集体协商制度的启示［J］．山东社会科学，2014（9）：189—192.

② 邱晨鹤．浅议德国集体谈判制度对我国工资集体协商的启示与借鉴［J］．工会理论研究，2013（5）：41 -46.

③ 卫学莉，杨帆，刘辉．德国劳动法解雇保护制度及对我国的启示［J］．河北法学，2016（10）：146—151.

④ 王倩．保护“吹哨人”的劳动法分析——基于德国司法经验的考察［J］．当代法学，2016（5）：109—118.

动关系和谐程度产生影响。在欧洲福利资本主义制度下，作为社会福利主要组成部分的社会保障一般通过法律形式加以固定，在立法阶段就考虑到覆盖范围、保障内容、保障水平、经济负担和管理监督等问题①。以德国为例，社会保障制度涵盖工伤保险、医疗保险、养老保险、失业保险和家庭支持等内容，社会保障支出在2014年占全部社会福利支出比例的三分之二②。欧洲资本主义国家的社会保障制度也通过“个人工作账户”、社会转移支付等制度为灵活就业人员提供社会保险等基础性保障③。可见，以社会保障为主要内容的社会福利制度，是欧洲国家政府参与和调整劳动关系博弈的制度切入口和综合性手段，欧洲资本主义国家政府对劳动关系博弈的调整既不是单一通过经济性治理渠道完成，也不是仅仅依靠非经济性治理渠道完成，而是通过一整套制度安排在经济性治理渠道和非经济性治理渠道上同时发力。

（三）治理手段维度上的特征

欧洲福利资本主义制度下的劳动关系治理模式在治理主体和治理渠道维度上的特征，决定了其在治理手段维度上的特征。从治理手段的分类来看，社会福利制度既是一种经济交易手段，也是一种政治强制手段和社会引导手段。从经济交易手段视角来看，欧洲国家的社会保障制度并不仅仅是政府单方面的转移支付，也包括雇主与雇员对社会保险的缴费共担。在划分社会保险缴费比例时，雇主和雇员事实上也是围绕工资福利展开谈判。雇主会根据所承担的缴费水平确定最优的雇佣规模，雇员也会相应地明确自己的就业意愿。从政治强制手段来看，欧洲国家的社会福利制度往往以法律形式固定下来，因此具有法律强制性，不论是雇主还是雇员都应当按照相关法律，在享受社会福利制度所提供权利的同时，履行相应的法律义务。从社会引导手段来看，欧洲国家普遍将社会福利制度视作保障人权的重要手段，政府提供社会福利制度被认为是政府的一种社会责任。因而在欧洲资本主义国家，政府维持或提高福利水平具有广泛的社会民意基

---

① 弗朗思·佩宁斯．温州大学学报（社会科学版）[J]．李广厦，译，2016（9）：10—15.

② 沃尔夫冈·施罗德 塞缪尔·格里夫．德国经济发展与社会保障体系建设：历史经验与未来方案［J］．社会保障评论，2019（1）：43—54.

③ 张浚．欧洲国家如何为灵活就业人员提供社会保障［J］．人民论坛．2019（34）：118—119.

础。可见，与美国劳动关系治理模式不同，三种治理手段并不主要针对某一种治理渠道。在欧洲福利资本主义劳动关系治理模式中，治理渠道和治理手段往往是有机结合的，市场机制和政府调节在劳动关系治理模式中也是有机结合的。作为欧洲福利资本主义劳动关系治理模式中的核心制度安排和公共产品的社会福利，其本质就是资产阶级国家通过提供社会福利暂时缓和劳资矛盾，避免无产阶级通过暴力革命方式推翻资产阶级在经济与政治上的统治地位。

第二节　融合进程对欧洲福利资本主义劳动关系治理模式的冲击

一、欧洲人工智能与实体经济融合状况分析

在自20世纪90年代开始的互联网经济浪潮中，欧洲主要国家均未抢占到发展先机，与美国拉开了较大发展差距。但在人工智能产业化初期，欧洲主要国家均认识到人工智能与实体经济融合的重大意义，并积极促进人工智能产业化发展。欧洲人工智能与实体经济融合的状况具有以下三个方面特征。

（一）先进制造业基础良好，人工智能产业化条件优越

欧洲在19世纪的两次工业革命中都抢占领先地位，欧洲主要国家在进入20世纪时就基本实现工业化。可以说，欧洲地区是世界范围内工业文明积淀最深厚的地区之一。20世纪以后，虽然美国超越欧洲成为制造业最发达的地区，但欧洲国家的工业仍在世界范围内具有强大的竞争优势。欧洲制造业在20世纪的两次世界大战中遭遇严重破坏，一度与美国拉开巨大差距。但在20世纪50—70年代的资本主义国家“黄金时期”中，欧洲主要资本主义国家的制造业发展迅速，缩小了与美国的差距。欧洲各国在第二次世界大战后也重视高端制造业的发展，使得欧洲各国在先进制造业领域的深厚人才、技术积淀得以充分利用。20世纪70年代以后，欧美国家普遍进入去工业化阶段。但相较于美国，欧洲国家仍保留了较为强大的制造

业部门，使得欧洲国家在进入新世纪之后仍在国际装备制造业市场上具有强大的竞争力。以德国为例，尽管德国工业增加值占比和工业就业人员占比也在下降，但相对于美国，德国工业增加值占比和工业就业人员占比仍保持较高水平。2019 年德国工业增加值比重为 27.01%，美国仅为 18.16%；德国工业就业人员比重为 27.18%，美国仅为 19.91%。除德国以外，其他欧洲国家在先进制造业领域也有自己的一技之长。良好的先进制造业基础，为欧洲国家实现人工智能产业化提供了技术支持和组织平台（参见表 7－1、表 7－2）。

表 7－1　德国与美国工业增加值和就业人员情况比较（单位：%）

年份		2000	2005	2010	2015	2016	2017	2018	2019	2020
工业增加值占GDP比重	德国	27.71	26.35	26.85	27.11	27.57	27.46	27.31	27.01	26.53
	美国	22.45	21.22	19.36	18.54	17.97	18.25	18.53	18.16	—
工业就业人员占总就业人员比重	德国	33.53	29.84	28.31	27.69	27.38	27.40	27.34	27.18	—
	美国	24.44	22.26	19.64	19.86	19.78	19.73	19.87	19.91	—

资料来源：世界银行 WDI 数据库。

表 7－2　欧洲地区和北美地区在与人工智能相关的 PCT 专利数量比较（单位：件）

PCT 专利技术类型	地区	1995 年	2000 年	2005 年	2010 年	2015 年	2020 年	2021 年
视听技术	欧洲	375	1043	1745	1206	940	984	944
	北美	543	1213	1298	1226	1519	1707	1661
电信技术	欧洲	398	1490	1384	1107	884	941	904
	北美	436	1376	1660	1233	1214	1350	1373
数字通信技术	欧洲	225	1266	1966	2523	2966	3217	3021
	北美	310	1348	1958	2740	4000	4836	5725
计算机技术	欧洲	296	1212	2190	2205	2340	2757	2693
	北美	727	2555	4327	4188	6789	7243	7387
半导体技术	欧洲	115	649	790	1132	982	901	806
	北美	254	729	1335	1971	1643	1447	1329
微结构和纳米技术	欧洲	3	15	51	92	116	96	114
	北美	5	19	46	152	127	163	154

资料来源：世界知识产权组织。

（二）面临激烈技术竞争，且缺乏产业链独立性和自主性

尽管欧洲国家拥有良好的制造业基础，但在人工智能产业化领域仍面临着激烈的技术竞争。自20世纪90年代以来，欧洲国家在高科技制造业领域与美国的差距日渐拉大，在人工智能产业化过程中面临着来自于美国的激烈技术竞争。如表7－2所示，20世纪90年代中期欧洲地区在视听技术、电信技术、数字通信技术、计算机技术、半导体技术、微结构和纳米技术等领域的PCT专利数量上几乎与北美地区不分伯仲。但到2021年时，欧洲国家在上述技术领域均与北美地区形成较大差距，欧洲国家在人工智能技术领域面临激烈竞争，且已经在竞争中处于相对弱势地位。不仅如此，欧洲国家在产业链独立性和自主性上无法与美国相抗衡，欧洲国家的高端制造业企业频繁受到美国政府的干预和打压。以荷兰ASML公司为例，该公司是全球最大的半导体设备制造商，在高精度光刻机领域处于垄断地位。但是该公司生产的高精度光刻机不仅关键零部件依赖美国进口，就连销售市场也处于美国控制之下。这就使得荷兰ASML公司甚至不能独立作出企业决策。面对美国对华禁售令，荷兰ASML公司只能选择放弃中国市场。产业链独立性和自主性的缺失，使得欧洲高科技公司无法承受来自美国政府的打压和美国公司的不正当竞争。欧洲国家在国际政治上的弱势地位，也使得欧洲国家政府很难有效维护本国高科技企业的合法权益。欧洲国家高科技企业在遭遇不公平待遇时，往往只能选择忍气吞声。

（三）面临激烈市场竞争，相关基础设施建设有待加强

在人工智能产业化领域，欧洲国家面临着激烈的内部竞争和外部竞争。首先，从内部竞争环境来看，欧洲虽然国家众多，但每个国家的面积较小，人口较少。这就使得这些国家在发展人工智能产业时面临本国市场相对狭小的问题。欧洲各国又各自拥有较强的技术实力，很容易在一些领域内产生相互竞争关系。以高速铁路技术为例，德国和法国均有世界范围内属于先进地位的高速铁路技术，两国在这一技术领域处于竞争关系。但是德国和法国国土面积都较为有限，在高速铁路技术产业化领域均面临国内市场狭小的问题。德法两国高速铁路装备制造无法形成规模优势，过高的生产成本限制了两国高速铁路技术的国际竞争力。其次，从外部竞争环境来看，欧洲国家在人工智能技术领域虽然处于国际先进水平，但总体来看仍是技术发展的跟随者。结合表6－1和表7－2可见，欧洲国家在人工

智能相关领域的PCT专利数量已经远远落在中国和美国之后，甚至与日本相比也没有数量上的优势。这就使得欧洲国家在人工智能产业化领域虽有“一招鲜”，但难以形成面面俱到的市场优势。一旦在人工智能装备市场上的局部技术优势被他国赶超，欧洲国家的人工智能产业就将迅速失去市场竞争力，并迅速失去大片市场。此外，在人工智能领域相关基础设施建设领域，欧洲国家与美国一样存在基础设施老旧的问题。由于欧洲国家普遍存在比美国更加严重的政府债务问题，欧洲国家在基础设施更新方面遇到的困难并不比美国少。

二、对欧洲福利资本主义劳动关系治理模式的冲击

与美国类似，欧洲人工智能与实体经济融合进程也将通过劳动关系博弈中劳资双方谈判势力的变化，对福利资本主义制度下欧洲各国劳动关系治理模式产生影响。影响主要体现在以下三个方面。

（一）产业结构变迁弱化劳方谈判势力

人工智能与实体经济融合进程导致欧洲国家产业结构急剧变迁，长期存在的结构性失业问题弱化劳方在劳动关系博弈中的谈判势力。在第二次世界大战后形成的全球产业链分工中，欧洲国家主要占据高端制造业的分工角色。20世纪90年代互联网经济浪潮的来袭，使得欧洲国家的高端制造业面临着产业技术升级的压力。本世纪以来数字经济的发展，特别是近年来人工智能与实体经济融合进程的加快，使得欧洲国家在产业升级方面的压力有增无减。欧洲国家在全球产业链中所处的位置使得这些国家自20世纪80年代以来就一直面临着较为严重的结构性失业问题。从表7－3可见，欧洲主要国家劳动技能相对匮乏，初等和中等教育程度劳动者面临着高于社会平均水平的失业率，结构性失业问题的长期存在使得这些国家的总失业率一直居高不下。欧洲国家在高科技制造业领域与美国逐渐拉开的差距，也使得欧洲国家在全球产业链中面临着来自新兴工业化国家的竞争，欧洲国家在就业机会创造方面一直乏善可陈。在表7－3所列的欧洲大国中，仅有经济增长状况相对较好的德国和英国能够保持相对较低的15—24岁青年劳动者失业率水平。在法国、意大利、西班牙和葡萄牙，青年劳动者失业率常年处于令人绝望的超高水平。较高的失业水平不仅意味着劳动者在劳动力市场上处于极端弱势地位，还意味着一方面欧洲资本主义国

家劳动关系治理模式无法保障劳动者享受劳动权利，劳动者对于社会公平公正的期望因长期高失业率而落空；另一方面欧洲资本主义国家的劳动关系治理模式也无法保障劳动力资源被充分利用，对人工智能产业化至关重要的劳动者智力资源因结构性失业而被大量浪费。总之，这一制度体系存在效率与公平的双重损失。

表 7－3　　欧洲主要国家 1985—2020 年失业率情况　　（单位：%）

年份		1985	1990	1995	2000	2005	2010	2015	2019	2020
法国	高等教育程度劳动者失业率	—	—	—	5.6	5.9	5.2	6.3	5.1	5.2
	中等教育程度劳动者失业率	—	—	—	9.1	7.7	8.4	10.8	9.1	8.9
	初等教育程度劳动者失业率	—	—	—	15.3	12.2	14.4	17.5	15.4	14.0
	15—24 岁青年劳动者失业率	25.8	19.8	27.1	20.6	20.3	22.5	24.7	19.5	20.1
	总失业率	10.3	9.4	11.8	10.2	8.5	8.9	10.4	8.4	8.0
德国	高等教育程度劳动者失业率	—	—	—	4.3	5.5	3.0	2.3	1.8	2.6
	中等教育程度劳动者失业率	—	—	—	7.9	11.1	6.8	4.2	2.7	3.1
	初等教育程度劳动者失业率	—	—	—	12.5	19.1	14.7	11.1	7.9	8.8
	15—24 岁青年劳动者失业率	9.8	4.6	8.5	8.6	15.5	9.8	7.2	5.8	7.2
	总失业率	6.9	4.9	8.2	7.9	11.2	7.0	4.6	3.1	3.8
意大利	高等教育程度劳动者失业率	—	—	—	6.1	6.1	5.7	7.1	5.7	5.3
	中等教育程度劳动者失业率	—	—	—	10.6	6.9	7.9	11.4	9.4	8.7
	初等教育程度劳动者失业率	—	—	—	12.1	9.1	10.2	15.4	13.7	12.7
	15—24 岁青年劳动者失业率	32.1	29.0	33.5	31.5	24.1	27.9	40.3	29.2	29.4
	总失业率	9.4	9.8	11.7	10.8	7.7	8.4	11.9	9.9	9.2
英国	高等教育程度劳动者失业率	—	—	—	2.5	2.6	4.1	2.9	2.5	
	中等教育程度劳动者失业率	—	—	—	5.0	4.4	8.2	6.0	4.0	—
	初等教育程度劳动者失业率	—	—	—	8.7	7.7	13.7	9.5	6.5	—
	15—24 岁青年劳动者失业率	18.3	10.4	15.6	12.0	12.7	19.9	14.6	11.2	—
	总失业率	11.5	7.0	8.7	5.6	4.8	7.8	5.3	3.7	—
西班牙	高等教育程度劳动者失业率	—	—	—	10.9	6.7	11.1	13.2	8.6	10.2
	中等教育程度劳动者失业率	—	—	—	13.8	8.7	19.0	21.6	14.5	16.5
	初等教育程度劳动者失业率	—	—	—	15.2	10.9	26.9	30.4	19.9	21.3
	15—24 岁青年劳动者失业率	47.9	31.8	41.8	25.3	19.6	41.5	48.3	32.5	38.3
	总失业率	21.6	16.3	22.7	13.8	9.1	19.9	22.1	14.1	15.5

续表

年份		1985	1990	1995	2000	2005	2010	2015	2019	2020
葡萄牙	高等教育程度劳动者失业率	—	—	—	2.7	6.2	7.0	9.2	5.3	5.8
	中等教育程度劳动者失业率	—	—	—	4.8	8.0	11.4	13.9	7.2	8.4
	初等教育程度劳动者失业率	—	—	—	3.8	8.0	11.7	13.2	6.6	6.4
	15—24 岁青年劳动者失业率	20.0	10.4	16.0	8.3	16.2	22.8	32.0	18.3	22.5
	总失业率	8.2	4.6	7.1	3.8	7.6	10.8	12.4	6.5	6.8

资料来源：世界银行 WDI 数据库。

（二）社会福利制度调和劳资关系作用减弱

欧洲主要资本主义国家长期存在的政府债务问题削弱了各国财政支撑高水平社会福利的能力，社会福利制度越来越难以调和劳资双方的利益分歧。欧洲福利资本主义制度的设计初衷，并不是常态性地为全体国民提供高水平社会福利。欧洲福利资本主义劳动关系治理模式是通过在经济危机期间为劳动者提供社会福利，在保障劳动者基本生存权的同时避免劳动关系恶化到威胁资产阶级统治的地步。社会福利的提供是以政府支出的增加为代价的，因此在经济繁荣时期必须以财政盈余作为补偿。但从 20 世纪 80 年代以来，欧洲资本主义国家由于产业结构调整缓慢，导致高失业率问题长期存在，这就使得欧洲主要资本主义国家的社会福利支出长期处于较高水平，欧洲资本主义国家只能通过发行债务来为社会福利开支融资。如表 7－4 所示，自 1980 年以来，欧洲主要国家一般政府最终消费支出占 GDP 比重普遍维持在较高水平且有上升趋势。2010 年欧债危机爆发后，欧洲多国为缓解危机普遍采取缩减社会福利的政策，一般政府最终消费支出占比有所下降。但这些政策在欧洲国家引起底层民众的普遍不满，导致欧洲多国游行示威不断、政治局势极不稳定。2020 年新冠疫情重创欧洲经济，欧洲主要国家不得不再次选择增加政府最终消费支出占比，以此来保证社会福利制度的运转。即便如此，欧洲各国民众抗议游行仍此起彼伏，政府在缓和劳动关系恶化方面的能力捉襟见肘。

（三）移民问题削弱劳动者组织化程度

移民问题既是欧洲各国民众普遍关注的社会经济问题，也是对欧洲国家劳动者组织化程度产生不利影响的重要因素。欧洲国家的高水平社会福利对发展中国家部分劳动者具有较强吸引力。加之部分发展中国家社会不

表 7-4　欧洲主要国家 1980—2020 年一般政府最终消费支出占 GDP 比重　（单位：%）

年份	1980	1985	1990	1995	2000	2005	2010	2015	2020
法国	21.0	22.6	21.2	23.2	22.3	23.1	24.0	23.8	25.1
德国	20.9	20.6	19.1	19.4	19.0	18.8	19.6	19.7	22.4
意大利	16.5	18.3	19.6	17.4	17.7	19.6	20.6	19.1	20.9
英国	21.3	20.3	18.6	17.0	16.8	19.7	21.6	19.4	22.3
西班牙	13.6	15.2	16.2	17.6	16.7	17.3	20.6	19.5	21.9
葡萄牙	12.7	13.5	15.2	17.5	18.9	21.0	20.6	17.9	19.1

资料来源：世界银行 WDI 数据库。

表 7-5　欧洲主要国家 1972—2017 年净移民人数变化　（单位：人）

年份	法国	德国	意大利	英国	西班牙	葡萄牙
1972	543072	701731	19396	106415	96990	108187
1977	258429	228894	164927	39119	76903	198629
1982	291570	23	264799	-97495	-43292	-66894
1987	276383	1683737	-10058	98758	-67680	-147873
1992	122170	2628459	152825	205443	319270	149122
1997	193631	715944	-298237	513361	931072	173604
2002	926483	824445	1664343	992223	2908209	178353
2007	446120	43087	1050948	2189404	2273848	92133
2012	423831	1938576	1637369	1300231	-520442	-140000
2017	182636	2719112	744713	1303250	200000	-30001

资料来源：世界银行 WDI 数据库。

表 7-6　欧洲主要国家 1990—2015 年国际移民群体占本国人口比重　（单位：%）

年份	1990	1995	2000	2005	2010	2015
法国	10.36	10.46	10.57	11.00	11.43	12.09
德国	7.52	9.15	10.98	12.68	14.43	14.88
意大利	2.51	3.11	3.71	6.74	9.71	9.68
英国	6.39	7.18	8.04	9.84	12.13	13.20
西班牙	2.10	2.57	4.07	9.37	13.48	12.69
葡萄牙	4.41	5.29	6.34	7.36	7.21	8.09

资料来源：世界银行 WDI 数据库。

稳定，大量发展中国家劳动者将欧洲福利国家作为移民目的地。从表 7 - 5 可见，法国、德国、意大利和英国等欧洲主要国家自 20 世纪 70 年代以来一直有大量移民涌入，即便是在欧洲处于相对低收入的西班牙和葡萄牙，在一些年份里也有移民涌入。在 1990—2015 年（见表 7 - 6），欧洲主要国家的国际移民群体占本国人口比重都在持续上升。移民的涌入有助于缓解欧洲国家的劳动力短缺问题，但也必须认识到，来自于发展中国家的移民由于受教育程度和劳动技能等方面的原因，多数从事低端行业工作且属于就业弱势群体。在欧洲国家产业结构升级缓慢和经济增长长期停滞的情况下，依赖社会福利制度接济的移民群体不仅增加欧洲福利国家的财政压力，还因民族和宗教因素难以融入欧洲国家主流社会。成为社会边缘人群的移民群体一方面更容易接受较低的工资薪酬和较差的工作环境，另一方面也较少参与工会等劳动者组织。从社会整体角度上看，移民群体的这一状况降低了欧洲国家劳动者组织化程度，加剧劳动关系博弈中劳方谈判势力的弱化。当民族和宗教问题成为社会普遍关注的问题时，社会对于劳资矛盾的关注就会被转移。劳动者们被迫根据民族或者宗教的不同被分化成不同的小群体，并陷入到相互指责甚至相互仇恨的泥淖中。这就使得劳动者很难围绕在“无产者联合起来”的旗帜下团结一致对资产阶级发出自己的声音，从而形成一个劳方谈判势力不断弱化的、对资方来说更为有利的劳动关系博弈格局。

第三节　融合进程中欧洲福利资本主义劳动关系治理模式演化的趋势及影响

一、融合进程中欧洲福利资本主义劳动关系治理模式的演化趋势

在人工智能与实体经济融合进程中，欧洲福利资本主义劳动关系治理模式将呈现出以下几方面演化趋势。

（一）劳动关系治理模式开放性下降，“街头运动”取代“和平协商”

欧洲福利资本主义劳动关系治理模式协调劳动关系的核心机制，是通

过资产阶级向资本主义国家让渡部分收入，由资本主义国家以社会福利的形式提供给广大中低收入的劳动者阶级，以减少劳动者阶级对资产阶级统治合法性的质疑。这一制度设计实质上是将劳动关系博弈中的劳资双方直接对立转化为以政府为中介的间接对立。资方希望通过与政府的直接博弈，减轻为供养社会福利而承担的纳税义务；劳方则希望通过与政府的直接博弈，获取更多社会福利。这就决定了欧洲劳动关系治理模式开放性的下降，与美国劳动关系治理模式开放性下降的表现形式明显不同。在美国，劳动关系激化时，缺乏治理渠道和治理手段的劳方主体逐渐转变为“沉默的大多数”，进而退出劳动关系治理模式。在欧洲，国家劳动关系激化时，则表现为劳方主体围绕着社会福利的增减，而与政府进行更加激烈的直接博弈和政治对抗。

在人工智能与实体经济融合进程恶化劳动关系时，劳方主体进行政治对抗的方式是逐渐放弃“和平协商”而转向“街头运动”。在欧洲劳动关系治理模式中，产业结构升级等因素导致劳方谈判势力削弱，劳资双方谈判势力失衡使得欧洲国家在处理经济问题时更多地考虑资方利益而忽视劳方利益。劳方主体通过“议会斗争”维护自身经济权益的机会更加渺茫，使得劳动者群体日渐丧失对通过“和平协商”手段来争取劳工权益的信心。在有着悠久革命传统的欧洲国家，劳动者群体转而选择“街头运动”方式来表达自身利益诉求。以法国为例，2018 年法国上调柴油税导致法国民众走上街头展开“黄背心”抗议活动。仅 1 月 17 日抗议活动首日就有超过 28 万民众参与。这场抗议运动在法国持续时间长达一年。在新冠疫情暴发前的 2019 年 11 月 16 日抗议活动还曾导致严重冲突和暴力事件。不仅如此，发端于法国的“黄背心”运动还迅速扩展到德国、比利时、荷兰、意大利等欧洲国家。可见，只要欧洲国家人工智能与实体经济融合进程中劳资双方谈判势力失衡问题恶化的趋向不能扭转，欧洲国家劳动关系治理模式的开放性就难以得到保证，劳动者转向“街头运动”的可能性也将随之增加。

（二）劳动关系治理模式有效性降低，政府的劳动关系治理能力衰弱

欧洲资本主义国家劳动关系治理模式的制度设计，决定了这一模式的有效性在很大程度上取决于政府提供社会福利的能力。政府提供社会福利的能力又取决于政府财政收入。一旦政府财政收入不足以负担维持社会福

利制度的财政开支，政府提供社会福利的能力就会衰减，劳动关系治理模式的有效性也随之降低。政府较为稳定的财政收入来源，通常包括税收和公债两个部分。就如前文分析的那样，欧洲国家自从 20 世纪 90 年代以来就在互联网经济浪潮中逐渐落后。欧洲国家人工智能与实体经济融合进程面临着技术和市场两方面的激烈竞争。这使得欧洲国家产业转型升级相对滞后，经济增长前景较不明晰。从图 7 - 1 可见，自进入本世纪以来，欧洲主要国家经济长期处于低增长态势中。在 2008 年次贷危机、2010 年欧债危机和 2020 年新冠疫情危机中，欧洲主要国家均出现了经济负增长。羸弱的经济增长使得欧洲资本主义国家财政状况长期处于极其严峻的形势之中。为保证财政收支平衡，欧洲资本主义国家政府不得不举债度日，政府债务问题成为严重威胁欧洲国家经济增长的“堰塞湖”。

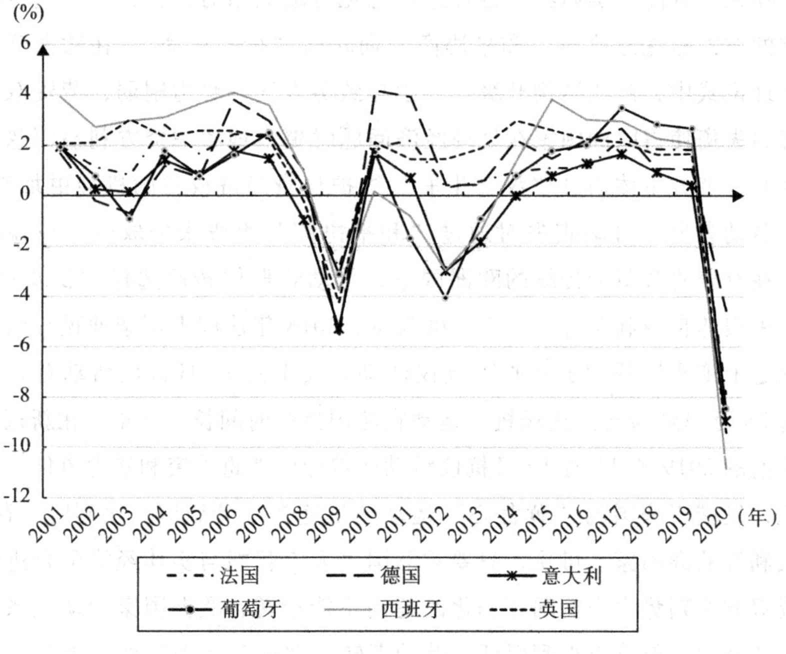

图 7 - 1　欧洲主要国家 2001—2020 年 GDP 增长率

资料来源：世界银行 WDI 数据库。

在政府财政收入增长缓慢的情况下，缩减财政支出就成为欧洲资本主义国家不得已的选择。但在欧洲福利资本主义制度下，社会福利开支在政府财政支出中占有很大比例，并且支出增长存在刚性。欧洲资本主义国家削减社会福利的政策无一例外地会使得处于休眠状态的劳资对立问题瞬间被激活，成为严重威胁欧洲资本主义国家社会稳定的因素。原本用于缓和劳动关系的福利资本主义制度在欧洲资本主义国家财政危机爆发之时就会转变为激化劳资对立的因素，政府丧失劳动关系治理能力。因此，欧洲福利资本主义劳动关系治理模式有效性下降趋势能否逆转，归根结底还取决于欧洲资本主义国家能否通过人工智能与实体经济的加速融合达到促进经济增长和恢复政府财政收支平衡的效果。但从前文已分析的欧洲资本主义国家人工智能与实体经济融合实际状况来看，欧洲国家要想在短时期内缩短与中国、美国等国在人工智能产业化方面的差距，是比较困难的。这就决定了在未来较长一段时期内，欧洲福利资本主义劳动关系治理模式仍将面临有效性下降的问题。

（三）劳动关系治理模式持续性不足，社会贫富分化问题日渐突出

在20世纪50—70年代的欧洲福利资本主义制度建立和完善时期，欧洲资本主义国家的劳动关系治理模式曾经相对较好地发挥过缩小贫富差距、缓和劳动关系的作用。这不仅使得欧洲主要资本主义国家的收入差距并不像美国那样悬殊，还使得欧洲资本主义国家民众享受的社会福利水平远高于美国和日本等其他地区发达资本主义国家。相对缓和的劳资矛盾，是欧洲福利资本主义劳动关系治理模式得以持续的根本原因。20世纪80年代开始欧洲主要资本主义国家普遍实施经济自由化改革，并大力削减政府福利支出以改善财政状况。逐渐激化的劳资矛盾使得欧洲福利资本主义劳动关系治理模式受到挑战，但这一模式的制度根基仍比较牢固。但从20世纪90年代开始，欧洲资本主义国家在经济转型方面的迟缓使得欧洲国家在数字经济发展方面与先进国家拉开越来越大的差距，欧洲资本主义国家的国际竞争力相对衰弱使得这些国家财政状况恶化，社会福利支出的持续减少也使得资本主义基本矛盾所决定的社会贫富分化问题不断凸显。欧洲资本主义国家在人工智能产业化方面的相对落后使得这些国家缺乏足够的财力去修补已经漏洞百出的福利资本主义制度体系，欧洲资本主义国家政府的劳动关系治理能力不足以逆转社会贫富分化问题。如表7－7所示，欧洲主要国家自进入本世纪以来，生活在中位收入50%以下的人口比例均处于上升态势中。表明欧洲福利资本主义劳动关系治理模式不足以遏止和逆转社会贫富分化问题，劳资矛盾的持续激化难以避免，劳动关系治理模式

的持续性堪忧。

表7-7　欧洲主要国家2000—2018年生活在中位收入50%以下的人口比例

（单位：%）

年份	2000	2005	2010	2015	2016	2017	2018
法国	9.7	8.6	10.3	10.8	10.4	10.1	10
德国	8	8.7	9	11	11.7	—	—
意大利	15.2	14.1	14.5	16.1	15.7	16	—
葡萄牙	—	11.5	11.9	13.2	12.5	11	11.5
西班牙	12	13	14.7	17.4	16.9	16.1	15.7
英国	12.5	13.8	11.6	11.3	12.7	14	—

资料来源：世界银行WDI数据库。

二、融合进程中欧洲福利资本主义劳动关系治理模式演化的社会经济影响

欧洲福利资本主义劳动关系治理模式在人工智能与实体经济融合进程中遇到的一系列问题，也将产生深远的社会经济影响。主要表现在以下两个方面。

（一）经济长期停滞，债务危机持续发酵

20世纪50—70年代，在战后重建和科技革命的双重刺激下，欧美发达资本主义国家曾经经历过一段经济高速增长的时期。但从20世纪70年代以后，随着资本主义世界市场中全球性生产能力相对过剩问题日渐凸显，美国、西欧和日本这三大资本主义世界经济增长极开始出现激烈竞争。竞争所引发的激烈贸易战进一步降低了欧美发达资本主义国家的经济增长潜力。20世纪80年代以后，美日欧三极开始出现经济增长态势的分化。美国在贸易战中成功压制西欧和日本的上升势头，建立以美国为核心的资本主义全球化秩序，同时找到互联网经济这一新经济增长点。于是在20世纪90年代美国出现了以“高增长、低通胀”为特征的“新经济”，成功拉开了与西欧和日本的差距（见表6-2）。而西欧和日本则从20世纪90年代以后开始进入长期的经济停滞状态。欧洲主要国家的经济长期停滞，归根结底是由于欧洲国家在资本主义全球产业链分工中主要扮演高端制造业生产基地的角色，而能够创造更多增加值的科技研发中心角色则被

美国占据。这就意味着欧洲国家不能独立自主地掌握最先进生产力发展方向，只能被动地接受美国的技术标准和技术转移，在产业转型升级方面必然总是落后美国半拍。从前文的分析可见，欧洲国家在人工智能与实体经济融合进程中面临激烈的技术与市场竞争，使得欧洲国家人工智能产业化落后于美国，欧洲国家难以找到可靠的经济增长点。因此 2011—2020 年欧洲主要国家 GDP 平均增长率（见表 7－8）是自 20 世纪 60 年代以来最低的 10 年。在可预见的未来，欧洲国家的经济增长停滞问题难以得到根本解决。

表 7－8　　欧洲主要国家 GDP 平均增长率的放缓趋势　　（单位：%）

年份	1961—1970	1971—1980	1981—1990	1991—2000	2001—2010	2011—2020
法国	5.75	3.64	2.49	2.12	1.26	0.44
德国	—	2.91	2.34	1.94	0.89	1.10
意大利	5.72	3.84	2.41	1.69	0.33	－0.80
葡萄牙	6.70	4.82	3.29	2.91	0.74	－0.15
西班牙	7.43	3.66	2.95	2.81	2.14	－0.04
英国	3.44	2.17	2.94	2.53	1.47	0.88

资料来源：世界银行 WDI 数据库。

欧洲福利资本主义劳动关系治理模式的制度设计，决定了欧洲国家的经济增长长期停滞问题必然在未来引发政府债务危机频繁爆发。欧洲资本主义国家的社会福利制度存在难以调和的矛盾：在矛盾的一方面，只要经济增长放缓导致失业率上升和劳动者收入相对减少，潜伏的劳资矛盾就会迅速显现出来，必须增加社会福利开支来维持社会稳定，社会福利开支进而导致财政支出刚性增长；另一方面，经济放缓时欧洲国家税收收入必然增长缓慢，政府债务规模也必然刚性增长。只要欧洲国家经济增长持续停滞，社会福利开支的刚性增长就必然转化为政府债务规模的持续扩张。但经济长期停滞又会削弱欧洲国家政府信用，政府债务危机必然频繁发作。事实上，欧洲国家政府债务问题已经形成一种恶性循环，即政府债务问题削弱劳动关系治理模式的有效性，劳动关系治理模式有效性的下降反过来又迫使欧洲国家政府债务规模继续扩张。真正能够使欧洲国家摆脱这一恶性循环的社会福利制度和劳动关系治理模式改革尝试，又会因为短期内劳资矛盾的激化而不了了之。

（二）民族、宗教、移民等社会问题不断激化

前文曾提及，随着移民问题日渐成为欧洲国家较为突出的社会经济问题，也会对欧洲资本主义国家劳动关系治理模式中的劳资双方谈判势力平衡产生不利影响。但这种影响并不是单方面的，劳资双方谈判势力失衡问题的加剧，导致欧洲资本主义国家劳动关系治理模式的开放性、有效性和持续性下降，受到影响最大的劳动者群体就是少数民族劳动者、非主流宗教信仰劳动者和移民劳动者三大群体。事实上，由于欧洲国家的移民多数来自中东和非洲地区，这些移民群体在民族成份和宗教成份上本来就居于少数，是移民劳动者的同时也是少数民族劳动者和非主流宗教信仰劳动者。这些在经济上和政治上都处于最弱势地位的移民劳动者，难以成为欧洲国家劳动关系治理模式中的治理主体，也缺乏有效手段维护自身劳动权益。不仅如此，随着欧洲国家政府债务危机的不断发酵，政府可以提供的社会福利总量更加有限。移民劳动者的加入意味着劳动者可以享受到的社会福利人均量也有下降趋势，这就必然引发欧洲国家原住劳动者和移民劳动者在社会福利分配方面的矛盾。原住劳动者群体中自然会滋生一种社会仇视情绪，即认为移民劳动者的到来抢夺了原住劳动者的工作机会和社会福利。这种社会仇视情绪则会以身份认同政治的形式，表现为对移民劳动者的社会歧视。这种社会歧视反过来也会促使移民劳动者基于宗教或民族身份标签的“抱团”。

欧洲社会少数族裔的“抱团”现象引发了欧洲主流社会的不满，而欧洲主流社会处理这一现象的办法就是加强对少数族裔的限制措施。比如，法国就曾在2011年4月11日发布“布卡禁令”，禁止穆斯林女性佩戴布卡出门。无独有偶，同年比利时也发布了“布卡禁令”，2018年荷兰和丹麦也通过了类似的禁止穆斯林女性佩戴面纱的禁令。欧洲国家的这些针对少数族裔的限制措施，并没有起到促进少数族裔移民群体融入欧洲主流社会的目的。相反，这种措施增加了少少数族裔移民群体对于欧洲主流社会的仇视情绪，成为加剧恐怖主义向欧洲各国蔓延的因素。这表明欧洲国家对少数族裔移民群体的高压措施并不能从根本上解决欧洲国家日渐激化的民族、宗教和移民问题。不同劳动者群体之间的相互仇视，只会让恐怖主义、新纳粹主义等极端思想在欧洲社会蔓延。这些社会问题的本质，在于存在制度缺陷的欧洲福利资本主义劳动关系治理模式，使得少数族裔移民劳动者无法融入其中并获得与其他劳动者群体平等的对待。

第八章 人工智能与实体经济融合进程与东亚家族资本主义劳动关系治理模式

第一节 东亚家族资本主义劳动关系治理模式的基本特征

一、东亚家族资本主义制度的概念与特征

与美国和欧洲地区不同，东亚地区的资本主义国家形成了与本地区历史传统相适应的资本主义制度模式。本书中所分析的东亚资本主义国家和地区，既包括日本、韩国等东北亚地区的资本主义国家，也包括在文化传统上与东北亚有密切联系的、东南亚地区的众多资本主义国家和地区。在东亚地区，日本是最早进入资本主义社会的国家，韩国以及东南亚地区则是在第二次世界大战之后才逐渐从具有封建性质的殖民地经济或半殖民经济转变为资本主义经济。东亚地区的资本主义制度，以家族资本主义为核心。所谓家族资本主义，指资本家与劳动者之间的劳动雇佣关系以家族（或家庭）关系作为实现载体，家族资本是在社会生产中扮演重要角色的一种资本主义生产方式具体形式。东亚家族资本主义的主要特征如下。

首先，家族资本是资本主义生产资料私有制的重要实现形式，以家族为基础形成的家族财阀控制着本国国民经济的命脉。与欧美国家面向全社会的、以股权融资为主的直接融资方式不同，东亚家族资本主义国家的融资方式往往以间接融资为主。家族内部的融资是最为基础的融资渠道，资

本主义经营的收益也在很大程度上由家族内部提供融资的成员所共享。这种以家族为纽带的融资方式，既是东亚家族资本主义下生产资料私有制的基本实现形式，也是东亚家族资本主义中资本集中的重要实现形式。在实行东亚家族资本主义的国家和地区中，资本主义生产关系直接表现为资方家族或者家族中的资方成员占有生产资料，雇佣其他劳方家族或者家族中的劳方成员进行生产劳动。而在日本、韩国等更发达的资本主义国家和地区，以家族为基础形成的财阀则在国民经济中占有举足轻重的地位。以日本为典型，通过银行与企业相互持股的主银行制①，财阀家族成为东亚家族资本主义国家中的金融寡头资本。三井、三菱、住友和安田四大家族财阀是日本最早形成的垄断财团，尽管第二次世界大战后初期日本家族财阀的垄断势力曾一度受到打压，但战后日本经济的复兴促使家族财阀势力再度壮大。无独有偶，在韩国，三星、现代等家族财阀对国民经济命脉也保持绝对控制地位。而在东南亚地区，各国的家族财阀都在本国国民经济中占据统治地位。

其次，资本家与劳动者之间的劳动雇佣关系既是以家族（或家庭）关系为实现载体，也因家族（或家庭）关系的存在而更加隐蔽。在东亚家族资本主义制度下，资方与劳方之间的劳动雇佣关系往往发生在家族内部的成员之间，或者是资方家族与劳方家族之间。这就使得资本主义劳资关系在东亚家族资本主义制度下更加隐蔽。资方凭借对生产资料的占有而无偿占有劳方所创造的剩余价值的事实，时常因家族关系的存在而被掩盖和扭曲为以下一种关系：家族中的“能人”给被雇佣的亲戚“施舍”生计，被雇佣的亲戚应当对家族中的“能人”回报以感恩和忠诚。在东亚家族资本主义发展到家族财阀统治的阶段，家族关系使劳动雇佣关系隐蔽化的作用仍在继续发挥。企业的雇员往往被要求将企业组织视作是“家”，将雇主视作是“家长”，将同事视作是“家人”。雇员必须保持对“家”的忠诚，对“家长”的顺从，对“家人”的支持。在东亚家庭资本主义企业内部的独特话语体系下，绝对剩余价值生产方法所导致的剩余劳动时间绝对延长（即“加班”），也会被解读为一种对“家”的奉献。以日本为例，“加班文化”的长期盛行使得日本成为发达资本主义国家中“过劳死”现象较多

① 刘毅．日本的主银行制与银企关系［J］．日本研究，2003（4）：14—22.

发的国家①。类似悲剧反复发生的根源，则在于东亚家族资本主义制度下将劳动雇佣关系隐藏于家族关系的制度安排。

再次，东亚资本主义国家的政府在社会经济中扮演“大家长”角色，对社会经济发展方向拥有较大话语权和较强控制力。东亚家族资本主义制度之下，不仅仅资方与劳方之间的劳动雇佣关系被隐藏于家族关系之下；在“家国一体”的文化传统下，政府也通过在社会经济中扮演“大家长”角色，来调和作为统治阶级的家族财阀和作为被统治阶级的劳动大众之间的关系。一方面，掌控政府的官僚家族通常与家族财阀之间保持密切联系，两者之间存在“一荣俱荣，一损俱损”的共生关系。东亚资本主义国家比欧美资本主义国家更加频繁地动用国家行政资源，以产业政策等名义为家族财阀提供政治经济支持。另一方面，东亚资本主义国家也更倾向于认为政府应当凌驾于个体之上去维持秩序，并将提供公共产品视作是政府对国民的“额外照顾”。这就使得东亚家族资本主义制度下的政府在社会经济控制力上强于美国经理资本主义下的政府，但又不像欧洲福利资本主义制度下的政府需要承担提供广泛社会福利的责任。总之，东亚资本主义国家的政府对于社会经济拥有巨大影响力，东亚资本主义国家经济表现的好坏也与这些国家政府治理能力的高低有着密切关联。

二、东亚家族资本主义制度下的劳动关系治理模式特征

（一）治理主体维度上的特征

与美国和欧洲的资本主义国家和地区相比，东亚家族资本主义制度下劳动关系治理主体的主要特征表现在以下两方面。

一是家族作为具有主动性的治理主体参与劳动关系博弈。根据治理主体参与劳动关系博弈的时间，可以分为事前参与、事中参与和事后参与。所谓事前参与是治理主体在劳动关系博弈开始前就加入博弈，事中参与是治理主体在劳动关系博弈过程中加入博弈，事后参与则是在前一轮劳动关系博弈结束后治理主体为强力改变对己方不利的均衡解而被动参与。从参与劳动关系博弈的主动性来看，治理主体的事前参与具有最强的主动性，

① 胡澎．日本的“过劳”与“过劳死”问题：原因、对策与启示［J］．日本问题研究，2021（5）：1—9.

事中参与次之，事后参与又次之。在东亚家族资本主义制度下，家族是劳动关系博弈中的独立第三方治理主体，家族在参与劳动关系博弈时往往以维持一个整体的家族内部团结为目的。家族可以要求家族成员为忠诚于家族集体利益而部分牺牲个人利益。从家族团结的目的出发，家族并不能纵容家族中的资方成员无节制地扩大已方利益而损害其他劳方成员的利益，但家族又必须依靠资方成员在经济上的支持才能维护家族的权威。这就决定了家族有充分的经济激励，使之愿意在劳动关系博弈的事前、事中和事后均积极参与劳动关系博弈。家族的参与也极大改变了劳动关系博弈和劳动关系契约的性质，家族事实上扮演了劳动关系纠纷中的第三方处理机制，使得劳动关系契约更具有关系型契约的特点。劳动关系契约往往是长期存续，甚至是终身存续的，劳资双方所处的博弈结构接近于合作博弈。以日本为例，日本企业往往将家族文化融入企业管理中，终身雇佣制曾长期盛行。即便新世纪后终身雇佣制趋于瓦解，但在日本25—29岁已就业或曾就业人员的第一份工作中，仍有68.3%是不易被解雇的正规雇佣①。

二是政府往往作为被动性的治理主体参与劳动关系博弈。东亚家族资本主义和欧洲福利资本主义的一个显著不同之处在于，欧洲资本主义国家的政府在参与劳动关系博弈方面具有更强的主动性，其在劳动关系博弈的事前、事中和事后均全程参与；而在东亚家族资本主义制度下，尽管政府倾向于在社会生产中扮演“大家长”的角色，但东亚资本主义国家的政府通常并不会积极地在事前或事中参与劳动关系博弈，只有当劳资双方在劳动关系契约执行中存在纠纷时，政府才以第三方仲裁者的身份参与到劳动关系纠纷的调解和处置中。但是政府在劳动关系纠纷处置中的超然地位，并不意味着东亚家族资本主义制度下政府行为仅仅是劳动关系博弈的外生既定因素。一旦劳动关系博弈的均衡解导致劳动关系矛盾激化到一定程度，以至劳动者阶级对政府执政合法性产生怀疑时，政府为了维持执政合法性也不得不被动地参与到劳动关系博弈中来。仍以日本“过劳死”问题为例，日本早在1947年就以法律形式明确了8小时工作制，但日本盛行的加班文化却使得这项制度并未得到很好执行。1969年就已经出现过劳死案

① 张建立．日本年轻人缘何压力山大——从日本终身雇佣制的瓦解说起［J］．人民论坛，2020（5）：126—127．

件的日本直到1988年才开通相关案件报警电话。在众多过劳死赔偿诉讼引发强烈社会关注之后，日本才在2014年通过《过劳死等防止对策推进法》①，但过度加班问题在日本仍未得到根本解决。由此可以看出，东亚家族资本主义制度下，政府在调节劳动关系博弈过程中的作用具有明显的滞后性。

（二）治理渠道维度上的特征

东亚家族资本主义劳动关系治理模式在治理渠道维度上表现为经济性治理渠道和非经济性治理渠道的高度融合。如第五章中已经提及，经济性治理渠道和非经济性治理渠道主要体现在劳动关系契约订立是否有超经济性力量干预，以及是否以价值规律作为博弈规则。在美国经理资本主义制度下，市场机制在劳动力资源配置中发挥基础作用，政府对劳动力市场的干预较小，劳动力供求关系由价值规律直接调节；在欧洲福利资本主义制度下，政府虽然对劳动力市场有一定干预，但劳动关系契约订立仍是市场机制下劳资双方直接博弈的结果。在东亚家族资本主义制度下，由于家族作为治理主体的全面参与，劳动关系博弈受到家族及家族观念的影响较大。劳资双方成员对家族的服从和忠诚，使得劳资双方在进行劳动关系博弈时所考虑的因素不仅仅是劳动力价格，还包括个体成员需要维持的社会关系和所履行的社会责任。由此导致经济性治理渠道在一定程度上融合于非经济性治理渠道之中：一是劳动关系契约的长期存续对于劳资双方来说都有特别意义，为了维持这种长期关系不得不牺牲一些短期利益；二是劳动关系契约的订立并不完全是基于自愿原则，某种程度上还受到职业道德、社会责任等隐蔽的超经济性强制力量的约束；三是由于价值规律作用在一定范围内受到排斥，劳动力价格偏离价值的现象（比如长时间无报酬加班现象）在劳动关系契约存续中长期存在。

东亚家族资本主义劳动关系治理模式下经济性治理渠道和非经济性治理渠道的高度融合，也使得劳动关系博弈具有“黏性”特征。首先，劳动关系博弈结构的调整通常较为缓慢。由于劳动关系契约的长期存续特征，无论是资方还是劳方往往不倾向于使用废除现有劳动关系契约和重订新劳动关系契约的方式来重置劳动关系博弈结构。劳动关系博弈结构的调整往往具有“边际调整”的特点。值得关注的是随着终身雇佣制的瓦解，东亚

---

① 俞飞．“高烧难退”的日本过劳死［J］．方圆，2021（1）：58—61.

家族资本主义制度下劳动关系博弈结构的调整也有加快趋势。其次，劳动关系博弈均衡解的调整通常也较为缓慢。劳动关系契约的订立和执行过程常受到隐蔽的非经济性强制力量的约束，使得劳动力价格与价值偏离的状况长期存在，劳动力价格向价值的回归相对缓慢。劳动关系博弈均衡解一旦打破，要形成新的均衡解则需要较长一段时间。最后，劳动关系博弈中劳资双方谈判势力失衡所引发的劳动关系矛盾激化，通常也要较长的一段时间才会形成对其他社会关系的冲击上。在长期存续的劳动关系契约中，劳动者个体往往将更多关注焦点放在维持劳动关系契约所带来的社会认同感上。这种对劳动者个体的社会认同感使得劳动者在劳动关系博弈中面临谈判势力失衡和劳动权益损失时，仍愿意采取“隐忍”的行为策略。这就使得劳动关系矛盾走向激化的速度相对缓慢，劳动关系矛盾在很多情况下被社会所忽略。

（三）治理手段维度上的特征

在东亚家族资本主义劳动关系治理模式下，政治强制手段和社会引导手段具有特殊意义，两种手段往往联合使用。不同于欧美资本主义国家，在东亚资本主义国家和地区中，劳资双方主体的劳动关系博弈并不是直接动用经济交易手段，而是更多地通过政治强制手段和社会引导手段加以解决。不论是劳方主体还是资方主体，在劳动关系博弈中较为常见的策略都是运用社会引导手段形成有利于己方的社会舆论，再以社会舆论促使作为第三方的政府采取有利于己方的政策，从而形成社会引导手段与政治强制手段的联动。在东亚资本主义国家的社会治理话语体系下，劳资双方主体都倾向于将己方的利益诉求表达为希望政府施予援手的困难，作为“大家长”的政府则应当履行解决困难的责任。而政府对己方利益诉求满足的程度则构成了对政府执政合法性评价的重要依据。以巩固执政合法性为目标的政府，需要在各方利益诉求中寻找政策平衡。因此，东亚家族资本主义制度下的劳动关系博弈本质上是劳方主体、资方主体和政府主体的三方博弈，垄断政治强制手段的政府主体往往受到其他各方主体在社会引导手段上的约束，而政府主体也有通过社会引导手段去平衡劳动关系博弈中各方利益诉求的行为激励。

与政治强制手段和社会引导手段的频繁使用相对应的，是东亚家族资本主义劳动关系治理体系中经济交易手段在运用上失去独立性。劳动关系治理的经济交易手段在东亚资本主义国家仍非常普遍，但经济交易手段在劳动关系博弈中是作为政治强制手段和社会引导手段实施后的延续性手段而存在的。劳资双方主体不管是通过社会引导手段促使政府执行政治强制手段，还是通过家族势力直接通过社会引导手段对另一方施加影响，都会对劳动关系博弈的即时规则产生影响。只有在劳资双方主体已经明确下一步劳动关系博弈规则的基础上，经济交易手段才会作为对劳动关系博弈均衡解在法律意义上的确认而被运用。不仅如此，经济交易手段所确认的劳动关系契约往往是可以调整的，其契约条款的执行受到很多外部因素的干扰。具体而言，一旦劳资矛盾发生任何变化，原有的劳动关系契约条款就难以继续维持下去。此时劳资双方对于劳动关系契约的修订更多是依靠社会引导手段和政治强制手段去重置劳动关系博弈的“游戏规则”，再在新的游戏规则之下动用经济交易手段明确新博弈结构下的均衡解。可见，相比于美国经理资本主义和欧洲福利资本主义，东亚家族资本主义制度下的劳动关系博弈更倾向于将“经济问题政治化”。

第二节　融合进程对东亚家族资本主义劳动关系治理模式的冲击

一、东亚人工智能与实体经济融合状况分析

东亚资本主义国家人工智能与实体经济融合状况表现出以下几个方面特征。

（一）中高端制造业和装备制造业基础良好

相对于欧洲和北美地区，东亚地区的工业化进程起步较晚但发展迅速。在第二次世界大战之前，东亚地区唯一实现工业化的国家是日本，但彼时日本工业化水平与欧美国家相比尚有较大差距。第二次世界大战结束后，不仅日本长期维持高速经济增长，包括韩国、新加坡在内的东北亚、东南亚地区的工业化也迅速推进。自 20 世纪 70 年代以来，东北亚、东南亚地区逐渐形成了以日本为龙头，韩国、新加坡等“亚洲四小龙”国家和地区为承接，泰国、马来西亚等东南亚国家和地区为拓展的东北亚、东南

亚地区制造业产业链分工体系。东北亚、东南亚国家和地区制造业发展的路径较为一致：先以劳动密集型和出口导向型的低端制造业为起点，随着资本积累的加快而沿着制造业产业链向中高端制造业和装备制造业攀升。这一制造业发展路径充分利用了东北亚、东南亚国家和地区较为丰富的劳动力资源，同时主动依靠国际市场加速本地区工业化进程中的资本积累。与20世纪80年代以后出现去工业化进程的北美和欧洲地区不同，东亚地区在最近40年里加速推进本地区的工业化进程，涌现出一批经济发展势头良好的新兴工业化国家和地区。从表8－1可见，即便是在东亚地区工业化水平最高的日本和韩国，制造业增加值占GDP比重仍远高于美国，去工业化现象在东亚地区并不显著。从表8－2和表8－3可见，中高科技制造业和装备制造业是日韩两国制造业中的主导产业，也反映出东亚地区拥有较强的制造业基础。

表8－1　1997—2019年美日韩三国制造业增加值占GDP比重　（单位:%）

年份	1997	2000	2005	2010	2015	2016	2017	2018	2019
日本	23.35	22.45	21.42	20.77	20.46	20.29	20.44	20.69	20.31
韩国	24.66	26.45	25.74	27.44	26.61	26.36	26.95	26.64	25.22
美国	16.09	15.12	12.99	11.93	11.63	11.17	11.13	11.20	10.93

资料来源：世界银行WDI数据库。

表8－2　1997—2019年美日韩三国中高科技制造业增加值占制造业增加值比重　（单位:%）

年份	1997	2000	2005	2010	2015	2016	2017	2018	2019
日本	51.39	52.02	55.02	55.64	56.77	56.57	56.57	56.57	56.57
韩国	54.67	58.87	60.16	61.23	66.96	66.18	66.19	63.83	63.83
美国	51.71	51.01	49.31	48.07	48.32	47.95	48.31	47.83	47.05

资料来源：世界银行WDI数据库。

表8－3　1997—2019年美日韩三国机器与运输设备制造业增加值占制造业增加值比重　（单位:%）

年份	1997	2000	2005	2010	2015	2016	2017	2018	2019
日本	33.49	33.90	37.21	37.54	46.01	45.20	45.20	45.20	—
韩国	37.03	41.30	43.97	49.80	48.73	47.44	48.33	48.33	48.33
美国	30.09	29.72	25.10	28.44	28.94	27.93	28.56	28.72	28.72

资料来源：世界银行WDI数据库。

（二）老龄化进程刺激智能化装备市场需求

东亚资本主义国家和地区在全球资本主义产业链中的分工，决定了东亚资本主义国家和地区所发展的制造业对劳动力成本较为敏感。东亚地区不断加快的老龄化进程则使得劳动力成本上升与制造业发展之间的矛盾加剧，东亚资本主义国家和地区的产业资本家更倾向于通过人工智能与实体经济的融合来保持制造业的国际竞争力。从图8－1可见，作为东北亚、东南亚地区最发达的资本主义国家，日本的人均GDP长期与同样是制造业强国的德国保持在接近水平。在20世纪80—90年代，日本和德国人均GDP均一度超过美国。进入本世纪后，随着美国凭借数字经济领域所取得的优势巩固了其在全球产业链中的领导者地位，作为全球产业链中跟随者的日本和德国在人均GDP上均与美国拉开差距。东亚地区较为严重的老龄化问题则成为制约东亚资本主义国家与北美和欧洲国家竞争的重要限制因素。从表8－4可见，日本的老龄化程度高于同等收入水平的德国，也远高于美国。2019年日本人口抚养比高达68.28%，但人口出生率仅为7人/千人。老龄少子化问题远比美国和德国更为严重。而作为日本经济追赶者的韩国，尽管人口抚养比低于日本，但生育率也远低于日本，韩国老龄化进程将比日本更快。在东北亚东南亚地区劳动力成本上升预期较为强烈的条件下，加快人工智能与实体经济融合成为这一地区产业资本家减轻劳动力成本上升对利润冲击的重要应对措施，因而在东北亚东南亚地区可派生出比欧美国家更强烈的智能化装备市场需求（参见表8－5、表8－6）。

表8－4　1971—2020年美德日韩四国65岁及以上人口比重　（单位：%）

年份	1971	1980	1990	1995	2000	2005	2010	2015	2016	2017	2018	2019	2020
日本	7.05	8.91	11.87	14.30	16.98	19.65	22.50	26.02	26.59	27.11	27.58	28.00	28.40
韩国	3.50	4.12	5.23	5.98	7.19	8.86	10.69	12.86	13.34	13.85	14.42	15.06	15.79
美国	10.20	11.56	12.63	12.66	12.33	12.31	12.98	14.64	15.03	15.42	15.81	16.21	16.63
德国	13.89	15.65	14.91	15.48	16.49	18.87	20.55	21.22	21.29	21.37	21.46	21.56	21.69

资料来源：世界银行WDI数据库。

表 8－5　　1971—2020 年美、德、日、韩四国人口抚养比　（单位:%）

年份	1971	1980	1990	1995	2000	2005	2010	2015	2016	2017	2018	2019	2020
日本	45.10	48.15	43.56	43.98	46.56	50.34	55.89	63.96	65.31	66.46	67.43	68.28	69.05
韩国	81.08	61.25	44.24	40.86	38.51	38.29	36.60	36.32	36.68	37.13	37.73	38.52	39.54
美国	60.45	52.04	52.21	53.09	51.60	49.68	49.67	51.21	51.65	52.16	52.71	53.28	53.85
德国	58.91	52.03	44.62	46.49	47.41	49.89	51.79	52.52	52.91	53.43	54.04	54.71	55.38

资料来源：世界银行 WDI 数据库。

表 8－6　　1971—2020 年美、德、日、韩四国每千人粗人口出生率　（单位：人）

年份	1971	1980	1990	1995	2000	2005	2010	2015	2016	2017	2018	2019	2020
日本	19.1	13.5	10	9.54	9.4	8.41	8.5	8	7.8	7.6	7.4	7	—
韩国	31.2	22.6	15.2	15.7	13.5	9	9.4	8.6	7.9	7	6.4	5.9	—
美国	17.2	15.9	16.7	14.6	14.4	14	13	12.4	12.2	11.8	11.6	11.4	—
德国	12.9	11.1	11.4	9.4	9.3	8.3	8.3	9	9.6	9.5	9.5	9.4	—

资料来源：世界银行 WDI 数据库。

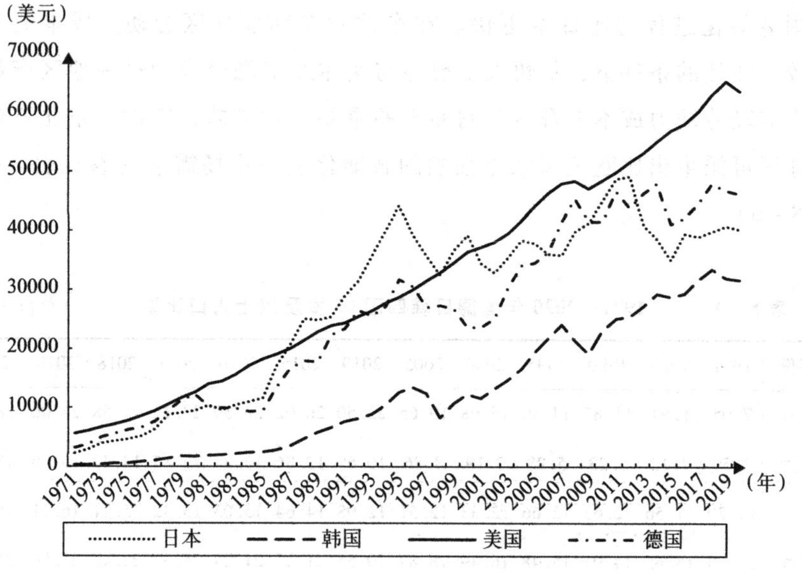

图 8－1　1971—2020 年日、韩、美、德四国人均 GDP 比较

资料来源：世界银行 WDI 数据库。

（三）与美国形成密切分工关系但产业独立性差

东亚地区的人工智能与实体经济融合并不是孤立的进程，东亚资本主义国家人工智能产业的发展与美国形成了较为密切的分工协作关系。在全球人工智能产业链中，美国掌握人工智能领域的核心技术，成为整个产业链中的技术研发中心和产业领导者；日本和韩国等东亚资本主义国家则发挥在中高端科技制造业和装备制造业领域的比较优势，成为整个产业链中的生产制造中心。由表8－7可见，美国在数字通信技术、计算机技术和微结构与纳米技术领域相对于日本和韩国具有明显的比较优势；日本和韩国则在视听技术、半导体技术等领域具有比较优势。基于比较优势原则，美国与日韩等东亚资本主义国家形成了较为密切的分工关系。美国的高通、苹果、摩托罗拉等企业在芯片设计等领域掌握核心技术，而日本索尼、夏普等企业则在芯片生产关键零部件和原材料方面具有垄断地位，韩国三星等企业则成为芯片加工、屏幕制造领域的重要代工企业。东南亚的泰国、马来西亚等国家和地区则在存储设备等生产领域密集布局。由此可见，整个东北亚东南亚地区是全球人工智能与实体经济融合进程的重要市场和生产基地，在全球人工智能产业链中占据重要地位；但东北亚、东南亚地区人工智能与实体经济融合进程受美国核心技术的掣肘，产业独立性相对较差。

表8－7　1995—2021年日韩美德四国人工智能相关的PCT专利公布数量比较

（单位：件）

年份		1995	2000	2005	2010	2015	2020	2021
视听技术	日本	118	632	1757	2097	2026	2607	2381
	韩国	6	56	410	553	617	1231	1203
	美国	519	1188	1250	1158	1476	1651	1621
	德国	85	250	270	226	256	304	290
电信技术	日本	53	246	774	969	887	1010	915
	韩国	0	101	326	803	686	827	904
	美国	406	1325	1578	1156	1191	1324	1351
	德国	63	423	329	167	147	171	148

续表

年份		1995	2000	2005	2010	2015	2020	2021
数字通信技术	日本	29	173	664	1269	1832	2495	2286
	韩国	1	44	243	781	1546	2246	2181
	美国	291	1282	1768	2413	3859	4740	5642
	德国	25	244	473	248	325	513	438
计算机技术	日本	73	375	1259	1759	2529	3351	3434
	韩国	1	46	248	418	1195	1603	1653
	美国	705	2487	4194	4024	6640	7032	7205
	德国	73	378	628	430	498	789	665
半导体技术	日本	45	343	1143	2148	2305	2679	2497
	韩国	3	16	96	407	510	921	764
	美国	248	724	1320	1946	1620	1420	1303
	德国	49	342	393	497	456	408	360
微结构与纳米技术	日本	0	6	29	40	54	71	54
	韩国	0	0	7	56	35	15	10
	美国	5	19	44	145	116	148	141
	德国	3	10	12	32	39	44	38

资料来源：世界知识产权组织。

二、对东亚家族资本主义劳动关系治理模式的冲击

人工智能与实体经济融合进程对东亚家族资本主义劳动关系治理模式的冲击，主要体现在以下三个方面。

（一）产业变迁加剧劳动者家庭贫困化，劳方谈判势力弱化

东亚地区工业化进程的特点，决定了技术进步与产业变迁所导致的劳动者家庭贫困化问题要比欧美国家更为严重。如前文所述，东亚资本主义国家的工业化都是以劳动密集型和出口导向型制造业起步，这就使得东亚资本主义国家在工业化进程中对劳动力成本更加敏感。东亚资本主义国家长期将劳动力价格维持在较低水平，同时政府提供的社会福利也低于欧洲福利国家。“低工资、低福利”是东亚资本主义国家劳动者家庭普遍面临的劳动力市场状况。随着东亚资本主义国家工业化的推进和资本积累的强化，东亚资本主义国家在产业结构上不可避免地由劳动密集型产业向资本密集型或技术密集型产业演进。这些资本有机构成更高的产业对劳动力需

求较少，使得劳动者家庭在产业变迁中遭遇就业机会和劳动报酬的相对减少。以韩国为例，根据世界银行数据，2016 年韩国调查平均日收入为 42.88 美元/天（2011 年购买力平价），但最底层 40% 人口的调查平均日收入仅为 21.98 美元/天。无独有偶，2019 年泰国调查平均日收入为 15.59 美元/天，最底层 40% 人口的调查平均日收入仅为 7.48 美元/天。在东亚地区的人工智能与实体经济融合进程中，产业变迁仍是沿着由劳动密集型产业转向资本密集型产业的方向演进。东亚地区在全球人工智能产业链中的分工决定了劳动力成本控制仍是这一地区产业资本家扩大利润的关键。因此，在人工智能与实体经济融合进程中，东亚资本主义国家的劳动者家庭面临进一步贫困化威胁，劳动者在劳动关系博弈中的谈判势力也将随之继续弱化。

（二）财阀家族统治空前强化，资方谈判势力持续强化

在东亚家族资本主义制度下，财阀家族统治是资本主义生产资料私有制在东亚资本主义国家中的高级表现形式。在东亚资本主义国家的工业化初期，财阀家族势力的崛起本质上是东亚家族资本主义向垄断资本主义过渡的必然产物。财阀家族势力由于控制更大资本规模，一度促进了这些国家的工业化进程。但随着东亚资本主义国家工业化进程的持续推进，财阀家族势力所代表的垄断资本的腐朽性和寄生性也逐渐显现出来。财阀家族凭借对生产资料和经济命脉的高度垄断，不仅不断加强其对本国国民的经济统治，还通过政商勾结等手段积极干预本国政治生活。在东亚资本主义国家的人工智能与实体经济融合进程中，财阀家族统治得到空前加强。以韩国为例，三星、现代、LG、SK 和乐天五大财阀的企业资产占韩国总产出的 60%，前 30 家财阀控制韩国 80% 的总出口和 GDP①。在全球人工智能产业链中，韩国三星集团以其在芯片封装、终端设备、显示屏幕等方面的技术优势占据重要分工角色。随着全球人工智能市场的不断扩张，以三星为代表的韩国财阀在本国的强势垄断地位还会进一步加强。从世界银行数据来看，韩国收入最高的 10% 人口所占收入份额在 2006 年时为 24%，到 2016 年时仍为 24%。可见，财阀家族统治地位并没有因为人工智能与实体经济融合而受到任何实质性的冲击，在东亚家族资本主义劳动关系博弈中资方仍然拥有极为强势的谈判势力。

---

① 金英姬．韩国财阀企业功过得失及启示［J］．上海经济研究．2017（11）：109—118.

（三）家族关系非对称瓦解，削弱劳动者组织化程度

在工业化、城镇化和老龄化的共同作用下，东亚家族资本主义国家正在经历家族关系瓦解的历史过程，但东亚资本主义国家家族关系挖掘具有非对称性。在东亚家族资本主义制度下，家族关系不仅是私人资本维持经济上统治地位的纽带和工具，同时也是劳动者实现组织化的重要渠道，甚至劳动关系博弈也可以在家族关系框架之下隐蔽展开。随着东亚地区工业化、城镇化和老龄化的加快，流动人口增加和家庭规模缩小极大地冲击了传统家族关系，使得家族关系逐渐瓦解。但在东亚资本主义国家，家族关系瓦解具有不对称性：劳动者所依托的家族关系呈现加速瓦解趋势，但资本家所依托的家族关系则瓦解较慢甚至反而强化；在同一家族关系下，资本家成员在家族关系中的核心地位得到增强，劳动者成员则在家族关系中更加边缘化，甚至从淡漠的家族关系中被排斥出去。在东亚家族资本主义劳动关系博弈中，家族关系的非对称性瓦解对于劳动者组织化程度有明显的弱化作用。财阀家族巩固经济统治的需要使得家族关系成为加强资产阶级联络的工具。但对趋于贫困化的劳动者群体来说，家族关系的维持却成为一种经济上的负担，因此推迟婚姻和减少生育成为劳动者的无奈选择。原本盛行“多子多福”观念的东亚地区已经成为当今世界上生育率最低的地区之一。劳动者的这种选择一方面会加速劳动者所处的家族关系的瓦解，另一方面也会随着劳动者所处家族关系的加速瓦解，使得劳动者组织化程度趋于下降。在工会等工人组织相对较弱的东亚资本主义国家，家族关系瓦解引发的劳动者组织化程度下降，必然会在人工智能与实体经济融合进程中使劳方在劳动关系博弈中的谈判势力进一步削弱。

第三节　融合进程中东亚家族资本主义劳动关系治理模式演化的趋势及影响

一、融合进程中东亚家族资本主义劳动关系治理模式的演化趋势

在人工智能与实体经济融合进程中，东亚家族资本主义劳动关系治理

模式将呈现出以下几方面演化趋势。

（一）劳动关系治理模式开放性和有效性耗竭，劳动者群体陷入“低欲望状态”

如前文所述，在东亚资本主义国家，人工智能与实体经济的融合进程因为导致劳动者家庭贫困化、财阀家族统治强化和劳动者组织松散化，进而引起劳动关系博弈中劳资双方谈判势力向资方倾斜的态势。而在东亚家族资本主义制度下，特别在意和顾及他人想法的文化传统使得东亚地区劳动者个人并不愿意积极在公共场合表达个人观点，特别是表达和主流舆论宣传相左的个人观点。这就极大地影响了劳动者通过公开场合表达谋求个人利益实现的成本函数。而在松散的劳动者群体中，参与场合表达观点的较高成本使得在组织劳动者进行群体性抗争时更加容易遭遇“搭便车”的现象。单个劳动者总是倾向于有人率先站出来表达利益诉求，而自己则跟在后面支持利益诉求。这就使得劳动者群体往往容易陷入“囚徒困境”之中，所有单个劳动者都对现存的劳动关系感到不满意，但所有的劳动者都不愿意站出来组织劳动者的集体抗争。因此，在东亚家族资本主义制度下，劳动者个体并不像欧美资本主义国家的劳动者那样倾向于通过“工会运动”“街头抗议”或者“议会斗争”等方式去表达和实现自身利益诉求。面对严重失衡的劳资双方谈判势力，劳动者群体往往因为选择隐忍而成为“沉默的大多数”。

人工智能与实体经济融合进程并不会改变东亚资本主义国家劳动者群体“失语”的状况，从而会在东亚家族资本主义劳动关系治理模式开放性和有效性耗竭的同时，使得劳动者群体更加倾向于通过消极方式应对劳资矛盾。劳动者群体在选择沉默的同时，也会通过降低消费欲望等方式消极应对劳动关系博弈中的利益受损，最终导致陷入群体性的“低欲望状态”。日本学者大前研一就指出，与欧美国家不同，日本实际上步入国民普遍失去消费欲望的“低欲望社会”，因此日本难以像美国一样通过政府宏观调控达到刺激经济的目的①。日本作为实行东亚家族资本主义制度的典型资本主义国家，其国民的“低欲望状态”并不是由于日本人民本身就有勤俭

① 大前研一．低欲望社会：人口老龄化的经济危机与破解之道［M］．郭超敏译，北京：机械工业出版社，2018：16—19.

节约的习惯。20世纪80年代日本房地产经济泡沫时期，日本民众的超前消费意识在东亚地区居于前列。随着日本经济在20世纪90年代以后陷入长期停滞，劳资矛盾也随之激化。日本开放性和有效性都不足的劳动关系治理模式又在很大程度上压抑了劳动者群体的经济利益诉求表达，诸如“过劳死”等强迫劳动问题长期得不到解决，劳动者贫困化和弱势化趋势不断被强化。这一状况的持续使得劳动者及其家庭只能消极选择通过维持“低欲望状态”来克服经济停滞和收入下降带来的生活困难。尽管日本在全球人工智能产业链中占据着附加值较高的中高端制造环节，但日本仍长期存在“长工时、低工资、低福利”的劳动关系特征。日本“过劳死”问题长期得不到解决，也反映了日本劳动者群体的“失语”现象在日本的人工智能与实体经济融合进程中长期存在。这一问题显然不是日本所独有。在韩国等后起的东亚资本主义国家，与日本相同的问题也在快速发酵之中。

（二）劳动关系治理模式持续性堪忧，政府无力扭转劳动者群体的“低欲望状态”

东亚家族资本主义劳动关系治理模式的持续性不足，主要表现在政府不足以扭转劳动者群体的“低欲望状态”上，其中的原因主要有两个方面。

首先，东亚资本主义国家的政府本身就是家族资本主义制度中的一个环节，缺乏颠覆这种经济制度的能力。在东亚家族资本主义制度下，国家和政府本身就是居于统治地位的财阀家族实现和巩固其统治地位的工具。从表象上看，东亚资本主义国家都实行市场经济体制，资源配置主要依靠市场进行。但如前文所述，由于财阀家族掌握着国民经济命脉，隐藏在市场这只“无形之手”背后的，恰恰是财阀家族的“有形之手”。财阀家族通过市场就可以实现其统治地位，也就决定了政府在东亚资本主义国家的资源配置中始终处于从属地位。政府仅是财阀家族维持对本国上层建筑的政治统治的工具。东亚资本主义国家所谓民主选举下的政党轮替，也仅是财阀家族维持政治统治地位的手段而已。政客所推行的政策只要严重损害财阀家族的利益，财阀家族就会通过政党轮替的手段使其下台。以韩国为例，韩国历任总统，特别是那些任上曾大力打压财阀家族势力的总统，在卸任之后往往遭遇政治清算而身陷囹圄。由此可见，在东亚资本主义国家中，政客和政府并没有能力颠覆家族资本主义这一经济制度，相反却成为使这一制度得以长期驻留的组织基础。

其次，东亚资本主义国家的政府没有足够能力通过宏观调控或发放福利等手段去缓和固有的劳资矛盾。在欧美资本主义国家，尽管不掌握国民经济命脉，面对激化的劳资矛盾的政府仍积极通过宏观调控或福利制度试图缓和劳动关系。但从前文的分析可以发现，东亚家族资本主义制度下政府是作为一个被动参与的治理主体参与到劳动关系治理模式中来。政府在劳动关系治理模式下可以采取的治理手段有限。与美国和欧洲不同，东亚资本主义国家在人工智能与实体经济融合进程中，其相关产业发展高度依赖国际资本和国际市场。这就使得东亚资本主义国家必须在尽力控制劳动力成本上升的同时，还要努力降低税率来吸引国际资本流入。这就决定了，相对较低的单位时间工资率虽然已经使得劳资矛盾长期处于紧张状态，但是定位于缓和劳资矛盾的政府却缺少足够的财政收入保障宏观调控和社会福利所需的财政支出。而政府通过举债去维持较高的社会福利支出，从长期来看仍不具有可持续性。因此，东亚资本主义国家长期存在的“长工时、低工资、低福利”劳动关系特征，并不会因为人工智能与实体经济融合进程所带来的劳动生产率加速提高而有根本性的改变。相反，东亚资本主义国家在全球人工智能产业链分工中所占据的地位，使得东亚资本主义国家必须进一步强化其“长工时、低工资、低福利”的劳动关系特征，才能维持其在国际市场中的竞争力。人工智能与实体经济融合进程成为降低东亚家族资本主义劳动关系治理模式可持续性的推动力。

二、融合进程中东亚家族资本主义劳动关系治理模式演化的社会经济影响

在人工智能与实体经济融合进程中，东亚家族资本主义劳动关系治理模式的持续演化，将主要产生以下两个方面的社会经济影响。

一方面，劳动力再生产受到阻碍，人口负增长问题愈演愈烈。如前文所述，东亚资本主义国家长期存在并不断强化的“长工时、低工资、低福利”劳动关系特征是由东亚、东南亚地区在全球产业链中所处位置和劳资双方谈判势力失衡这两方面因素共同导致的。人工智能与实体经济融合进程中，东亚家族资本主义劳动关系治理模式的演化方向，决定了东亚资本

主义国家的上述劳动关系特征并不会根本逆转。东亚资本主义国家的劳动者家庭长期处于贫困之中，使得劳动者家庭不得不作出减少家庭规模的微观决策，极低的生育意愿甚至达到使劳动力简单再生产也难以维持的程度。如图 8－2 所示，日本、韩国、新加坡这三个在东亚地区相对收入较高的国家，均在过去数十年里出现了儿童人口比重锐减的问题。2010 年以后，这三个国家的儿童人口比重均已不足 17%。在人均收入相对较低的泰国、马来西亚和印度尼西亚三国，儿童人口比重也在最近 10 年里飞速下降。其中泰国儿童人口比重已经不足 20%，马来西亚和印度尼西亚儿童人口比重则不足 30%。东亚、东南亚地区这些国家的人口发展趋势表明，在可以预期的未来二十年内，这些国家的劳动力供给将会出现不同程度的衰减。随着劳动力供给的衰减，东亚资本主义国家固有的劳动力成本优势将被侵蚀，这就迫使产业资本家不得不进一步引入劳动生产率更高的人工智能技术。但随着这些技术的引入，东亚家族资本主义劳动关系治理模式中的劳资双方谈判势力失衡则会进一步加剧劳动者家庭贫困化，从而使劳动力再生产受阻的问题更加严重。

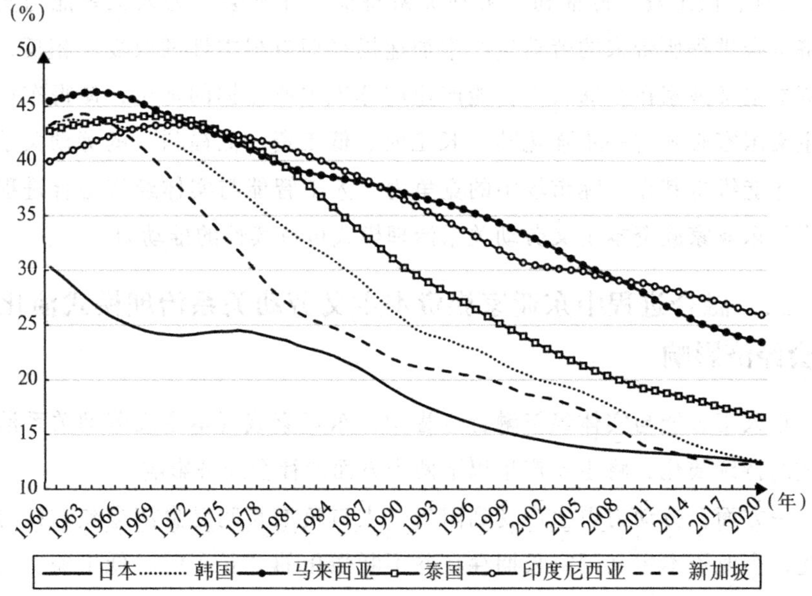

图 8－2　1960—2020 年东亚东南亚地区部分国家 0—14 岁人口比重

资料来源：世界银行 WDI 数据库。

另一方面，劳动者阶级贫困化加剧，经济停滞化问题趋于严峻。东亚资本主义国家中人工智能与实体经济融合进程中出现的劳动者阶级贫困化加剧问题，从供给和需求两个方面对经济增长产生长期不利影响。从供给方面来看，随着人口老龄化及负增长的加剧，由人工智能技术带来的劳动生产率提高不足以抵消劳动力供给减少产生的消极影响。即便对于人工智能技术发展也是如此，数量规模减小、平均年龄增加的劳动力队伍意味着具有创造力的稀缺人力资源日趋匮乏，这对于高度依赖创新的人工智能技术发展尤为不利，因而限制了人工智能技术的发展潜力和全社会的物质财富创造能力。从需求方面来看，劳动者阶级贫困化的长期延续使得消费需求减少，人口老龄化及负增长则导致储蓄增加和投资减少；两者的叠加使得全社会范围内有效需求出现持续萎缩。试图通过增加政府购买以增加有效需求的短期经济政策，则会在长期导致政府债务规模的扩大和政府债务危机的爆发。因此，东亚资本主义国家如果不能在人工智能与实体经济融合进程中彻底解决劳动关系治理模式存在的问题，扭转“长工时、低工资、低福利”的劳动关系特征，那么持续的劳动者阶级贫困化就将使经济停滞化问题变得更加严峻。从表 8－8 可见，在 2011—2020 年的 10 年里，日本、韩国等东亚、东南亚国家均出现了自 20 世纪 60 年代以来最慢的经济增长速度。日本在过去的 30 年里平均经济增长率均低于 1%，韩国、新加坡、泰国、马来西亚和印度尼西亚也都出现了平均经济增长率持续下降的问题。劳动者阶级贫困化问题的持续将使经济停滞化趋势进一步加剧。

表 8－8　1961—2020 年间东亚东南亚地区部分国家每十年平均 GDP 增长率

（单位：%）

年份	1961—1970 年	1971—1980 年	1981—1990 年	1991—2000 年	2001—2010 年	2011—2020 年
日本	9.65	4.50	4.54	1.26	0.60	0.39
韩国	9.55	9.35	10.03	7.22	4.69	2.57
马来西亚	6.49	8.30	6.03	7.23	4.64	4.05
泰国	8.17	6.89	7.89	4.53	4.62	2.29
印度尼西亚	3.94	7.44	5.51	4.08	5.24	4.59
新加坡	9.45	8.82	7.80	7.14	5.91	2.99

资料来源：世界银行 WDI 数据库。

第三篇
我国在人工智能与实体经济融合进程中构建和谐劳动关系的政策选择

第九章　我国人工智能与实体经济融合的时代背景、发展态势和现实挑战

从本章开始，我们将分析的焦点由国外转向国内。在第三篇中将重点考察我国人工智能与实体经济融合进程中的劳动关系治理模式优化问题。为此，将先从我国人工智能与实体经济融合的时代背景、发展态势和现实挑战入手，分析我国人工智能与实体经济融合的历史条件和制度环境，再分析我国人工智能与实体经济融合进程中劳动关系的演化动向，并结合对我国劳动关系治理模式的基本特征和现实挑战，讨论优化我国劳动关系治理模式的有效途径。

第一节　我国人工智能与实体经济融合的时代背景

当前我国人工智能与实体经济融合进程正如火如荼推进。与西方资本主义国家相比，我国人工智能与实体经济融合进程的历史条件和制度环境有很大差距。我国人工智能与实体经济融合进程的特殊之处，主要体现在我国社会生产智能化进程中面临加快数字化发展的产业发展转型、构建新发展格局的经济发展转型和全体人民共同富裕的社会发展转型三重转型任务的相互叠加，并在此基础上构成了加快我国人工智能与实体经济融合进程的“天时”“地利”和“人和”。

一、加快数字化发展的产业转型发展

从产业发展转型的一般规律来看，自工业革命以来，人类社会以工业

化为主线，经历了多次产业转型发展过程。18 世纪下半叶至 19 世纪上半叶发端于英国的第一次工业革命开启了以机械化为主要特征的第一次产业转型发展过程，人类由此开始从农业社会迈向工业社会。19 世纪下半叶至 20 世纪初，欧美国家先后进入第二次工业革命，由此开启了以电气化为主要特征的第二次产业转型发展过程。20 世纪中叶开始，随着第三次科技革命的爆发，计算机、原子能等一系列重大科技成果的大规模产业化开启了以自动化为主要特征的第三次产业转型发展过程。纵观这三次较大的产业转型发展过程，技术革新不断推动人类社会工业化进程，越来越多的人口和地区摆脱传统农业生产方式，并转向现代工业生产方式。当前，全球产业经济发展正处于关键的历史转折点上。自 20 世纪 90 年代以来，随着互联网技术的发明和改进，新一轮以数字化为主要特征的产业转型发展正风起云涌。尽管在数字化产业转型发展的初期，一些西方发达国家经历了去工业化浪潮，物质资料生产部门随着资本输出而大规模向发展中国家转移。但从全球范围来看，在西方发达国家去工业化的同时，亚非拉地区的一些发展中国家却正在如火如荼地推进本国的工业化进程。并且，发展中国家的工业化并不是孤立地进行，伴随着经济全球化而迅速拓展的世界市场成为发展中国家工业化进程得以迅速推进的重要外部环境因素。因此，即便是在以数字化为主要特征的新一轮产业转型发展过程中，工业化仍是人类社会产业发展的主题，让更先进的工业文明惠及更多的人口和更广阔的地区，仍是数字化产业转型发展的历史使命和客观结果。

从我国产业转型发展的历史趋势来看，抓住全球经济数字化转型的历史机遇，加快我国实体经济的数字化发展，是当前我国在产业经济层面上的首要转型与发展任务。在近代，我国产业发展逐渐落后于西方国家，到 1949 年中华人民共和国成立之时，我国仍是一个以农业经济为主的国家，尚未实现机械化。但新中国成立以来的七十余年里，我国在产业经济层面上积极追赶西方发达国家，将机械化、电气化和自动化融于一体，迅速推进我国的新型工业化进程。截至 21 世纪第一个十年结束时，我国在众多工业领域已经取得产品产量世界第一的地位，制造业的国际竞争力迅猛提升，“中国制造” 走向世界。与此同时，突飞猛进的新型工业化进程有力促进了我国城镇化进程，城镇化率在本世纪的前 20 年里迅速提高，城市文明迅速向广大乡村地区扩展。进入 21 世纪第二个十年以后，随着我国在移动互联网领域上的“弯道超车”，以“互联网+”为突破口的数字化经济迅速发展。根据中国信通院《中国数字经济发展报告（2022年）》统计，2021年我国数字经济规模达到45.5万亿元，占GDP比重达到39.8%，较“十三五”初期提升了9.6个百分点①。从国际比较上看，我国数字经济规模已经位居世界第二，仅次于美国。我国人口众多且国民收入水平稳步持续提升，我国数字经济发展仍有巨大的市场潜力。在综合国力竞争日趋激烈的当前国际环境下，填补我国数字技术短板，加快我国数字经济发展，快速实现我国实体经济数字化发展，成为我国在未来一段时期内增强产业经济国际竞争力和供应链产业链安全自主可控性的战略突破口。

总的来看，经过长时间的追赶，我国在产业经济领域严重落后于西方发达国家的状况已经有根本改观。但也必须客观认识到我国在数字化核心技术领域仍与西方发达国家的最先进水平存在一定差距。这些差距需要通过加快我国产业经济的数字化发展来解决。近年来，我国不断加快的人工智能与实体经济融合进程，正是我国产业经济数字化发展不断加快的客观表现，也是我国产业经济数字化发展持续推进的必由之路。当前我国以加快数字化发展的产业转型发展趋势，正可谓是我国人工智能与实体经济加速融合的“天时”条件。

二、构建新发展格局的经济转型发展

从经济转型发展的一般规律来看，人类社会的经济发展是以越来越精细化的分工和越来越默契化的协作为基础的。越来越精细化的分工必然使得劳动者在生产过程中的相互依赖性增强，从而使得越来越默契化的协作也成为劳动者进行生产劳动的必要条件。分工与协作的协同发展使得生产社会化水平不断提高，物质资料生产部门的劳动生产率也加速提升。在从自然经济向市场经济的转变过程中，社会生产力之所以能够实现跨越式发展，恰恰是不断扩大的市场经济促进产业协作朝着更加默契化的方向发展，并为更加精细化产业分工创造了条件。市场规模的扩大刺激了社会生产中分工与协作的协同发展，促进了劳动生产率的提升和社会生产力总量

① 中国信通院．中国数字经济发展报告（2022年）［N/OL］．http：//www.caict.ac.cn/kxyj/qwfb/bps/202207/t20220708_405627.htm.

的增长。从这个视角来看，西方发达国家近代以来所取得的经济发展领先地位，恰恰是由于率先进入资本主义社会的西方发达国家一方面能够通过资本原始积累在国内深度挖掘国内市场，另一方面能够通过殖民扩张在海外拓展国际市场。国内市场和国际市场的不断拓展，为西方发达国家的产业分工精细化和产业协作默契化创造了协同发展的前提条件。而在第二次世界大战结束以后，随着经济全球化的不断加速，西方发达国家虽然逐渐放弃了对亚非拉地区的殖民统治，但仍在国际经济秩序中占据有利地位，继续保持着对亚非拉地区发展中国家的经济殖民关系。西方发达国家主导的世界市场，为第二次世界大战后这些国家生产社会化水平的进一步提升创造了条件。可见，对国内国际市场的持续深入开发，是西方发达国家经济发展领先于众多发展中国家的秘诀所在。

从我国国情来看，积极构建新发展格局的经济转型发展过程，恰恰也是理顺国内市场与国际市场关系的过程。在改革开放以来的很长一段时间内，我国逐渐形成了两头在外的国内国际双循环格局。这种发展格局在特定的历史时期内曾为我国经济转型发展创造了较为宽松的国际市场环境，在一定程度上促进了我国工业化发展。但在新的国际政治经济环境下，这种发展格局也给我国经济发展带来了诸多问题和风险。因此根据我国发展阶段、环境和条件变化，近年来党中央及时提出了构建以国内大循环为主体、国内国际双循环相互促进的新发展格局。在突出以国内大循环为主体的发展格局调整过程中，我国又进一步提出了加快建设全国统一大市场的战略。构建新发展格局的一系列战略调整，从完善社会主义市场经济体制的角度来看，恰恰是一个不断挖掘我国大市场优势和潜力、促进以国内大循环为主体的社会化大生产发展过程。在这一历史过程中，一方面，全国统一大市场的加快构建有助于促进我国实体经济的分工精细化和协作默契化，从而促进我国实体经济劳动生产率的持续提升；另一方面，以国内大循环为主体、国内国际双循环相互促进的新发展格局，有助于提升我国产业链供应链的安全自主可控程度，对促进国民经济的安全发展和持续发展大有裨益。因此，积极构建新发展格局的经济转型发展过程，仍遵循人类社会化大生产发展的一般规律，是先进生产力加速发展的必由之路。

我国人工智能与实体经济融合进程的持续推进，必须与构建新发展格局的经济转型发展过程紧密结合。我国人口众多、市场广阔，实体经济门类齐全，为我国人工智能产业化提供了广阔的发展空间。在建设全国统一大市场的过程中，拥有14亿人口的单一国家市场意味着仅靠市场机制自发调节是远远不够的，必须依靠人工智能等先进数字化技术来提升产业分工协作关系的默契度。这表明我国人工智能与实体经济融合进程可以为社会主义市场经济体制的不断完善提供技术条件和物质基础，也表明人工智能与实体经济融合进程与我国构建新发展格局和建设全国统一大市场的战略目标是相向而行的。反观西方发达国家，由于本国国内市场相对狭小，持续数十年的去工业过程也使得这些国家的实体经济部门严重衰弱。这些国家即便拥有最先进的人工智能技术，也很难在其国内找到有利可图的产业化应用场景。西方发达国家的垄断资本集团只能以知识产权壁垒为手段，通过维持和巩固人工智能领域的技术垄断优势，在国际市场上向正在工业化进程中的发展中国家进行产业资本输出和跨国生产经营，并以此为基础攫取高额垄断利润。这对于西方发达国家的垄断资本集团来说是有利可图的，但对西方发达国家的普通民众，以及这些国家的人工智能与实体经济融合进程来说，却是非常不利的。由此可见，我国人工智能与实体经济加速融合具有西方发达国家所不具备的“地利”条件。

三、全体人民共同富裕的社会转型发展

从维持社会经济中生产与消费之间比例关系平衡的视角来看，一方面，科技进步的可持续发展必须以生产与消费的平衡以及在此基础之上的社会和谐作为前提条件，另一方面，科技进步在一定制度条件下也有可能成为破坏生产与消费之间比例关系，进而加剧社会不和谐状况的消极因素。从西方资本主义国家的工业化发展史来看，先进的工业技术并不总是成为促进社会和谐的积极因素。相反，在资本主义经济制度下，先进的工业技术成为资本加强对社会生产控制，进而攫取更为丰厚利润的工具。资本驱动下的科技进步虽然促进了社会生产力的发展，但也会成为促使收入分配差距拉大的“导火索”。悬殊的收入差距打破了社会经济中生产与消费之间的平衡关系，导致生产相对过剩问题持续累积和经济危机的周期性爆发，成为导致西方国家社会长期不和谐的经济原因。自第一次工业革命以来，技术革新在给无产阶级带来贫困和苦难的同时，也使得资本主义国家无法摆脱生产相对过剩经济危机的“纠缠”。而经济危机的频频发生，

使得社会再生产受到极大冲击，各种稀缺的经济资源在经济危机中无法得到充分利用，科技进步带来的物质财富创造潜能被白白浪费。为在一定程度上缓解生产与消费之间的失衡，西方资本主义国家也试图通过国家干预等手段，在不触动资本主义生产关系的前提下促进社会和谐。但国家垄断资本主义的政府干预政策也导致政府债务危机、社会福利危机等一些问题。

从我国社会经济中的生产与消费关系演变来看，共享型科技创新路线是未来一段时期内协调我国生产与消费之间比例关系的必然选择。在改革开放初期，由于当时我国社会经济中生产与消费关系的主要矛盾突出表现为生产能力的不足，为快速地实现生产能力的提升，我国积极发挥劳动力资源丰富的比较优势，在一些产业领域内选择了“以市场换技术”的科技进步路径，并以此为基础，大力发展劳动密集型产业。劳动密集型产业的发展虽在一段时期内促进了我国工业化加速发展，但必然是以较低的劳动者报酬、较高的资源消耗和较强的环境污染强度为代价。这在一定程度上不利于保持我国社会经济中生产与消费之间的平衡关系。随着改革开放的逐步深入和社会经济的持续发展，社会经济中生产与消费关系的主要矛盾已经转变为内需相对不足，实现全体人民共同富裕的紧迫性日益增强。过去那种大力发展劳动密集型产业的科技进步路线已经不再适应新时代的要求。我们迫切需要寻找到一条以自主创新为基础的、能够更加充分发挥我国人力资源优势、减少资源消耗和环境污染的共享型科技创新路径，并以此作为促进我国全体人民共同富裕的技术基础。

正如本文第一篇已经分析的，人工智能技术在社会主义经济制度下可以成为促进社会与个人双重发展需要的手段，从而具有共享型科技创新的特征。在中国特色社会主义进入新时代以后，实现全体人民共同富裕的战略目标为我国人工智能与实体经济的加速融合提供了有利的社会氛围。在中国特色社会主义制度下，人工智能与实体经济的融合进程通过对实体经济各个部门的技术改造升级，可以极大提高实体经济各个部门的劳动生产率，从而使实体经济各个部门中的劳动者有机会将更多的劳动时间用于创新性复杂劳动。这就使得劳动者的创造力得以更加充分地展现，集体财富的源泉也得以更加充分地“涌流”。在实现全体人民共同富裕战略目标的指引下，通过坚持按劳分配为主体、多种分配方式并存的基本分配制度，可以实现生产发展与劳动报酬的协同增长，使社会经济中生产与消费之间保持合理健康的比例关系，在最大程度上消除导致社会不和谐的经济因素。不仅如此，生产与消费的平衡关系越是得到巩固，全国统一大市场也越能得到充分的发展，从而巩固和增强我国人工智能与实体经济融合的市场优势，反过来促进我国人工智能技术的创新发展。可见，我国人工智能与实体经济融合进程具有“人和”条件。

第二节 我国人工智能与实体经济融合的发展态势

一、人工智能与实体经济融合的前沿技术不断突破

人工智能与实体经济融合进程的顺利推进，在很大程度上取决于人工智能在前沿技术领域内的突破。在第二篇对美国、欧洲和东亚主要资本主义国家人工智能与实体经济融合进程的比较分析中，可以清晰看到：哪个国家或地区在人工智能技术领域占据领先地位，其人工智能与实体经济融合进程中所掌握的国际产业竞争筹码就丰富。在西方主要发达资本主义国家中，美国在人工智能与实体经济融合进程中的技术优势最为全面。特别是在高性能计算机处理器、超级计算机、人工智能算法等前沿领域，美国相对于欧洲和东亚的资本主义国家具有显著技术优势。日本、韩国等东亚资本主义国家则在人工智能装备的制造生产领域具备较为突出的技术优势，并与美国形成较强的技术互补关系。欧洲主要资本主义国家则在人工智能领域的技术积累上稍显不足，在与美国和东亚资本主义国家的技术竞争中处于相对不利地位。我国作为当今世界上最大的社会主义国家，同时也是世界上最大的发展中国家，在发展人工智能技术和推进人工智能产业化方面也面临着激烈的国际技术竞争。特别是面临着来自于西方发达资本主义国家的技术竞争。努力增强我国在人工智能前沿技术领域的独立自主和安全可控，是在越来越激烈的国际技术竞争中增强我国人工智能产业链安全性的必然选择。

我国人工智能与实体经济融合进程在前沿技术领域正在快速实现突

破。从表 9－1 可以看出，1995 年时，我国在人工智能相关领域的 PCT 专利申请量极少，全球占比更是可以忽略不计。但经过二十多年的发展，我国在很多具体技术领域的专利申请量已经赶上甚至超越美国。我国正在成为人工智能领域的全球重要技术创新中心。尽管从专利申请存量来看，我国与美国等西方主要发达资本主义国家尚存在一定差距，但只要我国专利申请增量一直保持较快增长，那么与西方发达国家的差距终将缩小甚至消失。在西方主要资本主义国家违反世界贸易组织相关协定，在高技术领域对我国实施封锁制裁的大背景下，我国在人工智能前沿技术领域的一系列突破就显得更加意义重大。因此，我们应当对我国在人工智能与实体经济融合进程中的前沿技术持续突破保持高度自信，积极稳妥推进我国人工智能与实体经济融合进程中所必要的技术研发工作。

表 9－1　1995—2021 年中美两国与人工智能相关领域的 PCT 专利申请量对比

年份			1995	2000	2005	2010	2015	2020	2021
中国	视听技术	专利数量（件）	2	20	67	344	1259	4851	4527
		全球占比（%）	0.19	0.66	1.24	6.15	19.16	42.06	41.76
	电信	专利数量（件）	1	5	131	612	1089	2184	2161
		全球占比（%）	0.11	0.15	2.98	12.56	22.29	33.88	33.90
	数字通信	专利数量（件）	1	4	275	3125	5423	8714	9888
		全球占比（%）	0.18	0.14	5.25	29.42	33.87	39.46	41.88
	基本通信处理	专利数量（件）	0	3	14	61	144	430	507
		全球占比（%）	0	0.34	1.19	4.76	11.37	26.72	30.78
	计算机技术	专利数量（件）	3	18	86	493	2988	8557	10146
		全球占比（%）	0.27	0.41	1.01	5.18	18.21	35.15	38.86
	IT 管理方法	专利数量（件）	0	2	18	34	276	1460	1061
		全球占比（%）	0	0.21	1.35	1.63	6.87	24.78	20.03
	半导体	专利数量（件）	0	8	21	124	846	2827	2862
		全球占比（%）	0	0.45	0.61	2.11	13.15	31.91	34.29
	光学	专利数量（件）	1	4	23	129	1108	2373	2578
		全球占比（%）	0.13	0.21	0.60	3.08	18.84	28.35	32.55
	控制技术	专利数量（件）	1	7	16	61	289	1199	1248
		全球占比（%）	0.17	0.47	0.76	2.86	9.51	21.97	24.08

续表

年份			1995	2000	2005	2010	2015	2020	2021
美国	视听技术	专利数量（件）	519	1188	1250	1158	1476	1651	1623
		全球占比（%）	49.29	38.94	23.08	20.69	22.46	14.32	14.97
	电信	专利数量（件）	406	1325	1578	1156	1191	1324	1348
		全球占比（%）	45.46	40.02	35.89	23.72	24.38	20.54	21.15
	数字通信	专利数量（件）	291	1282	1768	2413	3859	4740	5602
		全球占比（%）	52.53	44.34	33.73	22.72	24.10	21.47	23.73
	基本通信处理	专利数量（件）	202	386	440	426	379	400	348
		全球占比（%）	57.88	44.11	37.48	33.23	29.91	24.86	21.13
	计算机技术	专利数量（件）	705	2487	4194	4024	6640	7032	7196
		全球占比（%）	63.46	57.00	49.41	42.26	40.46	28.89	27.56
	IT 管理方法	专利数量（件）	45	752	805	1113	1911	1539	1392
		全球占比（%）	66.18	77.85	60.34	53.48	47.58	26.12	26.28
	半导体	专利数量（件）	248	724	1320	1946	1620	1420	1303
		全球占比（%）	60.93	41.11	38.21	33.16	25.18	16.03	15.61
	光学	专利数量（件）	348	875	1246	1060	1062	1647	1424
		全球占比（%）	44.96	44.87	32.54	25.35	18.06	19.68	17.98
	控制技术	专利数量（件）	246	571	799	589	762	928	838
		全球占比（%）	41.41	38.58	37.74	27.61	25.07	17.01	16.17

资料来源：世界知识产权组织。

二、人工智能与实体经济融合的基础设施不断完善

如前文所述，人工智能与实体经济融合进程顺利与否，很大程度上取决于数字基础设施的完善程度。依托物联网、大数据、云计算等先进互联网技术，数字基础设施建设将实体经济各部门中分散使用的各种生产资料连接起来，形成庞大的生产资料网络。生产资料网络化意味着实体经济各部门只有将本部门中企业所拥有的生产资料通过数字基础设施加以联网，才能获得生产资料的全部使用价值。一旦脱离生产资料网络，即便拥有对生产资料的所有权，实体经济中的企业也无法取得这些生产资料的大部分使用价值。因此，不断完善数字基础设施，扩大数字基础设施服务于实体经济各部门的覆盖面，是加速人工智能与实体经济融合进程的前提条件。

作为一个发展中国家，我国工业化基础较为薄弱。这使得在很长一段时期内，我国在数字基础设施方面都存在较大的财政压力。数字基础设施的相对欠缺，是长期困扰我国信息化进程的重要制约因素。

进入21世纪以后，我国数字基础设施建设取得了长足进展，为加速我国人工智能与实体经济融合进程创造了有利条件。从表9－2可见，2013—2020年，我国实体经济各部门的数字化建设取得了显著成就。几乎在所有的实体经济部门中，作为生产资料网络化改造关键设备的计算机使用量都在增长。但也需要注意的是，不同实体经济部门的生产资料网络化改造的进度快慢有别。在科教文卫等服务业领域，生产资料网络化改造进展较为顺利，每百人使用计算机数量明显增加。但在诸如建筑业、水利、环境和公共设施管理业，居民服务、修理和其他服务业等部门，每百人使用计算机数量则增长较为缓慢；甚至在租赁和商务服务业还出现了每百人使用计算机数量减少的情况。实体经济中第三产业的生产资料网络化水平高于第二产业。这说明我国在人工智能与实体经济融合的基础设施建设上取得了一定成就，但也存在数字基础设施分布不均的问题。总的来看，我国数字基础设施不断完善的发展态势是好的，未来在数字基础设施建设“补短板”的过程中，还将有巨大的数字基础设施建设需求和发展空间。随着我国人工智能与实体经济融合进程的加快，可以形成数字基础设施建设与人工智能产业化相互促进的良性发展格局。

表9－2　2013—2020年我国实体经济各部门每百人使用计算机数　（单位：台）

年份	2013	2014	2015	2016	2017	2018	2019	2020
采矿业	14	16	17	19	20	23	25	26
制造业	17	18	19	20	22	25	28	30
电力、热力、燃气及水生产和供应业	51	59	61	61	58	61	68	69
建筑业	7	7	8	8	9	9	10	12
批发和零售业	38	42	43	45	47	50	53	56
交通运输、仓储和邮政业	24	25	27	29	30	33	36	38
住宿和餐饮业	19	22	23	23	23	23	24	26
信息传输、软件和信息技术服务业	115	124	128	130	128	132	131	134
房地产业	37	38	38	37	38	38	40	40
租赁和商务服务业	34	35	35	36	33	30	28	27

续表

年份	2013	2014	2015	2016	2017	2018	2019	2020
科学研究和技术服务业	69	73	72	76	79	82	86	87
水利、环境和公共设施管理业	19	20	19	19	19	18	17	15
居民服务、修理和其他服务业	13	14	14	14	14	15	14	14
教育	76	84	93	91	93	102	108	108
卫生和社会工作	42	46	47	49	51	55	57	60
文化、体育和娱乐业	60	66	65	65	61	63	67	73

资料来源：中华人民共和国国家统计局。

三、人工智能与实体经济融合的应用场景不断拓展

如果说数字基础设施建设是人工智能与实体经济加速融合的前提条件，那么数字化应用场景的不断开发则是人工智能与实体经济加速融合的必要条件。马克思在《资本论》中将所有物质资料生产部门划分为生产资料部类（即第一部类）和消费资料部类（即第二部类）。人工智能产业化的本质是用人工智能技术改造实体经济中的第一部类和第二部类。但这种改造仍要遵循两大部类保持合理比例关系才能维持社会再生产的基本经济规律。在人工智能与实体经济加速融合的进程中，如果只是加快数字基础设施建设，推动生产资料网络化改造，那么第一部类生产过快地增长就可能导致两大部类之间比例关系的失衡。数字化应用场景的开发有助于人工智能技术在第二部类的普及，并推动第二部类生产的加速增长，从而有助于在人工智能与实体经济融合进程中保持两大部类之间的比例关系，进而有助于实现可持续的扩大再生产。因此，在人工智能与实体经济融合进程中，通过积极发展电子商务拓宽数字化应用场景，有助于加速人工智能与实体经济融合进程。这一促进作用对于消费资料工业和各类服务业来说尤为突出。

从表 9 - 3 中来自国家统计局的各部门有电子商务交易活动的企业数比重这一指标来看，2013—2020 年，实体经济中所有部门有电子商务交易活动的企业数比重都在上升。这意味在实体经济的各个部门中，越来越多的企业开始积极开拓数字化应用场景，通过电子商务拓展企业的经营活动。这一倾向在住宿和餐饮业，文化、体育和娱乐业等服务业部门尤为明显。

电子商务在这些企业的经营活动中占据越来越重要的地位。但需要注意的问题是，与数字基础设施建设相类似，实体经济各部门电子商务交易活动企业数比重的上升幅度仍存在较大差异。在采矿业、建筑业、房地产业等实体经济中具有典型生产资料部类特征的行业里，有电子商业交易活动企业数比重上升较为缓慢。这意味着这些部门数字化应用场景的开发还有巨大空间。总的来说，过去十余年间我国数字化应用场景的不断拓展为我国在未来一段时期内人工智能产业化发展创造了广阔的市场空间，在一定程度上也从需求拉动的层面促进着我国人工智能与实体经济的加速融合。

表 9－3　2013—2020 年我国实体经济各部门有电子商务交易活动的企业数比重

（单位:%）

年份	2013	2014	2015	2016	2017	2018	2019	2020
采矿业	1.1	1.1	2.2	3.2	2.7	3.1	3.3	3.7
制造业	7.2	8.6	10.2	11.3	9.7	10.1	10.2	10.7
电力、热力、燃气及水生产和供应业	2.2	3.2	5.6	8	6.2	6.1	6.1	6.5
建筑业	2.7	2.5	4.1	4.8	3.8	3.7	3.7	3.5
批发和零售业	4	6.2	9	10.8	10.5	12.1	13.6	14.4
交通运输、仓储和邮政业	3.2	4	5.8	6.8	5.6	6.2	6.1	6.2
住宿和餐饮业	8.9	24.4	30.8	32.3	31.2	31.6	32.1	35.5
信息传输、软件和信息技术服务业	14	18.9	25	27.4	22.7	21.7	21.4	20.8
房地产业	1.3	1.6	4.1	5	3.4	3.3	3.1	3.1
租赁和商务服务业	4.8	6.4	9.5	10.8	8.3	9.2	9.2	8.6
科学研究和技术服务业	3.6	4.7	8.5	9.5	8.1	8.5	8.3	8.3
水利、环境和公共设施管理业	7	10.3	13.4	16.2	13.4	13.7	13.2	12.6
居民服务、修理和其他服务业	3.2	4.7	7.6	8.9	7.7	8	8.1	7.9
教育	2.6	3.3	6.3	7.3	6.1	6.9	7.5	8.1
卫生和社会工作	3.3	4.1	7.8	9.8	6.7	7.3	7.5	8.6
文化、体育和娱乐业	12.7	20.1	25.3	26.8	20.3	20.9	20.5	20.3

资料来源：中华人民共和国国家统计局。

四、人工智能与实体经济融合的经济效益不断增强

习近平总书记在 2022 年 4 月 29 日下午中共中央政治局第三十八次集体学习时强调，“在社会主义市场经济体制下，资本是带动各类生产要素

集聚配置的重要纽带，是促进社会生产力发展的重要力量，要发挥资本促进社会生产力发展的积极作用”。资本运行规律决定了资本在发挥促进社会生产力发展的积极作用时，必须以经济效益作为重要的参考指标。在社会主义市场经济条件下，人工智能与实体经济融合进程的顺利推进就必须充分发挥资本带动技术、数据等生产要素集聚配置的重要纽带作用。人工智能与实体经济融合的经济效益好坏，在一定程度上决定了人工智能与实体经济融合进程能调动的资本力量的多少。毫无疑问的是，无论是资本参与不足还是资本无序扩张都不利于发挥资本在人工智能与实体经济融合中的作用。正确处理资本和利益分配问题，规范资本在人工智能与实体经济融合进程中的参与方式，是我国人工智能与实体经济融合进程中必须解决的问题。人工智能与实体经济融合的经济效益的不断增强，也将为我国处理好数字经济发展过程中资本和利益分配问题创造条件和空间。

从我国电子信息制造业、软件业以及互联网和相关服务业的统计数据来看，我国人工智能与实体经济融合进程中各类企业的经济效益处于不断增强的态势中。中华人民共和国工业和信息化部统计显示，2021 年，我国规模以上电子信息制造业增加值较上年增长 15.4%，增速为近十年新高；规模以上电子信息制造业实现利润总额 8283 亿元，较上年增长 38.9%；电子信息制造业固定资产投资比上年增长 22.3%①。我国软件和信息技术服务业则在 2021 年实现利润总额 11875 亿元，同比增速 7.6%②。2021 年，我国规模以上互联网和相关服务企业完成业务收入 15500 亿元，同比增长 21.2%；实现营业利润 1320 亿元，同比增长 13.3%③。从上述数据可以看出，我国数字经济领域的基础产业部门正处于经营规模迅速扩大、经济效益显著改善的良性循环之中。数字经济领域基础产业部门的快速发展，则是我国人工智能与实体经济加速融合过程中经济效益持续改善的一个缩影。

① 中华人民共和国工业和信息化部 . 2021 年电子信息制造业运行情况 [N/OL]. https: //www. miit. gov. cn/gxsj/tjfx/dzxx/art/2022/art_0997d192aa6f46fa8d76549f20b4e5d6. html.

② 中华人民共和国工业和信息化部 . 2021 年全国软件和信息技术服务业主要指标 [N/OL]. https: //www. miit. gov. cn/gxsj/tjfx/rjy/art/2022/art_defd7bbb585e432ea4ff13f7139306c9. html.

③ 中华人民共和国工业和信息化部 . 2021 年互联网和相关服务业运行情况 [N/OL]. https: //www. miit. gov. cn/gxsj/tjfx/hlw/art/2022/art_b0299e5b207946f9b7206e752e727e66. html.

第三节　我国人工智能与实体经济融合的现实挑战

一、“卡脖子”的核心技术领域有待突破

目前我国在人工智能与实体经济融合进程中所遭遇的核心技术领域“卡脖子”问题，有着深刻的国际背景。科技要素武器化是科技霸权主义的主要表现。国际金融资本对科技要素的垄断和对全球产业链的控制，则是科技霸权主义的制度根源①。在经济全球化日益加快、全球产业分工日渐细化的今天，几乎没有任何一个国家和地区可以实现科技要素的百分百自给自足，科技要素只有投入全球生产链中才能最大程度地发挥其使用价值。国际金融资本将科技要素武器化的科技霸权主义做法，实则是凭借对于少数核心科技要素的垄断去攫取更多的垄断利润，但必然会对科技要素在全球生产链中实现使用价值最大化的过程产生干扰。因此，这种做法是以牺牲全人类的共同经济利益去换取少数国际金融资本集团的既得经济利益。进入21世纪以来，全球经济失衡问题长期得不到解决，使得全球经济增长前景面临越来越大的不确定性。主要资本主义国家除了长期采取极度宽松的财政货币政策试图维持经济泡沫以外，还通过在核心技术领域实行禁运、制裁等科技霸权主义手段，打压以新兴工业化国家为代表的发展中国家，迫使发展中国家做出更多利益让步，巩固国际金融资本的利益。

“打铁还需自身硬。”我国目前所遭遇的“卡脖子”问题也有一些自身方面的原因。过去很长一段时期内，我国在产业经济领域曾存在认识误区，即“市场换技术”。这种观点认为我国市场规模巨大，只要开放市场就可以换来先进技术。从我国改革开放的实践来看，这一观点确实站不住脚。国际金融资本确实拿出过一些技术与我国进行交换，但这些技术并不是核心技术。而我国为此让出了国内市场，不利于本土科技企业的自主创

① 王俊，苏立君．论科技霸权主义的形成机制、表现形式与经济影响——基于国际垄断资本主义科技治理模式的分析［J］．长白学刊，2021（06）：105—113.

新和发展壮大。以芯片制造业为例，美国可以将芯片封装技术、光刻机组装技术等先进技术外包给其他国家或地区，但是始终将最核心的芯片设计、激光光源等技术掌握在本国高科技企业手中。可见核心技术是换不来的。只能加大科技自主创新力度，培育本土科技企业来加以解决。但在科技霸权主义盛行的国际市场环境下，特别是在核心技术领域标准制定话语权的国际竞争中，仅仅依靠本土科技企业自身的创新研发力量往往是不够的。

二、产业链供应链的自主可控能力有待提高

从社会生产力发展的历史趋势来看，商品经济取代自然经济，进而发展成为市场经济的过程，也是生产社会化程度不断提高的过程。分工专业化和协作市场化的结合，一方面极大提高了生产社会化程度，促进社会生产力总量加速增长；另一方面也使得各个产业部门的独立性不断被削弱，各个产业部门依靠一条条产业链、供应链连接起来，形成一个完整的社会生产网络。在第二次世界大战以后，经济全球化的空前加快也对各个国家的生产社会化产生了巨大影响。伴随着资本、技术、人才和信息等生产要素的跨国流动和全球配置，各个国家相对独立的社会生产网络也逐步走向开放和融合。经过美苏冷战结束后30余年的发展，全球生产网络已经基本形成，世界各国在产业链、供应链上的相互依存、相互促进关系日渐凸显。从人工智能与实体经济融合的视角来看，全球生产网络的形成和拓展为人工智能与实体经济融合发展提供了充足的发展机会。一方面，资本、技术、人才、数据等生产要素的全球配置，可以为实体经济智能化转型提供充足的经济资源；另一方面，广大发展中国家正在积极抓住工业化与智能化协同发展的历史机遇，为人工智能技术产业化提供了旺盛的国际市场需求。秉持互利共赢原则去构建全球性的产业链、供应链，对各国人工智能与实体经济融合进程来说都是最为理想的选择。

但是，国际金融资本以及西方国家政府的科技霸权主义行为，却使得广大发展中国家，尤其是新兴工业化国家，不得不在人工智能与实体经济融合进程中注重防范由于产业链、供应链自主可控能力不足所导致的现实风险。自2018年以来，中美贸易冲突不断升级，美国政府不顾世界贸易组织相关贸易规则，在高科技领域单方面对我国企业实施一系列制裁。美国

政府的科技霸权主义和贸易保护主义行径给世界贸易带来了严重不利影响。同时，也让我们认识到即便在经济全球化时代，仍要加快实现高水平科技的自立自强，增强产业链供应链自主可控能力。此外，2022 年俄乌冲突爆发后，欧洲多国出现的能源供应短缺问题也在提醒我们一个事实，即产业链、供应链自主可控能力不仅体现在高科技核心零部件的产业链、供应链安全上，还体现在能源、矿石等基础战略资源的产业链、供应链安全上。从表 9－4 可见，我国煤炭的国内生产量基本可以满足本国消费，但原油和天然气的国内生产量则远远不能满足本国消费，需要大量依赖进口，因此在能源领域存在潜在的产业链、供应链安全风险。综合原材料和核心零部件两个领域来看，当前我国产业链、供应链还存在较为典型的“两头在外”特征。这与我国正在积极构建新发展格局的要求不相符，也与提高我国产业链、供应链自主可控能力的要求不相符。在百年未有之大变局下，如果我国产业链、供应链自主可控能力不能得到提高，我国人工智能与实体经济融合就将被动面对国际政治经济环境剧变产生的极大风险。

表 9－4　2012—2020 年我国原油、煤炭和天然气的国内生产量和消费总量

年份	原油（万吨）		煤炭（万吨）		天然气（亿立方米）	
	国内生产量	消费总量	国内生产量	消费总量	国内生产量	消费总量
2012	20747.8	46678.9	394513	411727	1106.1	1497
2013	20991.9	48652.2	397432	424426	1208.6	1705.4
2014	21142.9	51597	387392	413633	1301.6	1870.6
2015	21455.6	54788.3	374654	399834	1346.1	1931.8
2016	19968.5	57125.9	341060	388820	1368.7	2078.1
2017	19150.6	59402.2	352356	391403	1480.4	2393.7
2018	18932.4	63004.3	369774	397452	1601.6	2817.1
2019	19101.4	67268.3	384633	401915	1761.7	3059.7
2020	19476.9	69477.1	390158	404860	1925	3339.9

资料来源：中华人民共和国国家统计局。

三、传统产业智能化改造升级步伐有待加快

纵观世界范围内人工智能与实体经济融合的不同战略选择，大致可以分为三种类型。第一种类型是“越过工业化的智能化”战略，即某个未经

过工业化阶段的国家或地区直接越过工业化阶段而进入智能化阶段，建立智能化的实体经济。第二种类型是“从去工业化到智能化”战略，即某个已经实现工业化的国家或地区先经历去工业化阶段，再在智能化阶段重建实体经济。以上两种类型，前者对于尚未进入工业化就赶上智能化时代的发展中国家来说，既是实体经济发展的巨大挑战，也为其实体经济跨越式发展提供了难得历史机遇。后者对于在智能化时代之前已经完成工业化的发达国家来说，既意味着必须付出巨大的实体经济转型成本，但如果能与固定资本大规模更新浪潮相配合，也有可能大大降低实体经济转型成本。除去上述两种人工智能与实体经济融合的战略，理论上还存在第三种路径——“工业化与智能化协同发展”战略。所谓“工业化与智能化协同发展”战略，指正在经历工业化阶段的国家或地区，通过将人工智能技术引入到实体经济的转型升级中，实现工业化与智能化的协同发展，在工业化阶段建立智能化的实体经济。结合本书第一章划分的人工智能与实体经济融合的两种路径，对比三种战略选择可见，前两种战略选择的共同之处在于启动人工智能与实体经济融合进程时的实体经济存量较低①，均属于人工智能创造实体经济增量的融合路径。第三种战略选择则是在实体经济存量较高且仍在继续积累的条件下启动。因而，第三种战略选择既要有人工智能创造实体经济增量，也要有人工智能改造实体经济存量，是两种融合路径相结合的战略选择。

我国人工智能与实体经济融合战略选择的特殊性在于：当全球经济开启智能化时代之时，我国正处于工业化中期阶段。这一现实国情决定了我们既不可能像尚未开启工业化的其他发展中国家一样选择“越过工业化的智能化”战略，也不可能像已经完成工业化的发达国家一样选择“从去工业化到智能化”战略。“工业化与智能化协同发展”战略是最适合我国社会经济历史发展阶段的选择。党的二十大也提出“坚持把发展经济的着力点放在实体经济上，推进新型工业化”。新型工业化之“新”，在于新型工业化必须以“科技含量高、经济效益好、资源消耗低、环境污染少、人力资源优势得到充分发挥”作为发展目标。要实现上述目标，就必须处理好

---

① 第一种类型中，由于相关国家或地区尚未进入工业化阶段，故实体经济存量较低；第二种类型中，由于相关国家或地区经历了长期的去工业化阶段，经济存在较为突出的虚拟化问题，实体经济存量也较低。

工业化和智能化之间的关系，实现工业化与智能化的良性互动。在“工业化与信息化协同发展”战略选择中，难点也在于人工智能如何在创造实体经济增量的同时加速改造实体经济存量。从短期和局部来看，单纯创造实体经济增量的成本较低；但从长期和整体来看，如果能在实体经济存量改造过程中处理好产业结构升级、就业结构优化等一系列问题，则潜在社会收益要远大于单纯创造的实体经济增量。从表 9 – 2 和表 9 – 3 可见，我国实体经济部门的生产资料智能化改造虽在过去的十余年里有明显成效，但距离人工智能与实体经济深度融合的目标还有较远。统计数据也表明，采矿业、制造业、建筑业等物质资料生产部门以及租赁和商务服务业，水利、环境和公共设施管理业等非物质资料生产部门，在智能化硬件设施和软件设施的普及推广方面，尚有很远的一段路要走。如果不能加快传统产业智能化改造升级步伐，就会造成工业化与智能化之间的紧张关系，从而不利于人工智能与实体经济的深度融合。

四、我国智能化产业的国际竞争力有待增强

20 世纪 50 年代以来，经济全球化日益成为世界经济发展不可逆转的趋势。本世纪之初加入世界贸易组织之后，我国迅速融入经济全球化浪潮。在综合利用国内国外两种资源和国内国际两个市场的基础上，我国实现了世界经济史上罕见的长期快速经济增长，工业化建设取得了丰硕的阶段性成就，经济总量跃居世界第二，综合国力显著增强。我国在本世纪前二十年所取得的经济发展成就表明，“关起门来搞建设”的道路行不通，中国对外开放的大门只会越来越大。我国人工智能与实体经济融合进程就是在我国推进高水平对外开放的过程中稳步启动的。对外开放的宏观环境为我国智能化产业的形成和发展提供了技术、人才、资本等生产要素，也为我国智能化产业提供了充分竞争的国际市场环境。在坚持贯彻新发展理念和构建新发展格局的过程中，我国智能化产业应当也能够将更好地服务国内大循环作为主要发展目标；同时也应当且能够积极参与到智能化产业的国际竞争中来，在国内国际双循环相互促进的过程中实现智能化产业更高质量的发展。在当下科技霸权主义盛行的国际政治经济环境下，我国高水平对外开放要抵住来自“反全球化”势力的干扰，很大程度上还是要坚持“打铁还需自身硬”原则，不断做大做强做优我国智能化产业，增强我

国智能化产业国际竞争力。

在我国人工智能与实体经济融合进程的当前阶段，存在一个较为突出的问题，即我国智能化产业国际竞争力有待增强。在过去很长一段时期内，一方面国际经济与贸易环境相对温和，能够通过“两头在外”的国际大循环较为便利地利用国外资源和国际市场，另一方面由于“市场换技术”的观念一度盛行，对于高水平科技自立自强与产业链、供应链自主可控的认识不够充分，我国在智能化产业发展过程中往往强调发挥要素禀赋比较优势，形成与西方发达国家的错位分工关系。这一发展路径虽客观上促进了我国智能化产业规模迅速扩张，但也在一定程度上导致我国智能化产业粗放式发展，国际竞争力的发展受限于诸多瓶颈因素。从表9－5可见，近年来由于在芯片封装等技术领域逐步取得突破，我国在自动数据处理设备及其零部件的多数制造领域均已实现贸易顺差。但在半导体制造设备的制造领域，我国相关设备仍在较大程度上依靠进口，国产化产品尚不足以实现进口替代，更暂时无法在国际市场上与同类产品展开竞争。可见，在构建新发展格局的过程中，我国智能化产业国际竞争力增强的突破口和关键点仍在于解决核心技术“卡脖子”问题。一旦核心技术“卡脖子”问题得以突破，则我国人工智能与实体经济融合进程所面临的产业链、供应链自主可控能力不足、传统产业智能化改造不够和智能化产业国际竞争力不强等问题都将迎刃而解，我国人工智能与实体经济融合的“大市场”优势才能得到充分挖掘。

表9－5　2021年1—12月我国部分智能化制造业进出口量值

	计量单位	出口数量	出口金额（万元人民币）	进口数量	进口金额（万元人民币）
自动数据处理设备及其零部件	—	—	164880761	—	43553455
自动数据处理设备	万台	37916	95458030	180	632608
中央处理部件	万台	4271	13123687	1310	2090880
存储部件	万台	27258	11904666	36514	18883471
自动数据处理设备的零件、附件	吨	627560	23183920	81118	16705657
液晶监视器	万台	10939	9411083	—	—
半导体制造设备	台	—	—	490563	21969155
制造单晶柱或晶圆用的机器及装置	台	—	—	4360	1006540

续表

	计量单位	出口数量	出口金额（万元人民币）	进口数量	进口金额（万元人民币）
制造半导体器件或集成电路用的机器及装置	台	—	—	15844	13691011
制造平板显示器用的机器及装置	台	—	—	409706	3783904

资料来源：中华人民共和国海关总署。

注："—"表明在中华人民共和国海关总署统计月报中相关统计项目下无数据。

第十章　我国人工智能与实体经济融合进程中的劳动关系演化

第一节　我国劳动关系的演化历程与基本特征

一、我国劳动关系的演化历程

自中华人民共和国成立以来，我国劳动关系所经历的演化历程大致可以分为以下几个阶段。

（一）新民主主义经济阶段（1949—1956 年）

1949 年新中国的成立标志着我国的社会性质由半殖民地半封建社会转变为新民主主义社会。新民主主义经济在中国共产党领导的新民主主义革命过程中逐步形成并发展壮大，是我国由半殖民地半封建经济向社会主义经济过渡过程中的经济形态。新民主主义经济是由社会主义性质的国营经济为领导，国营经济、合作经济、个体经济和私人资本主义经济等多种经济成分组成的经济形态。新民主主义经济的特殊性决定了这一阶段我国劳动关系的复杂性。首先，中国共产党领导下的社会主义国营经济居于领导地位，决定了这一阶段我国劳动关系从总体上看是合作性的，而非对抗性的。其次，社会主义性质的国营经济和半社会主义性质的合作经济遍及城乡且其重要性不断上升，决定了这一阶段我国劳动关系从总体上看具有人民性。再次，个体经济和私人资本主义经济在中国共产党的领导下可以在国民经济恢复过程中起到积极作用，但也在一定范围内存在导致劳动关系趋于对抗的消极因素。这些影响劳动关系的消极因素在对农业、手工业和资本主义工商业的社会主义改造过程中从经济制度上得到了根本解决。

（二）社会主义计划经济阶段（1957—1978 年）

随着 1956 年“三大改造”的完成，我国正式进入社会主义社会并建立起计划经济体制，我国劳动关系演化也随之进入到社会主义计划经济阶段。在社会主义计划经济阶段，我国还形成了以户籍制度为基础的、城乡二元结构的社会经济管理体制，并根据城乡各自的特点形成了有差异的公有制存在形式和实现形式。在城市，公有制存在形式以全民所有制为主、集体所有制为辅，公有制实现形式则以国有企业、集体企业、合作社为主要形式；在农村，公有制存在形式以集体所有制为主，公有制实现形式则以实行“三级所有、队为基础”的人民公社为主要形式。这一阶段我国劳动关系也随着演化：一方面，与公有制经济形式相适应的劳动关系是合作性和人民性的，所有劳动者的经济地位是平等的；另一方面，劳动关系具有合作性并不意味着劳动者之间不存在任何经济利益上的矛盾。事实上，即便在社会主义经济制度下，劳动者之间的经济利益矛盾也普遍存在，但劳动者之间的经济利益矛盾并不属于阶级矛盾，而是属于人民内部矛盾，可以通过民主协商的方式来加以解决。劳动关系的局部矛盾激化归根结底是由于未能以正确方式处理好人民内部矛盾所致。

（三）改革开放初期阶段（1979—1991 年）

党的十一届三中全会开启了我国改革开放的历史新篇章。在 1979—1991 年的改革开放初期阶段，我国围绕着“计划与市场之间的关系”这一经济体制改革的核心问题进行了“摸着石头过河”的实践探索。1978 年底我国农村开启了家庭联产承包责任制改革，1979 年党中央决定试办深圳等四个经济特区，我国城乡经济体制改革随之不断深入。1984 年 10 月党的十二届三中全会提出中国社会主义经济是公有制基础上的有计划的商品经济。经济体制改革的推进带动我国劳动关系进一步演化。一方面，我国劳动关系演化是在中国共产党领导下的社会主义劳动关系的历史发展过程。公有制经济仍是我国劳动关系演化的经济制度前提，合作性仍是我国劳动关系演化的主要特征。另一方面，这一时期劳动关系演化与经济体制改革紧密结合，是经济体制改革的组成部分和必然结果。劳动关系的演化增强了人民群众的生产积极性，提高了人民群众的物质生活水平，起到了解放和发展生产力的积极作用，具有鲜明的人民性特征。

（四）构建社会主义市场经济阶段（1992—2012 年）

1992 年，党的十四大明确我国经济体制改革的目标是建立社会主义市场经济体制，我国经济体制改革的步伐进一步加快。1997 年党的十五大明确“公有制为主体、多种所有制经济共同发展”是我国社会主义初级阶段的基本经济制度，2002 年，党的十六大提出“两个毫不动摇”，即“毫不动摇地巩固和发展公有制经济”和“毫不动摇地鼓励、支持和引导非公有制经济发展”。我国在社会主义初级阶段的所有制结构特征，决定了我国劳动关系也必然在这一阶段发生演化。一方面，中国共产党的领导是我国劳动关系演化的引导力量，社会主义性质是我国劳动关系演化的根本属性，合作性和人民性是我国劳动关系矛盾运动中的主要方面；另一方面，作为社会主义市场经济的重要组成部分，非公有制经济的发展壮大既在促进社会生产力发展、增强我国综合国力方面发挥着一定积极作用，也客观上给我国劳动关系带来一些潜在的矛盾和冲突，甚至在局部范围内出现了对抗性的劳资矛盾。

（五）新时代中国特色社会主义阶段（2012 年至今）

党的十八大召开以来，在习近平新时代中国特色社会主义思想的指引下，提出贯彻新发展理念，构建新发展格局，推动经济社会高质量发展、可持续发展，坚持公有制为主体、多种所有制经济共同发展，按劳分配为主体、多种分配方式并存和社会主义市场经济等社会主义基本经济制度，扎实推进共同富裕。在中国共产党的领导下，我国完成了脱贫攻坚、全面建成小康社会的历史任务，推动我国劳动关系持续演化：一方面，通过以自我革命引领社会革命，加强中国共产党对我国劳动关系演化的领导，贯彻以人民为中心的发展思想，更加突出了我国劳动关系演化的人民性和合作性；另一方面，通过脱贫攻坚、强化反垄断和防止资本无序扩张等扎实推进共同富裕的举措，引导非公有制经济健康发展，有效预防我国劳动关系中的潜在矛盾和冲突，为在人工智能与实体经济融合进程中构建和谐劳动关系打下良好的工作基础。

二、我国劳动关系演化的基本特征

中华人民共和国成立以来，我国劳动关系演化具有以下基本特征。

第一，坚持中国共产党领导是我国劳动关系演化始终保持正确方向的根本保证。从前文的分析可以看出，尽管从1949年至今我国劳动关系演化历程经过了五个发展阶段，但我国劳动关系演化始终是在中国共产党的领导下持续推进。在每个历史阶段，我们党和国家面临的社会主要矛盾是动态发展的，我国劳动关系优化面临的主要问题和工作任务也必然不同。这就决定了党和国家在不同历史阶段应当根据具体历史条件下的具体情况，实事求是地灵活处理不同历史阶段的劳动关系优化问题。如何处理好变革与稳定之间的关系，是劳动关系优化过程中不可回避的问题。变革要以稳定为基础和条件，稳定又是变革的前提和目的。优化劳动关系的过程如果增加了不稳定因素，那么优化劳动关系的努力就将违背初衷；如果为了稳定而放弃优化劳动关系，那么劳动关系的冲突则会使稳定不可持续。从本书第二篇分析西方国家劳动关系演化的历史教训来看，西方国家的政治经济制度决定了西方国家无法正确处理劳动关系优化中的变革与稳定关系，从而使得西方国家难以形成足以有效应对各种技术变革冲击的劳动关系治理模式，劳资对立问题也始终难以得到根本解决。尽管我国劳动关系自新中国成立以来一直处于持续演变之中，但我国劳动关系总体上保持在“稳定中有序变革，在变革中巩固稳定”的良好态势，没有出现西方国家那种全社会劳资对立的状况。我国劳动关系演化的这一成就，归根结底是由于我国劳动关系演化在中国共产党的领导下始终保持正确方向，能够始终把握我国劳动关系演化的主要矛盾和矛盾主要方面，科学地处理好劳动关系优化中变革与稳定的关系。

第二，坚持社会主义经济制度是我国劳动关系演化始终保持合作性的制度前提。正如本书第二篇所分析的那样，西方资本主义国家根据各自国情建立了美国模式、欧洲模式、东亚模式等劳动关系治理模式，但这些劳动关系治理模式无一例外都是以资本主义生产关系为经济制度前提。资本主义经济制度决定了对抗性必然是这些国家劳动关系的主要特征，全社会劳资对立必然是这些国家劳动关系治理面临的主要问题。与上述这些国家劳动关系根本不同的是，新中国成立以后，我国劳动关系的主要特征是合作性和人民性，全社会劳资对立问题并不是我国劳动关系优化中面临的主要问题。劳动关系性质上的根本差异，决定了我国劳动关系优化的主要方式和演化路径必然与西方国家有本质不同。劳动关系性质的差异归根结底还是由于我国实行的是社会主义经济制度。由于坚持社会主义公有制，劳动者之间的经济地位是平等的，劳动者之间的经济利益矛盾并不是剥削与反剥削、压迫与反压迫的阶级矛盾，因此不是零和的非合作博弈关系。劳动者之间的经济利益矛盾从根本上看是以改进工作作风、优化分工合作、提高劳动生产率为初心的可调和、可协商矛盾，是非零和的合作博弈关系。即便在某些特定历史阶段由于非公有制经济中存在的一些消极因素导致出现局部范围的对抗性劳资矛盾，也可以通过引导非公有制经济健康发展加以解决。因此，只要我国在劳动关系演化中始终坚持社会主义经济制度，坚持公有制经济主体地位和按劳分配为主，我国劳动关系的合作性和人民性就将得到保障。

第三，坚持民主协商是我国劳动关系演化中处理劳动者内部矛盾的主要方式。本书第二篇通过比较西方资本主义国家劳动关系治理的美国模式、欧洲模式和东亚模式，可以发现西方资本主义国家劳动关系治理模式在处理劳资矛盾时的主要方式有三：一是对于未形成全社会劳资对立的劳资矛盾主要借助经济交易、家族势力等工具手段予以调处，二是对于有可能形成全社会劳资对立的劳资矛盾主要借助立法、司法等国家机器予以压制，三是对于已经形成全社会劳资对立的劳资矛盾主要借助公共福利予以安抚。西方国家劳动关系治理模式处理劳资矛盾的主要方式是由这些国家劳动关系的对抗性决定的。不同于西方国家，我国劳动关系的合作性和人民性决定了西方国家所采取的处理劳资矛盾的上述三种方式并不是我国劳动关系演化中处理劳动者内部矛盾的主要方式。如前文所述，我国劳动者经济地位平等，且他们之间的经济利益矛盾是可调和、可协商的，这就意味着我国劳动关系演化中可以通过民主协商的方式来处理劳动者内部矛盾。从我国劳动关系演化的历史经验来看，越是发扬民主协商精神，尊重劳动者在生产组织中的知情权、选举权、决策权和监督权，就越是可以调动劳动者的生产积极性，促进劳动者共同利益和全社会集体财富的增进，从而使劳动关系自动得到优化。能够运用民主协商方式来处理劳动者内部矛盾，是我国劳动关系演化的一大优势，也是社会主义优越性在劳动关系治理领域的具体体现。用好民主协商手段，也是在我国劳动关系治理中正确处理劳动者内部矛盾的有益经验总结。

第四，劳动关系结构复杂性是我国劳动关系演化中长期存在的演化路径特征。我国劳动关系在结构上具有与西方资本主义国家显著不同的复杂性。这种劳动关系结构上的复杂性表现在以下两个方面。一方面，我国劳动关系具有城乡二元结构特征。西方国家早在第二次世界大战前就基本实现工业化，因此其劳动关系并不具备城乡二元结构。我国作为一个典型的发展中国家，长期存在城乡二元经济结构，这使得我国劳动关系也存在城乡二元结构特征。必须针对城镇和农村劳动关系的不同演化状态，采取有差异性和针对性的劳动关系治理方式。在可以预见的一段时期内，只要我国城乡二元经济结构还未彻底转型为城乡一体化的经济结构，那么我国劳动关系的城乡二元结构特征也将客观存在且持续演化。另一方面，我国劳动关系具有“市场—非市场”二元结构特征。在社会主义市场经济体制下，市场在资源配置中发挥决定性作用。但要素市场化配置和劳动关系市场化治理并不能简单等同。在劳动关系治理中，不能仅依靠市场机制去调节，还要更好地发挥政府作用，依托法律、行政等非市场方式和手段增强对劳动关系的有效治理。我国劳动力市场规模巨大且结构复杂。城乡二元经济结构等因素的长期存在，使得单一的市场机制难以有效治理我国劳动关系中的各种利益冲突和矛盾问题。依据治理方式的差异性，我国劳动关系在结构上也相应存在以市场化治理为主的劳动关系和以非市场化治理为主的劳动关系，由此形成了我国劳动关系的“市场—非市场”二元结构特征。这与西方国家单纯以市场化治理为主的劳动关系结构形成鲜明对比。

第五，劳动关系结构动态性是我国劳动关系演化中不可忽略的演化路径特征。在分析我国劳动关系结构复杂性时必须认识到的一个事实是：我国劳动关系结构的复杂性并非静态，劳动关系结构的复杂性与动态性相伴随。一方面，我国劳动关系的城乡二元结构特征是动态演化的。我国城乡二元经济结构是发展中国家在工业化过程中普遍存在的一般性经济结构特征。根据发展中国家城乡二元经济结构演变的一般性规律，随着发展中国家工业化的最终完成，城乡二元经济结构必然向城乡一体化经济结构转型。我国目前正处于工业化中期阶段。这就意味着随着未来我国工业化水平的提升，城乡二元经济结构也将动态变化。由这种动态变化的经济结构所决定的劳动关系结构特征也必然随之动态演化。另一方面，我国劳动关系的“市场—非市场”二元结构特征也是动态演化的。市场化和非市场化两种治理方式并没有绝对的优劣之分，只有是否能更好地解决特定历史阶段劳动关系具体领域的利益冲突之分。从新中国以来我国劳动关系演化历程可以看出，我国社会主要矛盾在不同历史发展阶段有着不同的含义，社会主要矛盾的变化也推动着我国劳动关系治理的演变。因此，在我国劳动关系治理中，市场化治理和非市场化治理的作用的范围并非一成不变的。既可能出现劳动关系市场化治理作用范围扩大的运动趋向，也可能因实际情况的变化而出现劳动关系非市场化治理作用范围扩大的动向。两种治理方式之间的有机结合方式处于实时动态演进之中，这也是我国劳动关系结构动态性的一种表现形式。

第二节　中国式现代化的本质要求与我国劳动关系演化的内在联系

党的二十大报告指出，当前中国共产党的中心任务是团结带领全国各族人民全面建成社会主义现代化强国、实现第二个百年奋斗目标，以中国式现代化全面推进中华民族伟大复兴。中国式现代化的本质要求是：坚持中国共产党领导，坚持中国特色社会主义，实现高质量发展，发展全过程人民民主，丰富人民精神世界，实现全体人民共同富裕，促进人与自然和谐共生，推动构建人类命运共同体，创造人类文明新形态。人工智能与实体经济融合涵盖在中国式现代化之中，是中国式现代化在着力发展实体经济上的具体表现。我国在人工智能与实体经济融合进程中所构建的劳动关系首先要顺应中国式现代化的发展潮流，满足中国式现代化的发展需要。因此有必要在讨论人工智能与实体经济融合进程对我国劳动关系演化的影响时，先讨论中国式现代化的本质要求与我国劳动关系演化之间的联系。为此，本书将分以下七个方面讨论这一问题。

一、坚持中国共产党领导和坚持中国特色社会主义方面的联系

根据前文对新中国成立以来我国劳动关系演化历程的分析，可以发现我国之所以能够始终保持劳动关系的合作性和人民性，归根结底还是因为我国在处理劳动关系问题时始终坚持中国共产党领导和坚持社会主义经济

制度。要在中国式现代化中积极构建和谐劳动关系，必须在总结历史经验的基础上继续坚持中国共产党领导和坚持中国特色社会主义。

一方面，坚持中国共产党领导可以为中国式现代化中正确处理劳动关系提供政治、思想和组织保证。中国共产党除了人民利益以外没有自己特殊的利益。这就决定了在中国共产党领导下处理劳动关系时，可以始终坚持以自我革命引领社会革命，可以始终站在维护最广大人民根本利益的立场上去分析问题、解决问题，为正确处理劳动关系中的矛盾问题提供政治、思想和组织保障。另一方面，坚持中国共产党领导的中国特色社会主义可以为中国式现代化中正确处理劳动关系提供经济制度保证。恩格斯在《反杜林论》中强调，“随着历史上一定社会的生产和交换的方式和方法的产生，随着这一社会的历史前提的产生，同时也产生了产品分配的方式方法”①。劳动关系的性质归根结底要由生产关系的性质来决定。只有坚持中国共产党领导的中国特色社会主义才能保证在基本经济制度上坚持公有制经济主体地位，保证我国社会经济的社会主义性质，进而从经济制度上保证我国劳动关系的合作性和人民性，为在中国式现代化中构建和谐劳动关系夯实基础和创造条件。

二、实现高质量发展方面的联系

当前，我国已经进入全面建设社会主义现代化国家、向第二个百年奋斗目标进军的新发展阶段。中国共产党坚持以人民为中心的发展思想，贯彻“创新、协调、绿色、开放、共享”的新发展理念，全面解决发展中的发展动力问题、发展不平衡问题、人与自然和谐问题、发展内外联动问题以及社会公平正义问题，积极构建新发展格局和推动高质量发展。党的二十大报告也指出，高质量发展是全面建设社会主义现代化国家的首要任务。

在中国式现代化中构建新发展格局和推动高质量发展，与处理好劳动关系问题是密切联系的。一方面，社会主要矛盾的正确解决有利于构建和谐劳动关系。习近平总书记强调，“构建新发展格局是适应我国发展新阶

① 马克思，恩格斯．马克思恩格斯文集（第9卷）［M］．中共中央马克思恩格斯列宁斯大林著作编译局，译．北京：人民出版社，2009：154.

段要求、塑造国际合作和竞争新优势的必然选择”①。构建新发展格局和推动高质量发展，有利于解决我国发展不平衡不充分问题，更好地满足人民日益增长的美好生活需要，是解决我国社会主要矛盾的正确战略选择。随着我国现阶段社会主要矛盾的解决，构建和谐劳动关系也就有了坚实基础。另一方面，提高人民生活品质有利于构建和谐劳动关系。习近平总书记指出，“适应人民群众需求变化，努力办好各项民生事业，让老百姓的日子越过越好，是社会主义生产的根本目的”②。构建新发展格局和推动高质量发展在解决我国发展不平衡不充分问题的过程中，必然提高人民生活品质，劳动群众的生产积极性也会随之提高。这就使得通过劳动者的分工协作进一步提高劳动生产率的愿望也不断增强，构建和谐劳动关系也就成为顺理成章的事情。

三、实现全体人民共同富裕方面的联系

邓小平同志曾经说过：“社会主义的本质，是解放生产力，发展生产力，消灭剥削，消除两极分化，最终达到共同富裕。”党的二十大报告指出，共同富裕是中国特色社会主义的本质要求，也是一个长期的历史过程。是否实现全体人民共同富裕，也是衡量中国式现代化是否实现、社会主义现代化强国是否全面建成的重要指标。在中国式现代化中逐步实现全体人民共同富裕，也与我国劳动关系演化存在密切联系。

一方面，实现全体人民共同富裕有助于扩大内需增加就业，进而有助于劳动关系的处理。劳动关系依托于劳动过程而产生和发展。只有实现劳动者的充分就业，构建和谐劳动关系才有了前提和条件。实现全体人民共同富裕可以极大地增加内需，从而创造更多就业岗位。劳动者在就业市场上有了更多选择，就能有条件更好地维护自身劳动权益。劳动者依法维护自身劳动权益的过程，本身也是劳动关系中的利益诉求得到充分表达、矛盾问题得到充分重视的过程。劳动关系中的利益冲突和矛盾问题得到重视，劳动关系优化才能有的放矢。另一方面，实现全体人民共同富裕有助

① 习近平．新发展阶段贯彻新发展理念必然要求构建新发展格局［N/OL］．中华人民共和国中央人民政府网站．http：//www.gov.cn/xinwen/2022－08/31/content_5707604.htm.

② 习近平．新发展阶段贯彻新发展理念必然要求构建新发展格局［N/OL］．中华人民共和国中央人民政府网站．http：//www.gov.cn/xinwen/2022－08/31/content_5707604.htm.

于增强人民满足日益增长美好生活需要的能力，进而有助于劳动关系的处理。人民日益增长美好生活需要的具体内容是多姿多彩的，但归根结底要靠物质财富的增长和积累来加以满足。不断积累起来的物质财富如果可以为全体人民所共享，将有助于调动全体劳动者的生产积极性，增强劳动者之间的合作意愿。劳动者合作意愿的增强将为劳动关系提供非零和合作博弈的博弈结构，从而有助于构建和谐劳动关系。

四、发展全过程人民民主方面的联系

党的二十大报告强调，人民民主是社会主义的生命，是全面建设社会主义现代化国家的应有之义。国家不再是人口占少数的剥削阶级剥削和压迫广大劳动人民的工具，而是广大劳动群众团结和联合起来对整个社会实施组织和管理的工具。这是社会主义国家与资本主义国家的根本差异所在。作为社会主义民主政治的本质属性，全过程人民民主的发展也与中国式现代化中的劳动关系演化有着广泛联系。

一方面，中国特色社会主义政治发展始终坚持人民主体地位，是中国式现代化中构建和谐劳动关系的制度保障。在我国，人民当家作主有着坚实的制度保障，人民群众享有广泛的民主权利，拥有广泛的有序政治参与。劳动群众享有的民主政治权利从制度上保障了劳动者在劳动关系演化中的参与权、话语权和决策权，由此可以确保劳动关系演化的人民性和合作性，确保劳动关系朝着和谐方向演化。另一方面，作为实践全过程人民民主的重要形式，协商民主为中国式现代化中构建和谐劳动关系提供了平台保障。正如前文反复强调的，我国劳动关系具有合作性和人民性，但并不意味着我国劳动关系中就不存在劳动者之间的经济利益冲突。妥善处理好劳动者之间的经济利益冲突是确保我国劳动关系合作性和人民性的关键。我国劳动关系中劳动者之间的经济利益冲突并不处于零和非合作博弈的博弈结构中，而是处于非零和合作博弈的博弈结构中。这就决定了通过民主协商，可以找到一个在劳动者之间实现合作共赢的方案，对所有劳动者的经济利益来说都有利。因此民主协商完全可以有效处理劳动者之间的经济利益冲突，确保劳动关系朝着和谐方向演化。

五、丰富人民精神世界方面的联系

丰富人民精神世界，是中国式现代化的本质要求之一。马克思在

《〈黑格尔法哲学批判〉导言》中就指出，“理论一经掌握群众，也会变成物质力量”①。马克思主义始终强调精神力量在一定条件下可以转化为物质力量。长期以来我们党和国家一直高度重视物质文明和精神文明协同发展。党的二十大报告也提出要发展面向现代化、面向世界、面向未来的，民族的科学的大众的社会主义文化。以此为基础可以增强实现中华民族伟大复兴的精神力量。党和国家对社会主义文化建设的重视，以及中国式现代化中对丰富人民精神世界的本质要求，是马克思主义基本原理与中国具体国情结合的生动体现。

丰富人民精神世界对于我国劳动关系演化有不可忽视的重要意义。马克思在《哥达纲领批判》中指出，“权利决不能超出社会的经济结构以及由经济结构制约的社会的文化发展”②。在社会主义社会，劳动关系的处理以“按劳分配”为基本原则。只有当劳动者的精神世界得到丰富，劳动不仅是谋生手段，而是成为生活第一需要时，社会分配关系才能超出“资产阶级权利”③ 的限制，以“按需分配”原则来处理劳动关系。可见，共产主义“按需分配”原则才是构建和谐劳动关系的终极目标，而这一目标的实现又必须以人民精神世界的丰富为前提。早在社会主义计划经济时期，雷锋精神、铁人精神等一系列先进典型的精神引领就极大地教育和鼓舞了全国劳动者发扬爱岗敬业的精神。这为我国社会主义现代化建设提供了强有力的精神支持，也为我国劳动关系的长期和谐稳定创造了有利思想环境。在中国式现代化建设的征程上，要保证我国劳动关系演化始终坚持人民性和合作性方向，仍有必要不断丰富人民精神世界，提高劳动人民思想觉悟。

六、促进人与自然和谐共生方面的联系

促进人与自然和谐共生是中国式现代化的本质要求之一。马克思在《1844 年经济学哲学手稿》中提出，“没有自然界，没有感性的外部世界，

---

① 马克思，恩格斯．马克思恩格斯文集（第1卷）［M］．中共中央马克思恩格斯列宁斯大林著作编译局，译．北京：人民出版社，2009：11.

② 马克思，恩格斯．马克思恩格斯文集（第3卷）［M］．中共中央马克思恩格斯列宁斯大林著作编译局，译．北京：人民出版社，2009：435.

③ 马克思，恩格斯．马克思恩格斯文集（第3卷）［M］．中共中央马克思恩格斯列宁斯大林著作编译局，译．北京：人民出版社，2009：436.

工人什么也不能创造。自然界是工人的劳动得以实现、工人的劳动在其中活动、工人的劳动从中生产出和借以生产出自己的产品的材料”①。由此可见，正确处理人与自然的关系，实现人与自然的和谐共生，是马克思主义始终坚持的理论观点。党的二十大报告提出，尊重自然、顺应自然、保护自然，是全面建设社会主义现代化国家的内在要求。在中国式现代化中加快发展实体经济和推进新型工业化，就不可避免地要在经济发展过程中正确处理好人口、资源与环境之间的关系。

能否实现人与自然和谐共生，在一定程度上也会对劳动关系演化产生长期影响。恩格斯在《自然辩证法》中提醒“我们不要过分陶醉于我们人类对自然界的胜利。对于每一次这样的胜利，自然界都对我们进行报复”②。当人们不能在生产中处理好人与自然关系的时候，人与自然关系的失调也必然阻碍社会生产力的发展，甚至导致社会生产力的巨大倒退。当社会生产力的停滞和倒退发生时，物质产品的生产就将遭遇巨大困难，从而使得劳动关系中潜在的利益冲突和矛盾问题也有激化的可能。只有当人与自然和谐共生时，社会生产力的稳步增长才能带来社会财富的稳步增长，才能为解决劳动关系中潜在的各种利益冲突和矛盾问题创造宽松的外部条件。在中国式现代化过程中，要吸取西方发达国家在处理人与自然关系方面的历史教训，拒绝走“先污染后治理”的发展道路。通过人与自然和谐共生，积极解决好我国人口、资源与环境问题，为我国劳动关系健康演化创造良好的自然环境。

七、构建人类命运共同体和创造人类文明新形态方面的联系

中国是世界上最大的社会主义国家和发展中国家。中国离不开世界，世界也离不开中国。中国式现代化中必然要面对如何处理中国与世界关系的问题。党的二十大报告提出要推动构建人类命运共同体，创造人类文明新形态。这体现出中国作为负责任的世界大国所具有的国际主义精神。走和平发展道路，是中国式现代化区别于其他国家或地区的现代化老路的重

① 马克思，恩格斯．马克思恩格斯文集（第1卷）［M］．中共中央马克思恩格斯列宁斯大林著作编译局，译．北京：人民出版社，2009：158.

② 马克思，恩格斯．马克思恩格斯文集（第9卷）［M］．中共中央马克思恩格斯列宁斯大林著作编译局，译．北京：人民出版社，2009：560.

要特征。和平、发展、合作、共赢是当今世界的历史潮流，气候变化、经济增长等全球性挑战需要且只能通过坚持真正的多边主义原则来团结全世界人民共同应对。推动构建人类命运共同体和创造人类文明新形态，既是应对当前世界百年未有之大变局的中国主张，也是符合全世界人民共同利益的理性选择，同时也是对当前世界上盛行的一些霸权霸道霸凌行径的有力反击。

在推动构建人类命运共同体和创造人类文明新形态的过程中，我国通过推动构建新型国际关系、坚持对外开放基本国策和积极参与全球治理体系改革，对我国劳动关系演化带来深远影响。这主要是由于我国加快构建的新发展格局以国内大循环为主体、国内国际双循环相互促进。通过高水平对外开放提升我国国际循环的质量和水平，对于建设现代化经济体系和实现高质量发展都大有裨益。通过深度参与全球产业分工和合作，劳动者一方面可以获得更多高质量的就业机会，在提高劳动报酬的同时更好地实现个人劳动价值；另一方面也可以通过进口渠道获得更多、更优质的货物和服务，从而更好地提升个人生活品质，满足个人美好生活需要。综合来看，在中国式现代化建设中积极构建人类命运共同体和创造人类文明新形态，将有利于提高我国劳动者的生产积极性，优化我国劳动关系。

第三节　人工智能与实体经济融合进程对我国劳动关系演化的影响

本书第三章讨论过人工智能与实体经济融合进程对不同经济制度下劳动关系演化将会产生的影响。本节将结合中国国情，讨论人工智能与实体经济融合进程对我国劳动关系演化的影响。当前我国正处于并将长期处于社会主义初级阶段，必须坚持走中国特色社会主义道路。但随着我国社会主要矛盾发生新变化，中国特色社会主义已经进入新时代。我国当前阶段所有制结构的一个重要特征是公有制经济居于主体地位，非公有制经济是我国社会主义市场经济的重要组成部分。因此在考察人工智能与实体经济融合进程对我国劳动关系演化的影响时，必须结合我国所有制结构的这一重要特征去分析问题。当前我国人工智能与实体经济融合进程既存在促进我国劳动关系优化的积极因素，也存在阻滞我国劳动关系优化的消极因素。

一、人工智能与实体经济融合进程促进我国劳动关系优化的积极因素

人工智能与实体经济融合进程对我国劳动关系优化的促进因素，主要体现在以下三个方面。

首先，社会生产智能化与公有制经济主体地位的结合，可以通过新型基础设施建设带动实体经济创造更多就业机会。从实体经济发展的一般规律来看，实体经济的发展必须有满足其发展需要的基础设施为之配套。在传统工业化进程中，工业化推动社会生产的机械化和电气化，但机械化和电气化的实体经济高度依赖铁路、公路、港口等基础设施的支持和服务。人工智能与实体经济融合进程可以极大推动社会生产智能化，但智能化的实体经济也高度依赖于5G网络、算力资源等具有明显公共物品属性和规模经济效应的新型基础设施。如果仅仅依靠私人资本去推动新型基础设施的建设，那么必定存在建设周期长、建设规模不足等问题。这也是西方国家社会生产智能化过程中被民众广为诟病的“痛点”。在我国人工智能与实体经济融合进程中，社会生产智能化与公有制经济主体地位的结合，可以较好地解决社会生产智能化起步阶段的新型基础设施建设问题。有计划的生产手段积累是公有制经济的鲜明制度优势。短期利润最大化不是公有制经济在处理积累和消费比例关系时唯一考虑的目标。公有制经济中生产手段积累的规模、程度和范围既要兼顾短期利益与长期利益的关系，也要兼顾集体利益和局部利益的关系。生产手段积累服务于集体财富充分“涌流”的需要，而不是少数人个人财富积累的需要。公有制经济承担新型基础设施建设的社会责任，有助于社会生产智能化平稳起步和持续加速，促进实体经济就业机会创造能力的提升。以我国5G网络建设为例，由中国移动、中国联通和中国电信三家中央企业在我国5G网络基建中发挥了重要作用，由三家企业联合控股的中国铁塔股份有限公司拥有210万通信铁塔，是全球最大的通信基础设施运营商。在中央企业的推动下，截至2022年6月，我国累计开通5G基站185.4万个，5G移动电话用户数达到4.55

亿户，蜂窝物联网终端用户数 16.39 亿户；网民规模 10.51 亿，其中使用手机上网的网民比例为 99.6%①，网络直播用户规模达 7.16 亿，占网民整体的 68.1%。5G 网络的发展为网络直播带货等新商业业态和新就业渠道的出现提供了物质基础和技术支持。据《第 50 次中国互联网络发展状况统计报告》披露，截至 2022 年 7 月，我国标注为“数字职业”的职业达 97 个。

其次，社会生产智能化与按劳分配为主原则的结合，可以通过规范收入分配秩序来提高劳动报酬和改善劳动环境。从技术分类来看，工业化中的技术变迁本质上是沿着劳动时间节约型技术路径不断发展的产物。在这一技术路径上的技术革新有助于节约劳动时间和提高劳动生产率，从而有利于物质财富的增长和闲暇时间的增加。但在资本主义生产关系下，劳动时间节约型技术的采用却成为资本进行相对剩余价值生产的手段和工具。这就使得资本主义积累必然导致劳动者的贫困化，进而在全社会范围内导致生产相对过剩。本书第一篇开篇即提出人工智能技术实际上是一种劳动时间节约型技术。因此，社会生产智能化如果是在资本主义生产关系下展开，生产资料所有制的性质必然导致资本借助人工智能技术进一步扩大相对剩余价值生产，使得劳动者在分配关系上的弱势地位进一步强化，进而生产相对过剩问题更加激化。我国是在坚持公有制经济主体地位的前提下推动人工智能与实体经济融合进程，这就意味着与公有制经济相关联的按劳分配为主原则也将在社会生产智能化中得到体现。社会生产智能化与按劳分配为主原则的结合，意味着人工智能这种劳动时间节约型技术的采用应当服务于全社会劳动生产率提高和集体财富积累的需要，而不是服务于少数人私人财富积累的需要。社会生产智能化由此可以为逐步实现全体人民共同富裕提供越来越坚实的物质基础，生产与消费的比例关系也能始终保持在合理范围内。在人工智能与实体经济融合进行中，必须坚持按劳分配为主原则，坚决执行《中华人民共和国劳动法》等相关法律法规，加大劳动纠纷领域的执法力度，通过规范收入分配秩序来提高劳动报酬在初次分配中的比重，促进劳动者劳动环境的改善。据《第 50 次中国互联网络

① 中国互联网络信息中心．第 50 次中国互联网络发展状况统计报告［N/OL］. http：//www3.cnnic.cn/n4/2022/0914/c88-10226.html.

发展状况统计报告》披露，我国农村地区互联网普及率由 2014 年 12 月的 28.8% 提升到 2022 年 6 月的 58.8%，城乡间互联网普及率差距进一步缩小。农村地区新型基础设施建设的加快，极大地促进了农村二、三产业的发展。创意农业、分享农业和农村电商等新业态纷纷出现，为我国农民收入增加和逐步实现共同富裕创造了更广阔的空间。

最后，社会生产智能化与社会主义市场经济的结合，可以通过提高资源配置效率来促进劳动者的全面发展。市场机制要通过竞争机制和价格机制来进行资源配置，是由市场经济的一般规律所决定的。但在资本主义市场经济条件下，资本家之间的竞争迫使资本家不断扩大生产规模，从而导致垄断的出现。垄断资本的出现既会使资本家之间的竞争趋于白热化，也会形成垄断价格而使价格机制在一定程度上被削弱。垄断资本主导下的资源配置符合垄断资本最大限度攫取垄断利润的需要，但往往与全社会最优的资源配置要求不符。社会生产智能化所依托的数字平台，本身就具有明显的网络外部性特征，从而使垄断资本可以通过控制数字平台取得更强的垄断势力。在美国排名前十位的亿万富豪中，就有八位其主要财富来源是数字经济领域①。但从西方资本主义国家的现实情况来看，垄断资本可以通过数字平台操纵西方国家的政治生活，这些国家的政府无力节制垄断资本在数字经济领域的无序扩张。西方国家中垄断利润最大化的资源配置和分配格局，必然不利于在人工智能与实体经济融合进程中协调劳资关系。在我国人工智能与实体经济融合进程中，社会生产智能化与社会主义市场经济的结合能够有效强化反垄断和防止资本无序扩张。在社会主义市场经济中仍要发挥市场在资源配置中的决定性作用。但不同于资本主义市场经济的是，社会主义市场经济是以公有制经济为主体的市场经济。公有制与市场经济的结合既可以在经济层面上避免私人资本在数字经济领域滥用其市场垄断地位，也可以在政治层面上巩固中国共产党的领导地位，避免私人资本在政府履行经济职能时进行干扰。2021 年以来，我国相继对阿里巴巴、腾讯、滴滴、美团、京东等数字平台进行反垄断处罚，数字经济领域中资本无序扩张问题得到有效遏制。通过对“二选一”等垄断行为的规

---

① 福布斯．2022 年福布斯全球亿万富豪榜［N/OL］. https://www.forbeschina.com/lists/1781.

制，消费者在消费中的选择权得到尊重，依托数字平台开展经营的众多中小企业的合法权益得到保障。数字经济领域内的竞争秩序得到规范，价格机制也能更好地发挥其在资源配置中的应有作用。

二、人工智能与实体经济融合进程阻滞我国劳动关系优化的消极因素

人工智能与实体经济融合进程对我国劳动关系优化的阻碍作用，主要体现在以下三个方面。

首先，“机器代替人力”短期降低就业增长潜力，不利于劳动关系优化。在人工智能与实体经济融合进程中，人工智能的技术属性已经决定了“机器代替人力”是一个不可避免的生产力发展过程。从长期来看，随着社会分工结构和收入分配秩序的调整，人工智能产业化将使得越来越多的劳动者脱离重复性劳动过程而转向创造性劳动过程，从而使劳动者的个性得到更充分的展现。但在短期，社会分工结构和收入分配秩序通常来不及发生改变，“机器代替人力”使得重复性劳动过程不再需要过去那么多的劳动力，但劳动者在其劳动技能转换完成之前也无法胜任创造性劳动。这就可能导致部分劳动者的劳动力因不能与生产资料相结合而被浪费。人工智能与实体经济的结合必然带来社会资本技术构成的改变，并且这一改变会推动社会平均资本有机构成逐步提高。只要社会生产还依赖于市场经济体制，伴随着社会平均资本有机构成的持续提高，单位新增投资中将有更大比例会转化为新增不变资本，转化为新增可变资本的比例则会相应下降。这就意味着需要更大规模的投资增量才能确保实现就业增量的稳定，投资的不稳定性则导致劳动者失业风险也随之增加。如图 10－1 所示，我国就业人员的固定资产投资弹性系数在 2014 年以后就呈现出持续下降的趋势，2015 年以后该系数甚至由正转负。在 2020 年，因新冠疫情因素，经历了就业人员的固定资产投资弹性系数的急剧下降后，随着复工复产的加快，就业人员的固定资产投资弹性系数在 2021 年虽有所回升，但仍未改变就业人员的固定资产投资弹性系数持续下降的趋势。扩大就业对投资增量的要求越来越高，就业增长潜力也就受到限制，劳动力市场供求关系的这一变化并不利于劳动关系的优化。

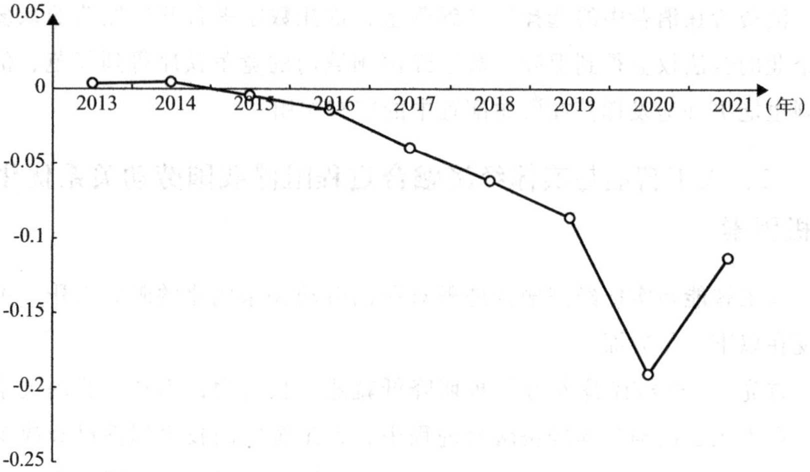

图 10－1　2013—2021 年我国就业人员的固定资产投资弹性系数

注：就业人员固定资产投资弹性系数＝全社会就业人员增长率/全社会固定资产投资增长率

资料来源：国家统计局。

其次，就业结构变迁增加劳动者劳动技能转换压力，不利于劳动关系优化。失业大致可以分为摩擦性失业、季节性失业、结构性失业和周期性失业四种类型，其中前三种失业通常被认为是自愿性失业。但实践表明，自愿性失业也会给劳动者带来经济利益、家庭生活、身心健康等多方面的消极影响。特别是当产业结构和就业结构伴随着人工智能与实体经济融合而发生急剧变革时，暂时来不及适应新的社会分工角色的劳动者就可能面临更大的摩擦性失业和结构性失业风险。从表 10－1 可见，2012—2021 年我国就业结构发生着深刻变化。第一产业和第二产业就业人员比重均开始下降，其中第一产业就业人员比重下降幅度最大；第二产业就业人员比重稳中有降，表明第二产业吸纳就业能力基本见顶。唯有第三产业就业人员比重快速上升，越来越成为吸纳就业的主要产业部门。这就意味着如果一、二产业的劳动者不能及时转换劳动技能，那么就很难迅速适应第三产业的就业岗位，摩擦性失业和结构性失业必然上升。因此，在人工智能与实体经济融合进程中，要特别关注劳动者在劳动技能转换过程中遇到的障碍。如果劳动者劳动技能转换的成本完全由劳动者个人及其家庭来承担，那么这一转换过程必然会相对困难且漫长，承受着摩擦性失业和结构性失业压力的劳动者在劳动力市场上就将长期处于不利地位，从而不利于劳动关系的持续优化。

表 10－1 2012—2021 年我国就业人员总数及三次产业就业人员比重

年份	就业人员（万人）	第一产业就业人员比重（%）	第二产业就业人员比重（%）	第三产业就业人员比重（%）
2012	76254	33.49	30.46	36.05
2013	76301	31.24	30.33	38.43
2014	76349	29.30	30.20	40.50
2015	76320	28.06	29.67	42.27
2016	76245	27.42	29.24	43.34
2017	76058	26.68	28.61	44.70
2018	75782	25.75	28.18	46.07
2019	75447	24.72	28.14	47.13
2020	75064	23.60	28.70	47.70
2021	74652	22.87	29.08	48.05

资料来源：国家统计局。

再次，具体劳动内容的变化提高劳动者劳动强度，不利于劳动关系优化。人工智能与实体经济融合进程在创造众多新形态就业岗位的同时，也带来了具体劳动内容的深刻变化。来自国务院的统计数据表明，2020 年我国共享经济提供服务人数达到 8400 万人，2021 年我国灵活就业人员达到 2 亿人①。不可否认的是，数字技术的推广运用使得劳动者的劳动生产率空前提高，社会分工协作关系也得到优化，客观上促进了社会生产力发展。但数字技术的运用也在一定程度上带来了劳动者劳动强度的提高。以外卖业为例，外卖平台企业运用数字技术不断迭代算法，将外卖员从在线接单到配送到达期间的整个劳动过程都精确分解，外卖员在配送过程中必须争分夺秒才能按照规定的时间完成作业。依托数字平台进行生产劳动的那些劳动者，随着数字平台企业算法的不断迭代，反倒面临着劳动强度不断提高的境地。无独有偶的是，随着微信等社交通信工具越来越多地在工作场景中被使用，劳动者的碎片化休闲时间也被悄然转化为劳动时间，这在无

① 中华人民共和国中央人民政府．我国将多举措加强新就业形态劳动者权益保障［N/OL］. http：//www.gov.cn/guowuyuan/2021－07/08/content_5623233.htm.

形中也延长了工作时长和劳动强度。这就提醒我们，在利用人工智能与实体经济融合给我们带来的各种工作便利的同时，也要警惕这些技术手段可能会导致劳动者劳动强度的提高，从而降低劳动者经济地位，不利于劳动关系的和谐稳定。

第十一章　我国人工智能与实体经济融合进程中的劳动关系治理模式优化

第一节　我国劳动关系治理的基本特征

一、我国劳动关系治理的静态构成特征

本书第二篇曾构建了一个分析劳动关系治理模式静态构成的分析框架，并将这一分析框架用于比较分析主要资本主义国家的劳动关系治理模式。本章中仍将运用这一分析框架对我国劳动关系治理的静态构成特征加以分析。值得强调的是，我国是一个社会主义国家，社会性质与资本主义国家有着根本不同。这就决定了我国劳动关系治理也必然是社会主义性质的，与西方资本主义国家劳动关系治理的性质有着根本不同。我国劳动关系治理的社会主义性质，也决定了我国劳动关系治理在静态构成特征上具有鲜明的中国特色。我国劳动关系治理的静态构成特征，主要体现在以下几个方面。

首先，从治理主体来看，我国劳动关系治理的鲜明特征是在中国共产党领导下的多主体合作治理。只有坚持和加强党的全面领导，才能确保我国社会主义现代化建设正确方向。作为我国社会主义现代化建设中的一项必须长期坚持的工作，我国的劳动关系治理也必须坚持和加强党的全面领导。这恰恰是我国劳动关系治理区别于西方资本主义国家劳动关系治理模式的重要特征。在我国劳动关系治理中，虽然也包含劳方主体、资方主体

和政府主体，但这些治理主体之间的关系并不是对抗性的。不同治理主体之间的利益关系矛盾，从性质上看仍属于人民内部矛盾的范围。每个治理主体固然都有各自的局部利益，不同治理主体之间的利益关系也会存在矛盾冲突。我国劳动关系治理的目的，是在对各治理主体局部利益加以协调的基础上，实现全社会劳动关系和谐这一整体利益目标。全社会劳动关系和谐也包含在各个治理主体的局部利益诉求之中，整体利益和局部利益在一定条件下是可以统一起来的。不同利益主体之间的这一利益契合点，决定了我国劳动关系治理可以通过多主体合作治理的方式来实现。但劳动关系的多主体合作治理并不会自动实现，必须有一个能够超越局部利益而代表整体利益的特殊治理主体来领导和组织。中国共产党是中国特色社会主义事业的领导核心，代表中国先进生产力的发展要求，代表中国先进文化的前进方向，代表中国最广大人民的根本利益。因此可以担负起领导和组织我国劳动关系治理中多主体合作治理的领导和组织工作。

其次，从治理渠道来看，我国劳动关系治理的鲜明特征是在全过程人民民主下的多渠道协商治理。在西方主要资本主义国家的劳动治理渠道中，不同治理渠道是相对独立的，不同治理渠道的作用机制也是建立在资产阶级议会政治下的社会契约基础上。我国劳动关系治理不同于西方国家劳动关系治理之处，恰恰在于我国劳动关系治理是建立在全过程人民民主基础上的民主协商治理。不论是经济性治理渠道还是非经济性治理渠道，都统一于民主协商之中。这一特征归根结底是由我国社会主义生产资料所有制的性质决定的。在公有制经济中，由于劳动者之间经济地位是平等的，因此劳动者有机会全过程参与企业的民主管理，这也就为劳动者在企业民主管理过程中通过民主协商这一复合性治理渠道来参与劳动关系治理提供了制度前提。而我国公有制经济内部的企业民主管理，也可以依托公有制经济的主体地位，带动非公有制经济内部不断改进企业内部管理，扩大企业职工参与企业管理的范围和程度。从实践来看，全过程人民民主原则在企业内部管理中贯彻落实是否彻底，是直接影响我国劳动关系治理效能的关键因素。局部范围内出现的劳动关系矛盾激化，也是由于以职工代表大会为基本形式的企事业单位民主管理制度不健全不完善、落实不到位导致的。因此，要畅通我国劳动关系治理渠道、提升我国劳动关系治理效能，关键还在于加强企事业单位民主管理制度的建设和执行。

再次，从治理手段来看，我国劳动关系治理的鲜明特征是以高质量党建引领下的多手段综合治理。从本书第二篇中对主要资本主义国家劳动关系治理手段的比较制度分析可以发现：在西方资本主义国家劳动关系治理模式中多种治理手段的结合和联动并不鲜见，并且往往这种结合和联动对于劳动关系的优化协调来说可以起到更好的效果。在我国劳动关系治理中也可以借鉴这一有益经验，通过治理手段的组合使用增强我国劳动关系治理的效能。我国劳动关系治理手段上的主要特征是党建工作对于劳动关系多手段综合治理的引领作用。严密的组织体系是党的优势所在、力量所在。党的强大基层组织能力也为我国劳动关系治理手段的“大综合”提供了组织保障。党的二十大报告指出，要“全面提高机关党建质量，推进事业单位党建工作。推进国有企业、金融企业在完善公司治理中加强党的领导，加强混合所有制企业、非公有制企业党建工作”，要“加强新经济组织、新社会组织、新就业群体党的建设”。在基层经济组织中，劳动关系的协调和优化则是基层党组织必须正视的业务工作。要把党的路线方针政策和党中央决策部署贯彻落实好，基层经济组织的党建工作就必须正确处理好劳动关系。而要处理好劳动关系，基层经济组织仅用单一的治理手段显然是不行的，必须综合运用多种治理手段，实行多手段综合治理。

二、我国劳动关系治理的动态演进特征

本书第二篇提出，劳动关系治理模式的动态优化可以通过开放性、有效性和持续性三个层面去分析。这一动态优化效果的评价尺度，同样适用于分析我国劳动关系治理的动态演进。正如本书第十章所述，我国劳动关系结构的复杂性和动态性是我国劳动关系演化的基本特征。这也就决定了我国劳动关系治理的动态演进，既要以改革促进劳动关系治理的动态演进，又要以发展巩固劳动关系治理的动态演进，还要以稳定保障劳动关系治理的动态演进。在劳动关系治理中处理好改革、发展与稳定之间的平衡关系，是我国劳动关系治理最为核心的动态演进特征。我国劳动关系治理动态演进中的改革、发展与稳定关系，具体体现在以下几方面。

首先，深入推进改革创新是提升我国劳动关系治理开放性的突破口。要维持劳动关系治理模式的开放性，归根结底还在于保障不同治理主体参与劳动关系治理的权利。党的二十大报告指出，要“坚持以人民为中心的

发展思想。维护人民根本利益，增进民生福祉，不断实现发展为了人民、发展依靠人民、发展成果由人民共享，让现代化建设成果更多更公平惠及全体人民”。具体到劳动关系治理动态演进层面上，坚持以人民为中心的发展思想就要求我们在劳动关系治理过程中始终保障和维护劳动群众参与劳动关系治理的合法权益。在社会主义计划经济时期，我国劳动群众在参与劳动关系治理的制度建设方面曾取得丰硕成果和有益经验，形成了职工代表大会等行之有效的民主管理制度。这些制度对于提升我国劳动关系治理开放性提供了创新基础。随着我国经济体制改革的不断深入，劳动关系治理开放性提升面临着新形势和新情况。保障劳动群众参与劳动关系治理，提升我国劳动关系治理的开放性，仍是一个需要在改革过程中持续推进的制度创新工作。高水平社会主义市场经济条件下提升劳动关系治理开放性，显然不能完全照搬旧的做法，必须深入推进改革创新，需要在发扬民主协商精神的前提下，协调经济性和非经济性治理渠道，综合运用市场、法律和行政等方面的治理手段，寻找与社会主义市场经济体制相适应的劳动群众参与劳动关系治理的科学实现形式。在当前我国所有制结构下，一方面要进一步完善公有制经济下实现就业的劳动者参与劳动关系治理的渠道通畅，完善企事业单位民主管理制度；另一方面也要探索非公有制经济下实现就业的劳动者更好地参与劳动关系治理的可行方式，发展和完善相关制度安排。总之，深化改革是我国劳动关系治理优化的战略选择。

其次，推动高质量发展是提升我国劳动关系治理有效性的着力点。从博弈论的视角来看，劳动关系治理模式有效性的提升需要由博弈结构的重大调整来实现。引入新的博弈参与方有助于优化劳动关系博弈结构，但新的博弈参与方手中是否掌握经济资源增量则是决定劳动关系博弈结构优化成败的重要因素。在博弈关系的调整中，如果经济资源增量很少，或者新的博弈参与方并不能控制这些经济资源增量，那么新的博弈参与方也很难将零和的劳动关系博弈旧结构转变为非零和的劳动关系博弈新结构。反之，作为中立第三方的博弈新参与方如果可以掌握一定的经济资源增量，博弈结构调整所面临的阻力就会相对较小。博弈新参与方可以先建立经济资源增量的分配规则，再改革经济资源存量的分配规则，分步有序地建立劳动关系博弈新结构。我国劳动关系的基本特征决定了我国劳动关系治理的动态演进必须在中国共产党的领导下有序进行。党和国家在劳动关系治理中发挥着不可或缺的组织协调作用。要在劳动关系治理的动态演进中提升劳动关系治理的有效性，党和国家就必须通过贯彻新发展理念和推动高质量发展来创造物质财富的增量。也只有在已经创造出较大规模物质财富增量的基础上，劳动关系的优化调整才能更加顺畅地进行。可见从劳动关系治理角度来看，我国劳动关系治理的动态演进是与我国经济社会的高质量发展协同推进的过程，加快发展是我国劳动关系治理优化的物质条件。

再次，维护社会和谐稳定是提升我国劳动关系治理持续性的落脚点。劳动关系治理的持续性，主要体现在劳动关系治理在避免劳资双方谈判势力失衡上的持久程度。即便在生产资料所有制不变的前提下，仅仅由于产业结构变迁和劳动者组织化程度变化，也会引起劳资双方谈判势力的相对变化。在我国社会生产智能化转型过程中，产业结构变迁和劳动者组织化程度变化两个因素所导致的劳资双方谈判势力改变，也必然会对我国劳动关系治理的持续性带来威胁和挑战。劳动关系治理持续性如有下降，也会反过来影响劳动关系治理的开放性和有效性，进而对社会和谐稳定产生消极影响。在我国社会主义现代化建设中，始终强调处理好改革、发展、稳定三者的关系。具体到劳动关系治理的动态演进中，维护社会和谐稳定也被当作推动劳动关系治理动态演进的重要约束条件。正因为如此，党和国家在制定劳动关系治理的相关政策时，始终必须注意维护好劳动群众的合法权益，不能在劳动关系治理动态演进中因劳动群众利益严重受损而影响社会和谐稳定。以农民工合法权益保障为例，在我国劳动力市场上谈判势力最弱的劳动者群体就是农民工群体，农民工工资拖欠问题是对农民工合法权益的严重侵犯。为此党和国家长期重视保障农民工合法权益，2020 年初国务院颁布《保障农民工工资支付条例》①，为农民工按时足额获得工资提供了法律和行政保障。2022 年 11 月 28 日，国务院还对黑龙江省哈尔滨市、陕西省西安市政府相关负责同志就根治欠薪工作存在的一些问题进行约谈②。对于社会稳定的底线要求，客观上也为保障我国劳动关系治理的

① 中华人民共和国中央人民政府．中华人民共和国国务院令第 724 号［N/OL］．http://www.gov.cn/zhengce/content/2020-01/07/content_5467278.htm.

② 新华网．国务院根治拖欠农民工工资工作领导小组办公室约谈部分地市相关负责同志［N/OL］．http://www.news.cn/2022-11/29/c_1129171814.htm.

持续性提供了制度内生的动力机制。可见，维持稳定是我国劳动关系治理优化的制度保障。

第二节 我国人工智能与实体经济融合进程中优化劳动关系治理的机遇

一、社会生产智能化中建设现代化产业体系的机遇

加快社会生产智能化是建设现代化产业体系的出发点和落脚点。首先，在制造业领域，通过产业基础再造工程和重大技术装备攻关工程，人工智能与制造业的结合将推动制造业的高端化和智能化。作为最重要的物质资料生产部门，制造业的智能化对于社会生产智能化水平的整体跨越起到了决定性作用。其次，在战略性新兴产业领域，新一代信息技术和人工智能将作为新的经济增长引擎而加速推动发展。以人工智能为代表的一系列新技术正处于大规模产业化应用和推广的前夜，推动这些战略性新兴产业的融合集群发展将极大加快社会生产智能化的步伐。再次，在服务业和流通业领域，现代服务业与现代制造业、现代农业的深度融合，物联网的加速发展，都有助于在社会生产智能化中节约流通费用，提升产业资本运动的经济效益。最后，在数字经济领域，在数字经济与实体经济的深度融合中打造具有国际竞争力的数字产业集群，离不开人工智能技术的大规模产业化应用和推广。数字经济与实体经济的深度融合也必然推动社会生产智能化水平再上新台阶。总的来看，在中国式现代化建设中，建设现代化产业体系必将推动社会生产智能化的加速发展，人工智能与实体经济融合进程将加快，人工智能将在更大的广度和深度上对实体经济各部门的生产活动产生影响。

建设现代化产业体系也将为我国优化劳动关系治理创造新机遇。首先，建设现代化产业体系将会在战略性新兴产业、制造业、服务业、流通业等产业部门创造更多新的就业岗位，为劳动关系治理优化提供有利的市场环境。更多的就业岗位有助于在劳动力市场上提升劳动者的工资议价能

力，从而有助于缓和劳动关系和优化劳动关系治理。以短视频 APP 为例，随着 4G/5G 网络的普及和人工智能算法的成熟，短视频 APP 为网络直播带货产业的形成和发展提供了平台和支持，网络直播带货产业的发展则创造了直播带货导购、直播视频录制等一系列新就业岗位的出现，有相关劳动技能的劳动者在劳动力市场上的工资议价能力也随之提升。其次，建设现代化产业体系打造的新经济增长引擎，将为我国劳动关系博弈结构调整创造有利的物质基础。保持一定规模的经济资源增量，有助于通过“增量改革带动存量改革”的途径，以较低的代价实现劳动关系博弈结构的调整。这将有助于提升劳动关系治理的有效性和持续性，为构建和谐劳动关系治理提供更广阔的政策选择空间。再次，构建现代化产业体系将极大改变实体经济各部门中具体劳动的构成，改善劳动者工作环境，促进劳动关系治理优化。随着人工智能与实体经济的结合，越来越多的劳动者将从重复性简单劳动中解放出来，劳动时间可以更多地用于创造性复杂劳动，这将有助于改善劳动者工作环境，促进劳动者个性发展。劳动者个人的发展越全面，劳动关系中的矛盾冲突就越缓和。这对于和谐劳动关系治理的构建来说大有裨益。

二、社会生产智能化中全面推进乡村振兴的机遇

党的二十大报告指出“全面建设社会主义现代化国家，最艰巨最繁重的任务仍然在农村”。我国人工智能与实体经济深度融合进程的瓶颈也在于推进农业农村的智能化和现代化。某种程度上讲，我国农业农村是否实现智能化和现代化，决定了我国社会生产智能化是否完成。如何在社会生产智能化中推动“三农”问题得到充分解决，也关系到我国劳动关系治理的优化效果。原因主要有两个方面。一方面，农民及农民工群体是我国劳动者群体中人数众多的劳动者群体。从统计数据来看，截至 2021 年末我国乡村人口数为 4.98 亿人，占全国人口比重为 35.3%；全国非城镇就业人员为 2.79 亿人，占全国就业人员比重为 37.3%；全国农民工总量达 2.93 亿人，外出农民工达 1.71 亿人；外出农民工占全国 3.85 亿流动人口的 44.6%。[①] 农民及农民工群体规模巨大，如果在劳动关系治理中忽视对农

① 中华人民共和国国家统计局．中华人民共和国 2021 年国民经济和社会发展统计公报［N/OL］．http：//www.stats.gov.cn/tjsj/zxfb/202202/t20220227_1827960.html.

民及农民工群体的关注和支持，那么劳动关系治理就将留下严重短板，构建和谐劳动关系治理的各项工作也将是不充分的。另一方面，农民及农民工群体仍是我国劳动关系中最为弱势的劳动者群体。我国农民及农民工群体所从事的工作岗位往往是收入报酬较低、技术含量较低、劳动强度较大、工作环境较差、权益保障较弱、社会歧视较重的工作岗位。不仅如此，众多农民工群体往往背井离乡，在他乡遭遇困难时经常处于孤立无援的状态。农民及农民工群体的合法劳动权益保障，是我国构建和谐劳动关系治理中的最大难题和主攻方向。

全面推进乡村振兴战略，也为我国人工智能与实体经济融合进程中构建和谐劳动关系治理创造良好机遇。首先，全面推进乡村振兴战略下人工智能与农业的结合，将有助于提高农业劳动生产率和促进农民增收致富。在物联网、云计算等人工智能技术的加持下，我国相对弱势的农业部门有望转化为智慧农业，从而加快农业的智能化、精细化和绿色化。这将有助于增加农业生产的附加值，促进农民增收致富。农民收入增加了，农业生产中劳动关系治理优化也就有了更大的政策空间。其次，全面推进乡村振兴战略下人工智能与农村非农产业的结合，将有助于在农村创造更多非农就业岗位，增加农民及农民工群体的就业选择。随着农村网络基础设施的完善和农村电商等新业态的兴起，农民有了在家务农和外出打工以外的新选择。农民的选择多了，那些收入报酬较低、技术含量较低、劳动强度较大、工作环境较差、权益保障较弱、社会歧视较重的工作岗位就越来越难以吸引农民工加入。这就倒逼用工单位和整个社会改变观念认识，必须通过提高收入报酬、改善工作环境、消除社会歧视等一系列措施来吸引农民工求职。这种由市场机制自发作用带来的变革，将有助于实现更和谐的劳动关系治理。因此，人工智能与农业的结合对于我国构建和谐劳动关系治理来说有着不可或缺的作用。

三、社会生产智能化中促进区域协调发展的机遇

党的十九大报告指出，“中国特色社会主义进入新时代，我国社会主要矛盾已经转化为人民日益增长的美好生活需要和不平衡不充分的发展之间的矛盾”。区域经济发展差距较大、区域经济发展协调不足，是我国当前发展不平衡不充分问题的表现之一。区域发展不平衡不充分问题长期以

来也给我国劳动关系治理的优化工作带来一些困难。较大的区域经济发展差距使我国劳动力资源呈现出由中西部地区向东部地区单向流动的特征，大规模、单方向的劳动力流动增加了劳动关系治理的难度。2021 年，上海市居民人均可支配收入为 78027 元[①]，广东省居民人均可支配收入为 44993 元[②]，重庆市居民人均可支配收入为 33803 元[③]，广西壮族自治区居民人均可支配收入为 26727 元[④]。可见，中西部地区的重庆市与广西壮族自治区在区域经济发展水平上与东部地区的上海市和广东省有较大差距。中西部地区与东部地区的经济发展差距使得中西部地区成为我国劳动力资源单向流出的主要区域。以重庆和广西为例，2021 年末重庆常住人口为 3212.43 万人，外出农民工为 513.6 万人，占常住人口的 15.99%[⑤]；广西常住人口为 5037 万人，外出农民工为 886 万人，占常住人口的 17.59%[⑥]。正如前文提及，农民工群体的劳动权益保障一直是我国劳动关系治理中的短板，因此区域发展不平衡不充分问题如果长期得不到解决，以农民工群体为代表的大规模、单方向劳动力流动带来的劳动关系治理难题就很难得到较为彻底的解决。

在中国式现代化建设中促进区域协调发展，对于在人工智能与实体经济融合进程中优化劳动关系治理有着显著的积极意义。一方面，在中西部地区加快基础设施建设和促进地区经济发展有助于在中西部地区增加就业机会。这就为中西部地区的劳动者提供更多就业选择，越来越多的劳动者可以不必离乡到东部地区寻找就业机会。以 2021 年地区生产总值实现 8.3% 高增速的重庆市为例，2021 年重庆市农民工总量 756.3 万人，比上年增长 2.7%；其中外出农民工 513.6 万人，下降 1.7%；本地农民工

① 上海市统计局.2021 年上海市国民经济和社会发展统计公报［N/OL］. https://tjj.sh.gov.cn/tjgb/20220314/e0dcefec098c47a8b345c996081b5c94.html.

② 广东省统计局.2021 年广东省国民经济和社会发展统计公报［N/OL］. http://stats.gd.gov.cn/tjgb/content/post_3836135.html.

③ 重庆市统计局.2021 年重庆市国民经济和社会发展统计公报［N/OL］. http://tjj.cq.gov.cn/zwgk_233/fdzdgknr/tjxx/sjzl_55471/tjgb_55472/202203/t20220318_10522726.html.

④ 广西壮族自治区统计局.2021 年广西壮族自治区国民经济和社会发展统计公报［N/OL］. http://tjj.gxzf.gov.cn/tjsj/tjgb/ndgmjjhshfz/t11700299.shtml.

⑤ 重庆市统计局.2021 年重庆市国民经济和社会发展统计公报［N/OL］. http://tjj.cq.gov.cn/zwgk_233/fdzdgknr/tjxx/sjzl_55471/tjgb_55472/202203/t20220318_10522726.html.

⑥ 广西壮族自治区统计局.2021 年广西壮族自治区国民经济和社会发展统计公报［N/OL］. http://tjj.gxzf.gov.cn/tjsj/tjgb/ndgmjjhshfz/t11700299.shtml.

242.7 万人，增长 13.4%①。随着劳动者就业选择的增加，将极大提升劳动者在劳动关系治理中的参与能力，促进劳动关系治理的优化。另一方面，随着中西部地区城镇化建设加快和东西部发展差距缩小，劳动力资源在东西部之间的单向流动将逐步被劳动力资源在东西部之间的双向流动和有效配置所取代。近年来，西安、成都、重庆等中西部城市在城市建设和经济发展中取得突飞猛进的成就，成为举国瞩目的“网红城市”。2021 年末，成都市常住人口较上年末增加 24.5 万人②，重庆市常住人口则较上年末增加 3.5 万人。中西部城市常住人口持续流入的现象表明，改革开放以来逐步形成的我国劳动力跨区域单向流动的特征正在深刻改变。我国劳动力资源流动特征的变化，有助于更好地发挥劳动力市场资源配置作用，从而达到促进劳动关系治理优化的目的。

四、社会生产智能化中推进高水平对外开放的机遇

改革开放以来，对外开放基本国策与我国劳动关系治理演进有着密切关系。一方面，我国对外开放水平的不断提高对我国劳动关系治理优化有促进作用。作为世界上最大的发展中国家，我国在工业化和城镇化进程中面临的一个现实难题是：仅靠国内市场和国内积累难以在短时间内实现庞大的农村剩余劳动力向城镇地区和向非农产业的转移。劳动者就业问题一直是我国在工业化和城镇化进程中完善劳动关系治理时首要应对的问题。现实的国情决定了我国在工业化和城镇化进程中应当积极利用国外资源和国际市场，想方设法扩大就业，加快实现农村剩余劳动力的转移。通过实行对外开放，我国依托劳动力资源丰富的优势，积极引进国外技术和资金，努力开拓国际市场和发展劳动密集型制造业，积极增加就业机会，为我国在工业化和城镇化进程中优化劳动关系治理创造了积极条件。另一方面，随着我国对外开放水平的提高，市场和资源“两头在外”的国际大循环也给我国劳动关系治理带来的一定消极影响。2008 年全球金融危机爆发之后，国际经济环境日趋复杂，贸易保护主义日渐盛行，给我国经济发展带来较大的外部不确定性。国际经济波动对我国劳动力市场的影响和冲击

---

① 重庆市统计局．2021 年重庆市国民经济和社会发展统计公报［N/OL］．http：//tjj.cq.gov.cn/zwgk_233/fdzdgknr/tjxx/sjzl_55471/tjgb_55472/202203/t20220318_10522726.html.

② 成都市统计局．2021 年成都市国民经济和社会发展统计公报。

也越来越大，利用国外资源和国际市场扩大我国就业的难度在不断增加。如果不通过推进高水平对外开放去增强我国在国际经济贸易交往中的主动权，那么国际经济与贸易环境的突然改变就很可能给我国扩大就业工作带来极其被动的局面，也不利于我国劳动关系治理的优化。这意味着我国必须重新审视国内循环与国际循环的关系，调整对外经济与贸易交往的发展思路，积极构建新发展格局，为我国劳动关系治理优化创造有利的外部环境。

我国人工智能与实体经济融合进程是在我国构建以国内大循环为主体、国内国际双循环相互促进的新发展格局下展开的。新发展格局下推进高水平对外开放，将为我国在社会生产智能化中优化劳动关系治理带来新的发展机遇。新发展格局并不意味着我国要退出国际经济循环，走“封闭发展”的路子。而是要更加充分挖掘我国在国际分工中的优势，积极把握参与国际经济与贸易交往的主动权，理顺国内循环与国际循环的关系。在新发展格局下，可以依托我国超大市场规模优势吸引全球要素在我国聚集，特别是吸引技术、资本和数据等全球要素的流入和整合。这有助于在我国人工智能与实体经济的加速融合进程中促进我国产业结构的优化升级和经济发展质量的有效提升。新发展格局下我国高水平对外开放的推进与我国劳动力市场供给结构的变化是相适应的。随着我国工业化、城镇化进入中晚期阶段以及我国人口老龄化的加快，我国劳动力总量开始呈现缓慢下降趋势，有待转移的农村剩余劳动力明显减少。但我国劳动力整体素质随着高等教育的普及而明显提升。我国劳动力市场呈现出劳动力供给总量缓慢下降但劳动力供给质量稳步提升的新资源禀赋特征。劳动力资源禀赋的这一变化，决定了我国在人工智能与实体经济深度融合进程中，需要创造更多知识与技术密集型的就业岗位。通过吸引技术、资本和数据等全球优质要素，能够更好地在社会生产智能化中实现产业结构的升级，创造出更多与我国劳动力市场供给结构相适应的就业岗位。劳动力市场上就业需求结构与劳动力供给结构越是相适应，人力资源的潜力就越可以得到充分的发挥，劳动者全面发展的需要越可以得到满足，劳动关系也能随之变得更加和谐，优化劳动关系治理的目标也就随之实现。

第三节　我国人工智能与实体经济融合进程中优化劳动关系治理面临的挑战

一、社会生产智能化中产业结构加速调整的挑战

社会生产智能化的加速必然导致产业结构调整升级的加速，进而对劳动关系治理优化带来新的挑战。正如本书第一篇曾分析的那样，人工智能与实体经济的融合存在两条并行的路径：人工智能创造实体经济增量和人工智能改造实体经济存量。在人工智能与实体经济融合的初期，人工智能技术的产业化会创造出众多高新技术领域的产业和企业，从而加速实体经济增长。在这一阶段，由于人工智能对实体经济存量的大规模改造还没有开始，人工智能与实体经济融合进程的加快可以创造新的、高收入的就业岗位，因此对劳动关系治理优化尚未构成明显挑战。但随着人工智能产业化发展到一定阶段，社会生产智能化的提速就不可避免地要通过人工智能改造实体经济存量的路径来进一步推进人工智能与实体经济的融合。这一改造过程绝不可能是完全“无痛苦”的，真正的问题是这种“痛苦”的社会代价应该由谁来承担。一方面，人工智能在改造实体经济存量中，必定会导致一部分传统产业彻底消失，从而导致部分劳动者遭遇失业问题，不得不进行跨产业的职业转换。比如，人工智能客服技术的产业化就会导致人工客服工作岗位劳动力需求的急剧下降，无人驾驶技术的产业化也将导致诸如出租车司机等工作岗位劳动力需求骤减。由于工作岗位彻底消失而导致的结构性失业，只能通过相关劳动者的跨产业职业转换来消除。在这个职业转换完成之前，劳动关系治理优化必然会承受由结构性失业带来的挑战。另一方面，人工智能在改造实体经济存量时虽有一些传统产业不会消失，但这些产业引入大量新技术之后会导致劳动者原有劳动技能失去用武之地。这些劳动者虽不需要进行跨产业的职业转换，但也需要进行劳动技能的再学习、再获取。一部分劳动者由于年龄、家庭、学习能力、受教育程度等因素的制约，并不能顺利完成劳动技能再获取，甚至无法很好地

胜任新技术条件下的工作岗位，也会导致劳动生产率和劳动报酬下降。这对于劳动关系治理优化来说也是不得不面对的现实挑战。

近年来，随着我国社会生产智能化水平的不断提高，我国产业结构调整升级的步伐明显加快。从社会生产的投入角度来看，2012—2021 年，我国三次产业固定资产投资（见表 11 -1）呈现出第二产业固定资产投资比重持续下降、第三产业固定资产投资持续提升和第一产业固定资产投资稳步提升的态势。这意味着近年来尽管我国第二产业固定资产投资绝对额在持续增长，但第三产业是新增投资最多的产业部门。在固定资产投资的带动下，更多的经济资源流向第三产业，带动我国产业结构调整加快升级。从社会生产的产出角度来看，2012—2021 年，我国产业结构逐步实现由工业经济优先发展向三次产业协同发展的转变。第三产业逐步超过第二产业，成为对我国 GDP 增长贡献最大的产业部门（见表 11 -2）。特别需要指出的是，即便在制造业内部，工业产成品结构也在发生深刻变化（见表 11 -3）。首先，在 2012—2021 年，本世纪的第一个十年里曾快速发展的轻工业部门（如纺织业、服装业等）在工业产成品中的价值份额持续下降。其次，在 2012—2021 年，代表着工业经济发展水平的汽车制造业在工业产成品中的价值份额经历了先增加后下降的“倒 U”形变化，表明在这十年间我国工业化水平迅速提高，并逐步进入到工业化中晚期阶段。再次，以计算机、通信和其他电子设备制造业与电气机械和器材制造业为代表的数字化、智能化制造业正在快速崛起。2012—2021 年，我国计算机、通信和其他电子设备制造业与电气机械和器材制造业在工业产成品中的价值份额均稳步提高。其中 2021 年计算机、通信和其他电子设备制造业的工业产成品价值较 2012 年增长了 3 倍。制造业内部产成品结构的巨大变化，表明我国已经走上“工业化与智能化协同发展”的道路。

表 11 -1　2012—2012 年我国三次产业固定资产投资（不含农户）

年份	第一产业		第二产业		第三产业	
	投资额（亿元）	占比（%）	投资额（亿元）	占比（%）	投资额（亿元）	占比（%）
2012	4442	1.63	99620	36.65	167781	61.72
2013	5399	1.69	111876	35.10	201496	63.21

续表

年份	第一产业		第二产业		第三产业	
	投资额（亿元）	占比（%）	投资额（亿元）	占比（%）	投资额（亿元）	占比（%）
2014	6613	1.82	122410	33.73	233858	64.44
2015	8095	2.05	129557	32.76	257865	65.20
2016	9146	2.16	132867	31.31	282386	66.54
2017	9810	2.17	135970	30.10	305949	67.73
2018	11075	2.31	144455	30.19	322931	67.49
2019	11136	2.21	149005	29.55	344071	68.24
2020	13302	2.56	149154	28.74	356451	68.69
2021	14275	2.62	167395	30.74	362877	66.64

资料来源：中华人民共和国国家统计局。

表 11－2　2012—2021 年三次产业增加值占 GDP 比重和对 GDP 贡献率

年份	产业增加值占 GDP 比重（%）			对 GDP 的贡献率（%）		
	第一产业	第二产业	第三产业	第一产业	第二产业	第三产业
2012	9.1	45.4	45.5	5	50	45
2013	8.9	44.2	46.9	4.2	48.5	47.2
2014	8.6	43.1	48.3	4.5	45.6	49.9
2015	8.4	40.8	50.8	4.4	39.7	55.9
2016	8.1	39.6	52.4	4	36	60
2017	7.5	39.9	52.7	4.6	34.2	61.1
2018	7	39.7	53.3	4.1	34.4	61.5
2019	7.1	38.6	54.3	3.9	32.6	63.5
2020	7.7	37.8	54.5	10.4	43.3	46.3
2021	7.3	39.4	53.3	6.7	38.4	54.9

资料来源：中华人民共和国国家统计局。

表 11－3　　2012—2021 年我国部分工业行业工业产成品状况

年份	纺织业		纺织服装、服饰业		汽车制造业		电气机械和器材制造业		计算机、通信和其他电子设备制造业	
	价值（亿元）	比重（%）	价值（亿元）	比重（%）	价值（亿元）	比重（%）	价值（亿元）	比重（%）	价值（亿元）	比重（%）
2012	1413.8	4.4	861.0	2.7	1806.9	5.7	2405.3	7.5	2000.5	6.3
2013	1464.0	4.2	919.2	2.7	2014.2	5.8	2619.2	7.6	2148.6	6.2
2014	1541.4	4.0	954.9	2.5	2413.4	6.3	2915.8	7.6	2629.8	6.9
2015	1553.2	3.9	1001.4	2.5	2546.0	6.4	2923.7	7.4	3077.8	7.8
2016	1488.1	3.7	1033.6	2.6	3013.7	7.4	3110.0	7.7	3462.0	8.5
2017	1432.2	3.4	972.7	2.3	3380.0	8.0	3606.5	8.5	3823.7	9.0
2018	1469.4	3.3	959.0	2.2	3345.7	7.6	3616.2	8.2	4507.6	10.2
2019	1545.3	3.5	951.3	2.2	3386.0	7.7	3452.3	7.8	4253.6	9.7
2020	1544.4	3.3	892.0	1.9	3553.3	7.6	3704.4	7.9	4881.8	10.5
2021	1740.7	3.1	971.9	1.8	3756.0	6.8	4845.6	8.8	6199.6	11.2

资料来源：中华人民共和国国家统计局。

从我国就业人员的行业部分来看，社会生产智能化中产业结构调整给我国劳动关系治理优化带来了新问题和新挑战。一方面，在不含私营企业的城镇单位就业人员中，就业人员总量基本保持稳定，但行业分布结构变化相对缓慢。2012—2021 年，除农林牧渔业城镇单位就业人员数快速减少以外，其他行业城镇单位就业人员比例基本保持稳定（见表 11－4）。信息传输、软件和信息技术服务业城镇单位就业人员总数由 223 万人增加到 519 万人，但在城镇单位就业人员中所占比重仍较低。分布在制造业的城镇单位就业人员稳步减少的态势，表明随着人工智能与实体经济融合进程的加快，产业结构调整必然带来城镇单位就业人员行业分布结构的调整。如何在产业结构调整中实现城镇单位就业人员平稳有序的职业转换，是我国劳动关系治理优化过程中需要稳妥解决的问题。另一方面，我国私营企业和个体就业人员总量增长迅速且行业分布结构调整压力较大。由表 11－5 可见，2012—2019 年，我国私营企业和个体就业人员总数由 1.99 亿人增加到 4.05 亿人。这一快速增长势头很大程度上是由于这一时期我国工业化和城镇化迅猛推进所导致的——农村剩余劳动力大规模从农业向城乡非农产业转移。但从私营企业和个体就业人员的行业分布结构来看，我国第二产业中私营企业和个体就业人员数量增长较快的主要是制造业和建筑业；第三产业中私营企业个体就业人员增长较快的批发和零售业、住宿和餐饮业、租赁和商务服务业以及居民服务和其他服务业，均是劳动密集型产业。这就形成了未来一段时期内我国社会生产智能化中劳动关系治理优化较为突出的问题与挑战。作为劳动时间节约型的技术，人工智能技术在改造传统产业的过程中必然导致传统产业劳动力需求的急剧减少，这一现象在劳动密集型产业尤为突出。因此，对我国社会生产智能化中的劳动关系治理，必须高度重视私营企业和个体就业人员的职业转换和劳动技能再获取问题。这一问题是决定我国未来一段时期内劳动关系治理优化效果好坏的关键问题。

表 11－4　2012—2021 年我国城镇单位就业人员情况　（单位：万人）

年份	2012	2013	2014	2015	2016	2017	2018	2019	2020	2021
城镇单位就业人员	15236	18108	18278	18062	17888	17644	17258	17162	17039	17015
农林牧渔业	339	295	285	270	263	255	193	134	86	87
采矿业	631	636	596	546	491	455	414	368	352	345
制造业	4262	5258	5243	5069	4894	4635	4178	3832	3806	3828
电力、热力、燃气及水生产和供应业	345	405	404	396	388	377	369	373	380	382
建筑业	2010	2922	2921	2796	2725	2643	2711	2270	2153	1972
交通运输、仓储和邮政业	668	846	861	854	850	844	819	815	812	798
信息传输、软件和信息技术服务业	223	327	336	350	364	395	424	455	487	519
批发和零售业	712	891	889	883	875	843	823	830	787	797
住宿和餐饮业	265	304	289	276	270	266	270	265	257	265
金融业	528	538	566	607	665	689	699	826	859	818
房地产业	274	374	402	417	432	445	466	510	525	529
租赁和商务服务业	292	422	449	474	488	523	530	660	644	680

续表

年份	2012	2013	2014	2015	2016	2017	2018	2019	2020	2021
科学研究和技术服务业	331	388	408	411	420	420	412	434	431	450
水利、环境和公共设施管理业	244	259	269	273	270	268	261	244	246	253
居民服务、修理和其他服务业	62	72	75	75	75	78	77	86	83	86
教育业	1653	1687	1727	1736	1729	1730	1736	1909	1959	1972
卫生和社会工作	719	770	810	842	867	898	912	1006	1052	1095
文化、体育和娱乐业	138	147	146	149	151	152	147	151	150	152
公共管理、社会保障和社会组织	1542	1567	1599	1638	1673	1726	1817	1990	1972	1986

注：1. 城镇单位不含私营。

2. 城镇单位就业人员指在各级国家机关、党政机关、社会团体及企业、事业单位中工作，取得工资或其他形式的劳动报酬的全部人员。包括在岗职工、再就业的离退休人员、民办教师以及在各单位中工作的外方人员和港澳台方人员、兼职人员、借用的外单位人员和第二职业者。不包括离开本单位仍保留劳动关系的职工。

资料来源：中华人民共和国国家统计局。

表 11－5　　2012—2019 年我国私营企业和个体就业人员　　（单位：万人）

年份	2012	2013	2014	2015	2016	2017	2018	2019
私营企业和个体就业人员	19924	21857	24975	28077	30859	34107	37413	40524
制造业	4468	4779	5074	5236	5425	5662	5776	5907
建筑业	840	976	1133	1317	1432	1569	1765	2026
交通运输、仓储和邮政业	838	599	630	650	704	809	964	1051
批发和零售业	7721	8749	10132	11277	12252	13266	14495	15390
住宿和餐饮业	1162	1346	1548	1859	2218	2689	2945	3295
租赁和商务服务业	1120	1273	1598	2087	2329	2722	3038	3388
居民服务和其他服务业	1149	1217	1400	1555	1762	2037	2200	2553

资料来源：中华人民共和国国家统计局。

二、社会生产智能化中资本无序扩张与财富积累不规范的挑战

我国社会主义初级阶段的所有制结构特征是以公有制经济为主体、多

种所有制经济并存。这一所有制结构特征决定了在我国的人工智能与实体经济融合进程中，人工智能技术在转化为现实生产力之后既可能与占主体地位的公有制经济结合，也可能与非公有制经济结合。对于人工智能与非公有制经济的结合，应当辩证看待。在社会主义初级阶段，人工智能与非公有制经济的有序健康的结合有助于加快我国社会生产智能化，对促进我国社会生产力发展、尽快解决发展不平衡不充分问题，有着积极意义。正如习近平总书记2018年在民营经济座谈会上的讲话指出，“我国非公有制经济，是改革开放以来在党的方针政策指引下发展起来的”，“民营经济具有‘五六七八九’的特征，即贡献了50%以上的税收，60%以上的国内生产总值，70%以上的技术创新成果，80%以上的城镇劳动就业，90%以上的企业数量”①。作为我国社会主义市场经济的重要组成部分，鼓励、支持和引导非公有制经济在我国人工智能与实体经济融合进程中有序健康地发挥更大作用，有助于巩固和发展我国基本经济制度，也是“两个毫不动摇”原则的生动体现。人工智能与非公有制经济的有序健康结合不应当被阻碍或禁止，应当得到鼓励和支持。但需要清醒认识到的是，人工智能与非公有制经济结合过程中如果出现资本无序扩张与财富积累不规范等问题，会对我国构建和谐的劳动关系治理带来消极影响，需要在我国劳动关系治理过程中加以重视并积极解决。

正如习近平总书记在2022年4月29日中共中央政治局第三十八次集体学习时强调，“资本具有逐利本性，如不加以规范和约束，就会给经济社会发展带来不可估量的危害”②。在数字平台经济发展过程中，人工智能技术的应用极大地增强了数字平台的网络外部性效应，加剧了资本无序扩张和财富积累不规范等问题带来的劳动关系治理挑战。只有当所有劳动者和消费者都使用同一数字平台时，数字平台的使用价值才能得到最大化利用。这就使得数字平台可以在极短时间内形成高用户黏度的庞大用户群体，形成数字平台企业的垄断地位。如果经营数字平台企业的资本滥用这

① 新华网．习近平：在民营企业座谈会上的讲话［N/OL］．http：//www.xinhuanet.com/politics/2018－11/01/c_1123649488.htm.

② 求是网．习近平在中共中央政治局第三十八次集体学习时强调 依法规范和引导我国资本健康发展 发挥资本作为重要生产要素的积极作用［N/OL］．http：//www.qstheory.cn/yaowen/2022－04/30/c_1128612070.htm.

种垄断地位，则会给依托数字平台进行交易的劳动者和消费者都带来福利损失。一方面，对于依托数字平台进行生产的劳动者来说，资本可以运用人工智能技术增加劳动者的劳动强度、延长劳动者的劳动时间，并压低劳动者的单位小时工资；另一方面，对于依托数字平台进行消费的消费者来说，资本可以运用人工智能技术更好地分析和预测消费者的消费偏好，通过更有针对性的、差异化的定价机制攫取消费者剩余，无形中损害消费者利益。劳动者和消费者所损失的现实经济利益，则转化为数字平台企业的丰厚利润，这些利润由支配和滥用数字平台企业垄断地位的资本赚走了。在高利润的刺激下，逐利的资本加速向数字平台经济涌入，造成资本无序扩张和财富积累不规范等问题。从表 11－6 可见，2018—2022 年的 5 年间，在进入福布斯全球亿万富豪榜前百名的我国大陆地区企业家中，主要财富来自数字经济领域的企业家比重不低，尤其在 2019 年，这一比重超过 50%。但就在数字平台经济迅速成为“造富”领域的同时，诸如外卖员劳动权益保障问题、消费者被“大数据杀熟”问题却屡见不鲜。2021 年，我国相继对阿里巴巴、腾讯、美团等数字平台企业进行反垄断调查并做出处罚，有效遏制了数字平台经济领域的资本无序扩张和财富积累不规范等问题，也为我国人工智能与实体经济融合进程中探索构建更加和谐的劳动关系治理模式提供了实践经验。

表 11－6　2018—2022 年福布斯全球亿万富豪榜前 100 名中的我国大陆地区企业家人数　（单位：人）

2018 年	企业家人数	10
	其中财富来自数字经济的人数	4
2019 年	企业家人数	11
	其中财富来自数字经济的人数	6
2020 年	企业家人数	15
	其中财富来自数字经济的人数	6
2021 年	企业家人数	21
	其中财富来自数字经济的人数	9
2022 年	企业家人数	18
	其中财富来自数字经济的人数	5

资料来源：福布斯中国网站（https：//www. forbeschina. com/lists）。

三、社会生产智能化中劳动者群体“原子化”的挑战

所谓劳动者群体“原子化”，指劳动者群体内部的组织化程度持续下降，失去有效组织的单个劳动者在劳动力市场上仅能依靠自身力量维护自身劳动权益，无法或极少获得来自劳动者群体的支持。劳动者群体“原子化”会导致劳动者在劳动力市场上谈判势力严重弱化，极易加剧劳动力市场上供求双方谈判势力的失衡。只要劳动力资源配置仍要让市场机制来发挥决定性作用，对于劳动关系治理的开放性、有效性和持续性来说，维持劳动力市场上供求双方的力量均势就仍将是不可或缺的因素。在社会主义市场经济条件下，市场在资源配置中的决定性作用意味着社会主义国家的劳动力资源配置也要遵循市场经济的一般规律。在当前阶段，劳动者在社会生产中所扮演的生产者和消费者的双重角色仍旧是相互分离的。作为消费者的劳动者需要通过市场来获得消费资料，这些消费资料中有很大部分并不是由自身劳动力所生产的；作为生产者的劳动者利用自身劳动力所生产的产品也并不直接满足自己的消费需求，需要通过市场实现这些产品中所包含的价值，从而使私人劳动转化为社会劳动。即便现阶段公有制经济居于主体地位，国有经济发挥主导作用，但劳动者从形式上看仍需要在劳动力市场上“出售”自身劳动力，以雇佣劳动形式实现劳动者与劳动资料的结合。这就决定了在社会主义市场经济条件下劳动力供求双方的劳动关系博弈仍客观存在，劳方在谈判势力不足时仍有可能在一定范围内出现劳动者合法劳动权益受到损害的情况。社会主义市场经济条件下构建和谐劳动关系治理，仍有必要通过维持和保障劳动者组织化程度，来提升劳方在劳动关系博弈中的谈判势力，以增强劳动关系治理的开放性、有效性和持续性。

随着我国人工智能与实体经济融合进程的加速，劳动者群体所面临的“原子化”倾向不利于维持较高的劳动者组织化程度。工业化、智能化和市场化的相互叠加是我国社会生产智能化转型道路的特色所在。这一特殊转型道路对我国劳动者组织化程度的影响是多方面的。首先，工业化的快速推进使得数以亿计的农民工劳动者脱离农村集体经济组织和农村家庭，降低了这部分劳动者群体的组织化程度。截至 2021 年底，我国就业人员 7.47 亿人；其中，农民工总量 2.93 亿人，占比 39.18%，外出农民工 1.7

亿人，占比23%①。“离土又离乡”的外出农民工群体难以从农村集体经济组织和农村家庭中获得支持，仅能从“老乡”那里获得非常有限的支持和援助，使得这一劳动者群体成为劳动力市场上组织化程度最低的劳动者群体之一。其次，社会主义市场经济体制的建立和完善逐步提高城镇劳动者的岗位流动性，非公有制经济中就业的劳动者群体的组织化程度有所降低。从表11－4可见，2021年我国城镇单位（不含私营）就业人员1.7亿人，在当年4.68亿城镇就业人员中占比36.38%。这也意味着超过六成的城镇就业人员处于较高的岗位流通性状态中。从一般规律来看，某一劳动者群体的岗位流动性越高，则这一劳动者群体的组织化程度也会受到影响。再次，随着数字经济发展而创造出来的很多新业态都具有零工经济的特征，在这些新业态实现就业的劳动者群体的组织化程度也相对较低。如果说在传统非公有制经济中实现就业的劳动者还可以通过基层党组织和工会加以一定程度的组织，那么目前在新业态实现就业的劳动者群体则在一定程度上处于“组织盲区”。以近年来逐渐萌芽发展起来的“数字游民”②为例，这一部分依托于数字平台实现灵活就业的自由职业劳动者往往处于高度流动性的雇佣关系之中，传统劳动者组织方式难以较好地覆盖这一劳动者群体。总的来看，随着我国工业化、市场化和智能化的深度协同发展，劳动力要素的流动性也将逐步提高，传统的家庭关系、集体经济组织在维持劳动者组织化程度上的作用快速衰减。如果基层党组织、工会组织以及各类社会组织不能适应数字经济时代劳动力要素流动性上升和劳动关系多元化的新形势，就有可能在社会生产智能化中出现劳动者组织化程度迅速下降，劳动者在劳动关系博弈中地位更加弱势的问题。这与人工智能与实体经济融合进程中构建和谐劳动关系治理的目标是相违背的，也会给劳动关系治理的优化带来现实挑战。

---

① 中华人民共和国国家统计局．中华人民共和国2021年国民经济和社会发展统计公报［N/OL］．http：//www.stats.gov.cn/tjsj/zxfb/202202/t20220227_1827960.html.

② 王晓涛．数字时代雇佣关系多元化 职场迎来“数字游民”［N］．中国经济导报，2022－10－25（6）．

第四节　我国人工智能与实体经济融合进程中优化劳动关系治理的政策建议

一、优化劳动关系治理的有序产业转型升级政策

在人工智能与实体经济融合进程中，尽量降低由于产业转型升级导致的结构性失业水平，是优化劳动关系治理的重要目标。人工智能与实体经济融合的路径决定了人工智能既会创造实体经济增量，也会改造实体经济存量。前者可以直接在新兴产业创造更多就业岗位，后者则会在一定程度上导致传统产业的就业岗位流失。由于劳动者知识结构和劳动技能转换需要一定时间，劳动者无法迅速完成由传统产业向新兴产业的职业转换，就会在较长的一段时期内引发结构性失业水平的上升，从而给劳动关系治理带来较大压力。西方资本主义国家劳动关系治理模式在社会生产智能化中所面临的巨大挑战和严峻问题，在很大程度上是由于西方资本主义国家经济制度决定了这些国家走上了一条"从去工业化到智能化"的社会生产智能化道路。西方资本主义国家这种"腾笼换鸟"式的产业升级转型政策，实质上让劳动者承担了产业转型的主要代价，从而加剧了西方资本主义国家的劳资矛盾，导致这些国家的劳动关系治理模式难以为继。西方资本主义国家的教训给我们的启示是：人工智能与实体经济融合进程中的产业转型升级不可避免，但产业转型升级的政策选择会在很大程度上影响劳动关系治理的效果。

正如前文所述，我国正处于社会主义初级阶段和工业化中期阶段的国情，决定了我国不能走西方国家所走的"从去工业化到智能化"的道路。一方面，我国人口众多，劳动力总量巨大，扩大就业一直是我国经济工作中不可忽视的重要任务。如果人工智能创造实体经济增量所带来的新增就业量不足以弥补人工智能改造实体经济存量所流失的就业量，就会导致全社会就业压力的增加，不利于劳动关系治理的优化。在社会生产智能化之前先去工业化，必然导致就业率大幅下降，故这一政策选择与我国国情相

悖，不能成为我国人工智能与实体经济融合进程中的产业政策导向。另一方面，我国劳动力市场供给结构较为复杂，有数以亿计的劳动者受教育程度不高（比如农民工群体），其知识结构和劳动技能很难在短时间内迅速转换。人工智能技术作为劳动时间节约型技术的属性决定了人工智能对传统产业的改造必然会进一步提高劳动生产率，甚至使传统劳动密集型产业也会转型为资本密集型或技术密集型产业，从而大幅减少这些产业对从事简单体力劳动的劳动力需求。如果人工智能对实体经济存量的改造过于仓促，也必然导致中低端劳动密集型产业中的众多劳动者面临结构性失业问题，不利于我国劳动关系治理优化。因此，在我国人工智能与实体经济融合进程中，要构建和谐劳动关系治理，就只能选择“工业化与智能化协同发展”的道路。既要积极发展人工智能领域的高新技术产业，加速创造实体经济增量；又不能忽视在人工智能改造传统产业过程中的平稳有序过渡问题。既要积极发展高科技制造业和高端服务产业，提升我国产业竞争力，又不能过早地淘汰劳动密集型的中低端制造业和服务业，避免较为严重的结构性失业。

二、优化劳动关系治理的区域城乡协调发展政策

从劳动关系治理角度来看，区域城乡协调发展有助于提高就业质量，也有助于构建和谐劳动关系。本书第四章第一节就曾指出，劳动关系演化不仅表现在就业机会的多寡和劳动报酬的高低，还表现在劳动环境的优劣和个人发展的好坏。劳动者对于就业岗位的评价，也不仅仅是考察就业岗位可以提供的薪资报酬，还要考察劳动环境、个人发展以及能否兼顾家庭生活等多方面因素。用通俗的话来说，高质量的就业岗位应当是“钱多、事少、离家近”。高质量就业岗位的空间分布，也在很大程度上影响劳动者对于就业岗位的满意度，进而影响到劳动关系的和谐程度。在劳动力可以自由流动的前提条件下，劳动者的迁徙方向受到高质量就业岗位空间分布的影响。当高质量就业岗位在空间上分布不均时，必然导致部分劳动者不得不远离家庭或生活地，去追求高质量就业岗位。这部分劳动者的通勤时间会延长，甚至不得不背井离乡脱离家庭独自生活。劳动者如果长期处于超长通勤时间或者脱离家庭生活的就业岗位上，就很难兼顾工作和生活，从而降低劳动者对于就业岗位的满意度。劳动者对就业岗位满意度降

低，既有可能导致劳动者劳动积极性和劳动生产率下降，也有可能激化劳动关系中的问题和冲突。总的来看，这种状况不利于和谐劳动关系的构建。

人工智能与实体经济融合进程的加快，为我国区域城乡协调发展创造了物质基础和历史机遇。改革开放以来，我国区域城乡发展差距明显拉大，我国出现了由农村向城市、由中西部向东部的劳动者单向迁徙倾向，产生“空巢老人”“留守儿童”等一系列社会问题。这主要是由于高质量就业岗位在过去很长一段时期内主要集中在东部沿海地区和一线城市，劳动者不得不通过远距离的迁徙去获取高质量就业岗位。随着人工智能与实体经济融合的加快，空间因素对高质量就业岗位的限制正大幅度放宽。一方面，随着大数据、云计算和人工智能等新一代互联网技术的成熟和推广，越来越多劳动者可以足不出户，依靠互联网即可远程开展工作。这就使得即便身处中西部地区或乡镇地区的劳动者也可以就地获得高质量就业岗位，不再需要向东部沿海地区和一线城市迁徙。这对于提升劳动者对就业岗位的满意度是大有帮助的。另一方面，随着人工智能对实体经济存量改造的加快，广大中西部地区的小城市和乡镇的实体经济成为人工智能产业化的“主战场”，为越来越多的劳动者创造出遍布城乡的高质量就业岗位。以农村电商为例，随着以人工智能算法为基础的电商平台向广大乡镇地区普及，越来越多的乡镇劳动者开始转变就业方式，依托电商平台开展农副产品销售、乡村旅游推广和乡村文化宣传等工作，借助网络力量实现乡村地区农业和非农产业的融合发展。因此，在人工智能与实体经济融合进程中构建和谐劳动关系治理，应当借助人工智能产业化的浪潮加快区域城乡协调发展，在对实体经济的改造升级过程中提升中西部地区和小城市乡镇地区的就业质量，促进劳动关系治理的优化。

三、优化劳动关系治理的扩大就业与劳动保障政策

人工智能的技术属性决定了在社会生产智能化过程中必定会有越来越多的复杂劳动转化为简单劳动，也必定会有越来越多的简单劳动被人工智能直接所取代。生产一定量使用价值的劳动过程所需要的劳动力将越来越少，这也就意味着新增单位价值量的生产资料所能吸纳和带动的就业量也将越来越少。如果在社会生产智能化过程中不重视扩大就业问题，就必然导致劳动者面临越来越严峻的就业形势，从而不利于构建和谐劳动关系治

理。但是，辩证地看，人工智能与实体经济的融合也在创造这样一种可能性：越来越多的劳动者从简单劳动、体力劳动和重复劳动中解放出来，转而有更多劳动时间用于复杂劳动、脑力劳动和创造性劳动，从而使人的个性得以更充分地展现。劳动本身则越来越成为个人实现全面自由发展的第一生活需要。围绕此目标，在劳动关系治理优化的就业政策中还有很多以下一些工作可以做。

首先，扩大就业政策应当被视作我国人工智能与实体经济融合进程中的战略性举措来大力推动。对于人工智能与实体经济融合进程中劳动关系治理的优化任务而言，扩大就业政策的实施是最为直接有效的政策手段。为此，一方面应当抓住人工智能创造实体经济增量的契机，在全社会范围内鼓励创新创业，通过大力发展战略性新兴产业和创新商业模式，在新业态的蓬勃发展中积极创造全新的就业机会。另一方面，应当重视人工智能改造实体经济存量的稳步推进，既可以在传统产业的技术改造升级过程中同步提升劳动者职业技能，使得劳动者足以胜任原有工作岗位在新技术条件下的新任务要求；也可以在传统产业改造升级过程中依托传统产品和服务，积极发展新的增值业务，在传统产业中为劳动者创造新的工作岗位。总的来说，不应当在人工智能与实体经济融合进程中简单粗暴地淘汰劳动密集型产业或劳动密集型生产过程，而是应当积极发挥我国人力资源优势，将传统劳动密集型产业改造为知识密集型产业或技能密集型产业。

其次，劳动保障政策应当作为我国人工智能与实体经济融合进程中的重要制度安排来加以建设。正如前文所指出的，仅仅为劳动者提供就业岗位并不意味着就实现了高质量就业，高质量就业除了考察就业岗位数量以外，还要考察就业机会给劳动者带来的劳动报酬、工作环境和职业发展等方面因素。我国人工智能与实体经济融合进程中构建和谐劳动关系治理，就不能将目标仅仅局限于创造就业岗位，而是应当将实现高质量就业作为劳动关系治理的目标。为此，一是要消除影响公平就业的各项歧视性措施，以劳动法律法规为保障创造机会公平的就业环境。二是要加大劳动法律法规的执法力度，严厉打击超长时间加班、拖欠劳动者工资等违反劳动法律法规的行为。三是要完善失业保险、失业救助等“兜底”的劳动保障措施，为失业劳动者提供基本生活保障、求职信息保障和职业技能再学习援助。四是要扩大社会保障体系覆盖的广度和深度，积极增强社会保障体系服务零工经济等新业态中劳动者群体的能力。五是要完善工资集体协商等劳动关系协调机制，畅通基层劳动者积极争取提升自身就业质量的渠道。

四、优化劳动关系治理的收入分配与公共服务政策

避免收入差距不合理拉大，避免劳动者群体的贫困化，是我国在人工智能与实体经济融合进程中构建和谐劳动关系治理的前提条件。纵观西方资本主义国家在人工智能与实体经济融合进程中面临的劳动关系治理难题，归根结底是由于资本主义经济制度下社会生产智能化加剧了劳动者群体的贫困化趋势，造成了越来越悬殊的收入差距，进一步激化了劳资矛盾。我国的人工智能与实体经济融合进程是在社会主义基本经济制度下进行，这就决定了我国可以通过收入分配和公共服务政策的积极调整，维护劳动者群体的生存与发展权利，避免收入差距不合理拉大。

一是应当坚持完善分配制度，提高劳动报酬在初次分配中的比重，促进共同富裕。我国坚持以按劳分配为主体、多种分配方式并存的基本分配制度。一方面，积极提高劳动报酬在初次分配中的比重，可以更好地体现按劳分配为主体的分配原则。劳动报酬是占人口绝大多数的劳动者群体最为主要和最为基本的收入来源。如果劳动报酬在初次分配中的比重过低，那么相较于其他社会群体，劳动者群体所获得的收入份额就相对较小，按劳分配为主体的分配原则就将被弱化。另一方面，劳动报酬在初次分配中的比重提高了，劳动者勤劳致富的“盼头”就更足了，就能够调动劳动者的生产积极性，理顺各行各业劳动者之间的协作关系，在解放和发展生产力的同时增进劳动关系的和谐，为优化劳动关系治理创造条件。此外，还应当完善按要素分配制度，规范收入分配秩序和财富积累机制，保护合法收入，调节过高收入，取缔非法收入。总的来说，促进共同富裕是我国人工智能与实体经济融合进程在分配领域的主要目标。

二是应当完善公共服务政策，以基本公共服务均衡化供给为目标，加快健全基本公共服务体系，提高公共服务水平。正如本书第二篇所指出的那样，欧洲主要国家以政府债务扩张来支撑高水平社会福利，并试图缓和劳资矛盾的福利资本主义劳动关系治理模式，是不可持续的。但也必须认识到，与经济发展水平相适应的基本公共服务供给，有助于保障劳动者群体的基本生存和发展权利，有助于促进全社会共同富裕，也有助于构建和

谐劳动关系和优化劳动关系治理。为此，在我国人工智能与实体经济融合进程中，有必要以基本公共服务均等化供给为目标，尽快缩小和最终消除东中西地区之间、城乡之间的公共服务供给水平差距，提升公共服务的供给质量，增强普通劳动者的基本公共服务可获得性。在基本公共服务资源有限的客观条件限制下，应当积极运用社会生产智能化所带来的先进技术去改造基本公共服务体系，通过发展远程教育、远程医疗等智能化、网络化的公共服务，促进基本公共服务的均等化供给。

五、优化劳动关系治理的高水平对外开放政策

我国人工智能与实体经济融合进程不断优化劳动关系治理，必然要求我国加快构建新发展格局。改革开放以来，面对我国需要加快完成由农业国向工业国转变的任务，加之“和平与发展”时代潮流所提供的有利国际环境，我国实施对外开放基本国策，主动开放国门，积极参与市场和资源两头在外的国际大循环。在这一过程中，由于我国劳动力资源丰富但资本积累相对不足，我国不得不在国际大循环中遵循比较优势原则，大力发展劳动密集型和资源密集型产业。在当时的历史阶段中，这一产业布局的战略选择为有效利用国外资源和国际市场、进而为扩大就业和促进劳动关系和谐发挥了积极作用，适应了当时劳动关系治理优化的要求。但也必须认识到，我国在国际大循环中所扮演的角色，使得我国劳动力、自然资源等生产要素的价格被长期压低，对我国经济、社会与生态的长期可持续发展产生了消极影响。随着我国人工智能与实体经济融合进程的开启，优化劳动关系治理的工作重心发生了转变。一方面，人工智能与实体经济的融合派生出对高素质人力资源的庞大需求，劳动力价格长期压低不利于高素质人力资源的培育和积累。另一方面，人工智能与实体经济的融合也要求有旺盛的国内市场需求加以支撑，过低的劳动力价格和过高的工作日长度不利于国内消费需求的释放。在人工智能与实体经济融合进程中，优化劳动关系治理必然要求扩大高质量就业。显然，市场和资源两头在外的国际大循环并不能满足我国扩大高质量就业的战略需要，构建新发展格局迫在眉睫。

从我国人工智能与实体经济融合进程中优化劳动关系治理的角度来看，我国在新发展格局下实施高水平对外开放政策应当满足以下两个方面

要求。一方面，高水平对外开放应当有利于我国人力资源优势的培育积累和充分发挥。既要通过高水平对外开放扩大优质商品与服务的进口，在更好地满足人民美好生活需要的基础上促进我国人力资源的培育积累，又要通过高水平对外开放扩大我国优势产品和服务的出口，促进我国知识密集型产业和技能密集型产业的开发开放和国际竞争力提升。另一方面，高水平对外开放应当有利于我国劳动者的劳动报酬增长和劳动权益保障。既要通过高水平对外开放有甄别地“引进来”，在鼓励外商企业在华投资经营和技术转让的同时，积极防范和避免外商企业在生产经营中压低劳动报酬和侵犯劳动权益，又要通过高水平对外开放积极大胆地“走出去”，通过与沿线国家共建“一带一路”等举措，鼓励我国企业、技术和劳务走向世界，增加我国劳动者的就业机会和收入报酬。总之，在我国人工智能与实体经济融合进程中，高水平对外开放应当坚持“以我为主”，有所为有所不为。

六、优化劳动关系治理的基层民主与社会治理政策

在我国人工智能与实体经济融合进程的劳动关系治理中需要完善基层民主和社会治理，是由我国的国家性质和中国式现代化的含义所决定的。我国是工人阶级领导的、以工农联盟为基础的人民民主专政的社会主义国家，中国式现代化是中国共产党领导的社会主义现代化。这就决定了我国在人工智能与实体经济融合进程中的劳动关系治理，与西方资本主义国家人工智能与实体经济融合进程中的劳动关系治理有着本质区别。西方资本主义国家的劳资矛盾是不可调和的阶级矛盾。西方资本主义国家的劳动关系治理模式本质上是西方国家资产阶级维持和巩固资产阶级统治的工具。暂时缓和劳资矛盾是资本主义国家劳动关系治理的目标。我国的劳动关系从本质上看并非不可调和的阶级矛盾，而是可以通过协商有效解决的人民内部矛盾。我国劳动关系治理则是为巩固人民民主专政而设计的一种具体的制度安排。不断解决劳动关系中运动发展着的矛盾和问题，是我国劳动关系治理的目标。之所以我国劳动关系中会存在运动发展着的矛盾和问题，归根结底还是由生产力与生产关系、经济基础与上层建筑之间的矛盾运动所决定。我国人工智能与实体经济融合进程不断解放和发展生产力，必然要求社会主义基本经济制度不断随之自我完善，必然要求社会主义社

会的上层建筑不断随之发展优化。这就决定了在我国人工智能与实体经济融合进程中必然伴随着劳动关系治理的持续优化。

发展基层民主和完善社会治理，是我国人工智能与实体经济融合进程中优化劳动关系治理的有效路径。一方面，发展基层民主可以推动我国劳动关系治理的动态调整，有助于将劳动关系中的矛盾和问题解决在基层。通过健全以职工代表大会为基本形式的企事业单位民主管理制度，保障基层劳动者参与劳动关系治理的权利，畅通基层劳动者参与劳动关系治理的渠道。这将有助于及时发现劳动关系中存在的、正处于萌芽阶段的矛盾和问题。这些矛盾和问题完全可以通过基层劳动者之间的民主协商在第一时间尽可能地得到解决，从根本上避免劳动关系矛盾冲突的激化，增强劳动关系治理的开放性、有效性和持续性。另一方面，完善社会治理可以促进我国劳动关系治理的有序调整，有助于将劳动关系中的矛盾和问题依法依规解决。通过完善正确处理新形势下人民内部矛盾机制，畅通和规范群众诉求表达、利益协调、权益保障通道，使得劳动群众内部的矛盾和问题可以通过合法合规的渠道和机制加以解决，就可以从根本上避免劳动关系中的问题和矛盾持续发酵成为普遍存在的社会问题，进而影响社会的和谐稳定。总之，在我国人工智能与实体经济融合进程中构建和谐劳动关系治理模式，根本落脚点不在于“堵”，而在于“疏”。

参考文献

［1］马克思，恩格斯．马克思恩格斯文集（第1卷）［M］．中共中央马克思恩格斯列宁斯大林著作编译局，译．北京：人民出版社，2009.

［2］马克思，恩格斯．马克思恩格斯文集（第2卷）［M］．中共中央马克思恩格斯列宁斯大林著作编译局，译．北京：人民出版社，2009.

［3］马克思，恩格斯．马克思恩格斯文集（第3卷）［M］．中共中央马克思恩格斯列宁斯大林著作编译局，译．北京：人民出版社，2009.

［4］马克思，恩格斯．马克思恩格斯文集（第5卷）［M］．中共中央马克思恩格斯列宁斯大林著作编译局，译．北京：人民出版社，2009.

［5］马克思，恩格斯．马克思恩格斯文集（第9卷）［M］．中共中央马克思恩格斯列宁斯大林著作编译局，译．北京：人民出版社，2009：189—190.

［6］列宁．列宁专题文集·论资本主义［M］．中共中央马克思恩格斯列宁斯大林著作编译局，译．北京：人民出版社，2009.

［7］习近平．新发展阶段贯彻新发展理念必然要求构建新发展格局［N/OL］．中华人民共和国中央人民政府网站．http：//www. gov. cn/xinwen/2022－08/31/content_5707604. htm.

［8］习近平．新发展阶段贯彻新发展理念必然要求构建新发展格局［N/OL］．中华人民共和国中央人民政府网站．http：//www. gov. cn/xinwen/2022－08/31/content_5707604. htm.

［9］新华网．习近平：在民营企业座谈会上的讲话［N/OL］．http：//www. xinhuanet. com/politics/2018－11/01/c_1123649488. htm.

［10］求是网．习近平在中共中央政治局第三十八次集体学习时强调依法规范和引导我国资本健康发展 发挥资本作为重要生产要素的积极作用［N/OL］．http：//www. qstheory. cn/yaowen/2022－04/30/c_1128612070. htm.

[11] 亚当·斯密. 国富论 [M]. 孙善春，李春长，译. 北京：中国华侨出版社，2011.

[12] 约翰·梅纳德·凯恩斯. 就业、利息和货币通论 [M]. 徐毓枬，译. 南京：译林出版社，2011.

[13] 奥利弗·E. 威廉姆森. 资本主义经济制度：企业、市场和关系合同 [M]. 上海：上海财经大学出版社，2017.

[14] 曼瑟尔·奥尔森. 集体行动的逻辑 [M]. 陈郁等，译. 上海：格致出版社，2011：25.

[15] 大前研一. 低欲望社会：人口老龄化的经济危机与破解之道 [M]. 郭超敏，译，北京：机械工业出版社，2018.

[16] 李晓华. 人工智能赋能实体经济存在的问题与应对 [J]. 人民论坛，2020 (28)：94—97.

[17] 王方方. 人工智能与实体经济的深度融合 [J]. 群言，2020 (04)：24—26.

[18] 刘刚，王涛. 人工智能与传统产业融合发展机制研究——基于50家非初始人工智能上市公司价值网络分析 [J]. 理论与现代化，2020 (1)：38—55.

[19] 张光宇，欧春尧，刘贻新，刘安蓉. 人工智能企业何以实现颠覆性创新——基于扎根理论的探索 [J]. 科学学研究，2020 (9)：738—748.

[20] Karel Eloot. 全面释放工业机器人的潜能 [J]. 机器人产业，2019 (5)：62—66.

[21] 李鹏，焦飞飞，刘郢，刘晓兵，果春焕，姜风春. 金属超声波增材制造技术的发展 [J]. 航空制造技术，2016 (12)：49—55.

[22] 肖望. ATM 机最后的挣扎 [J]. 中国中小企业，2020 (10)：39—41.

[23] 蔡晓辉. 当萎缩成为 ATM 机不可避免的命运 [N]. 河北日报，2020-10-15 (7).

[24] 陈镭，杨章静，黄璞. 基于机器学习的 Android 恶意软件检测实验 [J]. 实验技术与管理，2020 (12)：94—97.

[25] 陈云松，吴晓刚，胡安宁，贺光烨，句国栋. 社会预测：基于机器学习的研究新范式 [J]. 社会学研究，2020 (3)：94—117.

［26］张丽娇．增材制造产业市场及研发初探［J］．新材料产业．2020（5）：57—60.

［27］刘清，杨永春，蒋小荣．全球价值生产的空间组织：以苹果手机供应链为例［J］．地理研究，2020（12）：2743—2762.

［28］周卓华．大数据和人工智能时代企业人力资源管理策略探析［J］．领导科学，2020（12）：98—101.

［29］王宁．零工经济的性质、问题与就业潜力［J］．人民论坛，2020（14）：39—41.

［30］李翀．美国工会的兴衰与经济效应研究［J］．福建论坛（人文社会科学版），2020（8）：136—150.

［31］何志强．美国劳动争议处理机制及其启示［J］．中国工运，2017（10）：76—77.

［32］中国经济网．福耀玻璃美国工厂难言乐观［N/OL］．http：//finance. ce. cn/stock/gsgdbd/202104/19/t20210419_36487594. shtml.

［33］王俊，苏立君．论科技霸权主义的形成机制、表现形式与经济影响——基于国际垄断资本主义科技治理模式的分析［J］．长白学刊，2021（6）：105—113.

［34］徐清．欧洲福利制度主要模式的比较与借鉴［J］．现代经济探讨，2021（3）：126—132.

［35］孔田平．中东欧福利国家模式［J］．欧亚经济，2021（3）：1—24.

［36］何自力．中国模式的政治经济学分析［M］．北京：经济管理出版社，2021：4.

［37］李岩，张桂梅．德国集体谈判对完善我国行业性工资集体协商制度的启示［J］．山东社会科学，2014（9）：189—192.

［38］邱晨鹤．浅议德国集体谈判制度对我国工资集体协商的启示与借鉴［J］．工会理论研究，2013（5）：41—46.

［39］卫学莉，杨帆，刘辉．德国劳动法解雇保护制度及对我国的启示［J］．河北法学，2016（10）：146—151.

［40］王倩．保护“吹哨人”的劳动法分析——基于德国司法经验的考察［J］．当代法学，2016（5）：109—118.

［41］弗朗思·佩宁斯．温州大学学报（社会科学版）［J］．李广厦，

译，2016（9）：10—15.

［42］沃尔夫冈·施罗德，塞缪尔·格里夫．德国经济发展与社会保障体系建设：历史经验与未来方案［J］．社会保障评论，2019（1）：43—54.

［43］张浚．欧洲国家如何为灵活就业人员提供社会保障［J］．人民论坛．2019（34）：118—119.

［44］刘毅．日本的主银行制与银企关系［J］．日本研究，2003（4）：14—22.

［45］胡澎．日本的“过劳”与“过劳死”问题：原因、对策与启示［J］．日本问题研究，2021（5）：1—9.

［46］张建立．日本年轻人缘何压力山大——从日本终身雇佣制的瓦解说起［J］．人民论坛，2020（5）：126—127.

［47］俞飞．“高烧难退”的日本过劳死［J］．方圆，2021（1）：58—61.

［48］金英姬．韩国财阀企业功过得失及启示［J］．上海经济研究．2017（11）：109—118.

［49］王晓涛．数字时代雇佣关系多元化 职场迎来“数字游民”［N］．中国经济导报，2022－10－25（6）.